CHRISTINE BRASCH
INGA-MARIA RICHBERG

Die Angst aus heiterem Himmel

Panikattacken und
wie man sie überwinden kann

Mosaik
bei GOLDMANN

Umwelthinweis:
Alle bedruckten Materialien dieses Taschenbuches
sind chlorfrei und umweltschonend.

Überarbeitete Taschenbuchausgabe April 2002
© 1998 der deutschsprachigen Ausgabe
Wilhelm Goldmann Verlag, München,
ein Unternehmen der Verlagsgruppe Random House GmbH
© 1994 Mosaik Verlag, München,
ein Unternehmen der Verlagsgruppe Random House GmbH
Umschlaggestaltung: Design Team München
Satz: Barbara Rabus, Sonthofen
Druck: GGP Media, Pößneck
Verlagsnummer: 16394
kö · Herstellung: Max Widmaier
Printed in Germany
ISBN 3-442-16394-3
www.goldmann-verlag.de

3 5 7 9 10 8 6 4 2

Inhalt

Warum wir dieses Buch geschrieben haben 9

**Panikattacken und Agoraphobie –
wenn die Angst zur Krankheit wird** 11

Wie ein Blitz aus heiterem Himmel 11

Panikattacken: die unerkannte Angst 12

Ohne Angst wäre die Menschheit verloren 20

Das Schlimmste ist die Angst vor der Angst 22

Auslöser von Panikattacken: eine lange Liste 36

*Agoraphobie ohne Panikattacken:
Ist das möglich?* 39

*Einige Krankheiten verursachen
panikähnliche Symptome* 41

*Wie reagiert der Körper, wenn der Mensch
Angst empfindet?* 43

Panikstörung und Depression 47

Auch die Herzphobie gehört zur Panikstörung 53

*Wie viele Menschen leiden an Panikattacken
und Agoraphobie?* 56

Ursachen der Angst 59

Angst ist eine Botschafterin 59

Psychologische Erklärungen der Angst
oder: Angst hat seelische Ursachen 63

Psychodynamische Modelle 63

Psychoanalytische Erklärung: alles viel zu kompliziert? 75

Lern- und verhaltenstheoretische Modelle 79

Die Panikattacke: nur ein Vermeidungsverhalten? 88

Neurobiologische Erklärungen der Angst
oder: Angst hat körperliche Ursachen 90

Ein chronischer Alarmzustand verursacht Angst 91

Der Schaltfehler im Gehirn 93

Ist das Panikattacken-Gen gefunden? 105

Psychobiologische Erklärungen der Angst
oder: Angst hat mehrere Ursachen 111

Verschiedene Menschen – verschiedene Ursachen 112

Mehrdimensionale Forschung: Hoffnung für die Zukunft 116

Sechs ehemalige Patientinnen und Patienten berichten 117

Gudrun Maika, 36 Jahre alt, Lehrerin 117

Katrin Bauer, 35 Jahre alt, Bankangestellte 126

Eva Wikowski, 36 Jahre alt, Kinderpflegerin 136

Gerd Schumacher, 39 Jahre alt, Großhandelskaufmann 143

Elisabeth Rennert, 37 Jahre alt, selbstständige Steuerberaterin .. 153

Uschi Fäller, 29 Jahre alt, Hausfrau 163

Therapien – oder: Wie man lernen kann, mit der Angst richtig umzugehen 171

Weshalb immer noch viele Ärzte so hilflos vor der Angst stehen 171

Psychopharmaka: Medikamente gegen die Angst? 176

Antidepressiva – Mittel der Wahl bei Panikattacken 182

Die Serotonin-Wiederaufnahme-Hemmer 182

Die Trizyklischen Antidepressiva 189

Die Monoaminoxidase-Hemmer 192

Die Benzodiazepine 197

Was sonst noch gegen Panikattacken verschrieben wird 206

Naturheilmittel: eine Alternative zu synthetischen Psychopharmaka? 210

Noch einmal: Psychopharmaka ja oder nein? 220

Psychotherapie 224

Was ist Psychotherapie? 224

Who is who: Psychiater, Neurologe, Psychotherapeut 227

Welche Therapien zahlen die Krankenkassen? 230

Wie finde ich den richtigen Therapeuten? 232

Was ist beim Erstgespräch zu beachten? 234

Angst-Tagebuch 236

Was ist besser: Gruppen- oder Einzeltherapie? 239

Was ist besser: stationäre oder ambulante Behandlung? 239

*Was tun, wenn man sich vor Angst
nicht mehr aus dem Haus traut?* 241

Kann man vom Psychotherapeuten abhängig werden? 242

*Was tun, wenn man mit dem Therapeuten
nicht zufrieden ist?* 243

Kann eine Therapie die Partnerschaft kaputtmachen? 245

Welche Methode ist die beste? 246

*Kann man die Angst »wegzaubern«? –
Eine Bemerkung zur Hypnose* 252

Verhaltenstherapie: Angst kann man verlernen 255

Richtige Entspannung kann die Angst mildern 261

Internet: Ein Netz gegen die Panik? 265

Sechs Fragen zur Selbsthilfe 269

Anhang 273

Adressenverzeichnis 273

Literaturverzeichnis 276

Register 284

Warum wir dieses Buch geschrieben haben

Es begann mit einem Hilferuf in der Zeitschrift *Eltern*. Eine Leserin schrieb: »Seit über einem Jahr gehe ich (24) kaum noch aus dem Haus, und wenn, dann nur in Begleitung meines Mannes. Ich leide an Angstzuständen. Besonders schlimm ist es, wenn ich allein zu Hause bin. Da ich zwei kleine Kinder habe, ist die Situation für uns alle unerträglich. Wir brauchen Hilfe!«

Die Reaktion auf diesen veröffentlichten Leserbrief war überwältigend. Fast 200 Leserinnen und einige Leser schrieben über ihre Angst, boten Hilfe an oder fragten selbst um Rat. Grund genug für die *Eltern*-Redakteurin Christine Brasch, mehrere Artikel über Panikattacken zu schreiben. Wieder war die Reaktion der Leserinnen enorm: Hunderte von Briefen und Anrufen kamen, Hilferufe und immer wieder die gleichen Fragen: Gibt es tatsächlich noch andere Menschen, die unter Angstzuständen leiden? Woher kommen Panikattacken? Was kann ich tun, um die furchtbare Angst wieder loszuwerden? Und wie bekomme ich Kontakt zu anderen Betroffenen? Bei der weiteren Recherche stellte sich heraus: Obwohl das Phänomen der Panikattacken in den USA bei Ärzten und Bevölkerung weithin bekannt war, war es hier erst unter Fachleuten ein Begriff. Und ein Buch, das umfassend und klar über diese seelische Störung und ihre Heilungsmöglichkeiten berichtet, gab es hier auch noch nicht. Christine Brasch tat sich mit der Wissenschaftsjournalistin Inga-Maria Richberg zusammen, um solch ein Buch zu schreiben. Beide haben nicht nur fachliches Interesse an diesem Thema – sie haben beide erlebt, was es heißt, unter Panikattacken zu leiden. Aber sie haben auch erfahren, dass die Angst eine Chance für ein erfüllteres Leben sein kann.

Hier endete das Vorwort der ersten Ausgabe. Wir können heute hinzufügen: Das Buch wurde ein großer Erfolg und begleitete viele tausend Menschen auf ihrem Weg aus der Angst. Es hat darüber hinaus dazu beigetragen, dass Panikattacken in Deutschland kein unbekanntes Leiden mehr sind. Viele Ärzte erkennen heute die eindeutigen Symptome der Angst (wenn auch leider längst noch nicht alle), kompetente Psychotherapeuten bieten an vielen Orten wirksame Angst-Therapien an, und ein fast flächendeckendes Netz von Selbsthilfegruppen macht es möglich, dass Betroffene nicht alleine mit ihrer Not bleiben. Auf dem Buchmarkt gibt es eine ganze Reihe von Angst-Ratgebern, nicht wenige – sagen wir es freundlich – nach unserem Vorbild. So viel hat sich auf dem Gebiet der Angstbehandlung getan, dass wir uns entschlossen haben, unser Buch grundlegend zu überarbeiten und auf den neuesten Stand zu bringen. Diese aktualisierte Fassung halten Sie in der Hand.

> **Ein wichtiger Hinweis zum Gebrauch dieses Buches**
> In diesem Buch haben wir ein Fülle von Informationen und wissenschaftlichen Erkenntnisse zum Thema Panikattacken und Angst für Sie zusammen getragen. Bei manchen Abschnitten werden Sie vielleicht zunächst sagen: So genau wollte ich das jetzt gar nicht wissen. Daher unser Rat: Suchen Sie sich anhand des Inhaltsverzeichnisses die Kapitel und Abschnitte heraus, die Sie im Moment besonders interessieren und betreffen. Alles andere können Sie später lesen, etwa wenn Sie während Ihrer Therapie bestimmte Fragen haben oder im Rückblick einen bestimmten Aspekt vertiefen wollen.

Panikattacken und Agoraphobie – wenn die Angst zur Krankheit wird

Wie ein Blitz aus heiterem Himmel

»… und plötzlich wurde mir schlecht. Mein Herz klopfte mir bis zum Hals, ich konnte kaum noch atmen, der Schweiß rann mir in Strömen übers Gesicht. Meine Hände und Beine wurden taub, es kam mir alles so merkwürdig unwirklich vor, ich dachte, jetzt werd' ich verrückt. Ich bin dann schnell rechts rangefahren und raus aus dem Auto. Nach zehn Minuten war der Spuk vorbei.«

Was diese Patientin beschreibt, ist eine typische Panikattacke. Tausende Menschen in Deutschland leiden unter solchen Attacken, aber kennen ihren Namen nicht. Das ist auch kein Wunder. Denn der Begriff der Panikattacke ist noch recht neu: Erst vor 20 Jahren erkannte die Medizin Panikattacken im Rahmen des »Paniksyndroms« oder der »Panikstörung« als eigenständiges Krankheitsbild an. Trotzdem dauerte es noch bis zum Jahr 2001, bis der berühmte »Pschyrembel«, das wichtigste »Klinische Wörterbuch« für (angehende) Ärzte, die Stichwörter »Panikattacke« und »Panikstörung« endlich aufnahm. Daher wundert es nicht, dass immer noch vielen, viel zu vielen Ärzten diese Begriffe völlig fremd sind. Für sie heißt es meist schlecht: vegetative Dystonie.

In Deutschland leiden nach vorsichtigen Schätzungen derzeit mindestens 800 000 Menschen an schweren wiederkehrenden Panikattacken. Und 12 Millionen Bundesbürger werden im Laufe ihres Lebens an behandlungsbedürftigen Angstzuständen erkranken, davon mindestens 3,5 Millionen an einer Panikstörung. Das heißt: In jeder voll besetzten U- oder Straßenbahn sitzt oder steht mindestens ein Panikpatient. Wenn er überhaupt noch mit öffentlichen Verkehrsmitteln fährt. Denn es ist ein weiteres Kennzeichen von Panikpatienten, dass sich viele von ihnen völlig zurückziehen. Sie trauen sich kaum noch alleine aus dem Haus, aus Angst vor einem neuen Panikanfall. Auch dafür gibt es einen medizinischen Fachausdruck: Agoraphobie oder phobisches Vermeidungsverhalten.

> **Ein wichtiger Hinweis**
> Bevor wir weiter in die (medizinischen und psychologischen) Details gehen, ein wichtiger Hinweis: Panikattacken, so beängstigend und bedrohlich sie auch erscheinen, sind in aller Regel weder das Anzeichen einer lebensbedrohlichen Krankheit noch der Vorbote einer Geisteskrankheit. Panikattacken sind eine Überreaktion der Seele und des Körpers. Sie zeigen den Betroffenen lediglich, dass sie aus ihrem seelischen und/oder körperlichen Gleichgewicht geraten sind. Warum das passiert und welche Wege es gibt, sein Gleichgewicht wieder zu finden, davon handelt dieses Buch.

Panikattacken: die unerkannte Angst

Eine Panikattacke ist ein urplötzlich – wie aus heiterem Himmel – auftretender starker Angstanfall. Doch die meisten Menschen erkennen diese Angst zunächst gar nicht als Angst. Sie spüren nur die massiven körperlichen Anzeichen der Angst und wissen gar nicht mehr, wie ihnen geschieht. Fast alle Panikpatienten fürchten, schwer krank zu sein, sterben zu müssen oder durchzudrehen. Die Angst aufgrund der beklemmenden körperlichen Angstsymptome verdeckt dabei die »wahre«, die zu Grunde liegende Angst.

Tausende von Patientenberichten zeigen das gleiche Muster: Bei den ersten Attacken fürchten die Betroffenen, dass sich eine lebensgefährliche Erkrankung ankündigt, zum Beispiel ein Herzanfall oder eine Gehirnblutung, und lassen sich sofort zum Arzt oder in die Notaufnahme eines Krankenhauses bringen oder schleppen sich selbst dorthin. Doch bis sie dort angekommen sind, ist die Attacke fast immer schon vorbei. Oft schütteln die Ärzte auch gleich den Kopf: »Eine junge, gesund aussehende Frau von 25 Jahren will einen Herzinfarkt erlitten haben. Das kann doch nicht sein.« Die Untersuchung ergibt dann auch keinerlei Hinweise auf eine körperliche Erkrankung. »Es ist alles in Ordnung, schlafen Sie sich doch mal richtig aus«, mit solchen Worten werden die Patienten nach Hause geschickt. Auch der Hausarzt kann nichts finden: »Sie sind körperlich völlig gesund, spannen Sie mal richtig aus, fahren Sie in Urlaub. Das geht nicht? Na, dann schreibe ich Ihnen mal einige Tabletten auf, die helfen Ihnen sicher.« Diese »Tabletten« sind meist Kreislauf- oder Aufbaumittel.

Doch es dauert nicht lange, und die nächste Panikattacke kommt – trotz Pillen. Die Patienten gehen wieder zum Arzt, er schüttelt erneut seinen Kopf und meint: »Na ja, die Tabletten wirken eben erst langfristig.« Einige schreiben auch bekümmert eine Überweisung zum Psychiater oder Neurologen. Doch da gehen die wenigsten Patienten freiwillig hin. »Ich bin doch nicht verrückt«, sagen sie. Tatsächlich aber fürchten sie, dass ihnen der Nervenarzt genau das bestätigen könnte.

Von nun an trauen viele Betroffene keinem Arzt mehr und

versuchen, mit ihren Beschwerden alleine fertig zu werden. Andere rennen zunächst von Arzt zu Arzt, von Klinik zu Klinik, lassen komplizierte und auch schmerzhafte Untersuchungen über sich ergehen. Ohne Ergebnis. Dann führt sie ihr Weg von Heilpraktiker zu Heilpraktiker, bis sie schließlich oft genug bei selbst ernannten Therapeuten, Lebens- oder Biografieberatern landen, die mit obskuren Wässerchen, Tinkturen, Handauflegen oder angeblicher Hypnosetherapie die Beschwerden wegzaubern wollen. Es ist fast überflüssig zu erwähnen, dass diese »Therapien« einzig dem Geldbeutel Erleichterung verschaffen. Am Ende fühlen sich viele Patienten als völlige Versager – oft genug von ihren »Therapeuten« dazu abgestempelt. Gerade esoterische Berater und »Psycho«therapeuten neigen dazu, ihren Patienten einzureden, ihre Therapie versage nur deshalb, weil sie sich nicht »genug öffneten« oder »los ließen«. Die Patienten entwickeln das Gefühl, an ihrem Zustand selbst schuld zu sein, ja ihn verdient zu haben. Sie trauen sich kaum mehr aus dem Haus, aus Angst vor einer neuen Panikattacke. Sie schränken ihr soziales Leben völlig ein, es sei denn, sie finden jemanden, der sie begleitet. Nicht wenige Patienten geben auch ihre Arbeit auf. Und viele suchen Erleichterung im Alkohol oder werden tablettensüchtig.

»Meine Krankheit hatte endlich einen Namen«
Obwohl die Medien in den letzten Jahren zum Teil sehr ausführlich über das Thema »Angst und Panikattacken« berichtet haben, dauert es immer noch im Durchschnitt fünf Jahre, bis die Patienten erfahren oder sich selbst eingestehen, woran sie wirklich leiden. Denn vielen Menschen fällt es auch heutzutage schwer, für sich die Möglichkeit einer seelischen Erkrankung in Betracht zu ziehen. Es gibt sogar Patienten, die deswegen

jahrzehntelang an ihre Wohnung gefesselt waren. Und immer noch sind es Zeitungsartikel oder Berichte in Funk und Fernsehen, die den Anstoß geben: »Ich war überwältigt, als ich in einer Zeitung einen Bericht über eine Frau las, die dieselben Beschwerden hatte wie ich und geheilt worden war«, schrieb der amerikanische Unternehmensberater Robert Handly in seinem Buch über sein Leben als Panikpatient. »Meine Krankheit hatte endlich einen Namen.« Handly, der seine Wohnung schon seit mehr als einem halben Jahr nicht mehr verlassen hatte, setzte sich sofort mit der in dem Artikel genannten Spezialambulanz für Panikpatienten in Verbindung. Binnen weniger Monate konnte er wieder seiner Arbeit nachgehen, die er wegen der Panikattacken aufgegeben hatte.

Woran erkennt man Panikattacken?

Die ersten Panikattacken treten meist ohne erkennbaren Anlass auf, eben wie ein Blitz aus heiterem Himmel. Meist gehen die Patienten gerade einer völlig alltäglichen Beschäftigung nach: Sie fahren Auto, Straßenbahn, U-Bahn oder Bus, sitzen am Schreibtisch, im Kino, im Restaurant, in der Badewanne oder sie sind gerade beim Einkaufen. In der Regel beginnt die Attacke mit plötzlichem Unwohlsein, Herzklopfen, Atmungsproblemen, Übelkeit, Schweißausbrüchen, Hitzewallungen oder Kälteschauern, Taubheitsgefühlen in Armen und Beinen, manchmal auch in den Lippen. Spätestens dann geraten die Betroffenen in Panik, sie fühlen sich unwirklich, fürchten, die Kontrolle über sich zu verlieren, in Ohnmacht zu fallen, verrückt zu werden oder gar zu sterben. Sie überfällt der panische Drang, sofort aus der Situation zu fliehen oder schnellstens Hilfe herbeizuholen.

Zum ersten Mal treten Panikattacken hauptsächlich zwischen dem 20. und dem 30. Lebensjahr auf. Jenseits der 40 ist eine Ersterkrankung eher selten. Manche Patienten berichten auch, dass sie schon in ihrer Kindheit Angstzustände gehabt haben, die aber nicht als Panikattacken benannt wurden. Das liegt vor allem daran, dass dieser Begriff vor gerade mal 20 Jahren klar definiert wurde.

Der Begriff der Panikattacke ist noch nicht alt
Erst seit 1980 gibt es in der Medizin eine klare Definition, was unter einer Panikattacke zu verstehen ist und wann eine Panikstörung vorliegt. Die erste Definition stammt von der Amerikanischen Psychiatriegesellschaft, die mit dem »Diagnostic and Statistical Manual for Mental Disorders – DSM« (zu Deutsch etwa: Handbuch für Diagnose und Statistik mentaler Störungen) die aktuelle wissenschaftliche Richtung innerhalb der Psychiatrie und Psychologie angibt. Im Jahr 1980 veröffentlichte die Gesellschaft die dritte Auflage des DSM, in der erstmals Panikattacken berücksichtigt wurden. Inzwischen wurde dieser Teil aufgrund neuerer Erkenntnisse der Angstforschung mehrfach überarbeitet und ergänzt. Heute gilt die DSM-IV-Klassifikation. Bis sich diese amerikanische Definition weltweit durchsetzte und (in leicht abgewandelter Form) in den Internationalen Diagnose-Schlüssel der Weltgesundheitsorganisation (ICD-10) aufgenommen wurde, vergingen nochmals zwölf Jahre.

Nach dieser international verbindlichen ICD-10-Einteilung von 1992 liegt eine Panikattacke vor, wenn der Angstanfall mindestens vier der folgenden 14 Symptome oder Symptomgruppen aufweist, wobei mindestens ein Symptom aus der ersten Gruppe stammen muss. Außerdem müssen die Beschwerden innerhalb von zehn Minuten ihren Höhepunkt erreichen und nach längstens zwei Stunden abgeklungen sein. Im Allgemeinen dauern Panikattacken jedoch zehn bis 30 Minuten, nur in wenigen Fällen halten sie länger an.

Erscheinungsbild von Panikattacken nach dem Internationalen Diagnose-Schlüssel ICD-10

A) Vegetative Symptome
1. Herzklopfen, erhöhte Herzfrequenz bis Herzrasen
2. Schweißausbrüche
3. Zittern, fein- oder grobschlägig
4. Mundtrockenheit

B) Symptome im Brust- und Bauchbereich
5. Atembeschwerden (subjektiv verschiedene Atemprobleme wie Atemnot und Kurzatmigkeit, auch plötzliches Bewusstwerden der Atmung und Vorstellen möglicher Probleme)
6. Beklemmungsgefühl
7. Schmerzen und Missempfindungen in der Brust
8. Übelkeit oder andere Missempfindungen im Magen-Darm-Bereich

C) Psychische Symptome
9. Benommenheit, Schwindel, Unsicherheit, Schwäche oder Ohnmachtsgefühl
10. Entfremdungsgefühl gegenüber der eigenen Person (Depersonalisation) und/oder Gefühl der Unwirklichkeit der Umgebung (Derealisation)
11. Furcht, verrückt zu werden oder die Kontrolle zu verlieren
12. Angst zu sterben (Todesangst durch die körperlichen Symptome)
13. Hitzewallungen oder Kälteschauer
14. Kribbel- oder Taubheitsgefühle, Gefühllosigkeit

Nicht alle Symptome treten gleichzeitig auf. Auch empfinden die Patienten nicht alle Symptome als gleich bedrohlich. So nimmt der eine vielleicht Atemprobleme nicht so schwer, gerät dafür aber wegen eines anderen, etwa Herzklopfen, in Panik. Dem anderen ergeht es gerade umgekehrt. Dennoch gibt es bestimmte Symptome, die besonders häufig auftreten, wie die nachfolgende Tabelle zeigt:

Häufigkeiten der Beschwerden in der Panikattacke*

Herzklopfen	83,5 %
Hitzewallungen, Kälteschauer	81,4 %
Erstickungs-, Beklemmungsgefühle	78,4 %
Zittern, Beben	78,4 %
Benommenheit, Schwindel	75,3 %
Schwitzen	72,2 %
Schmerzen in der Brust	62,9 %
Atemnot	55,7 %
Angst zu sterben	51,5 %
Angst verrückt zu werden oder die Kontrolle zu verlieren	49,5 %
Magen-Darm-Beschwerden	45,4 %
Ohnmachtsgefühle	43,3 %
Taubheitsgefühle (Parästhesie)	42,3 %
Gefühle der Depersonalisation und Derealisation	37,1 %

* zitiert nach *Buller, R./Maier, W./Benkert, O.*: Das Paniksyndrom: Symptome, Verlauf, Prädiktoren, in: *Hippius, Hanns (Hg)*: Angst: Leitsymptom psychiatrischer Erkrankungen, Berlin 1988, Seite 62.

Für diese Studie, eine der ersten deutschen Untersuchungen zum Thema Panikstörung, wurden 97 Patienten untersucht, die innerhalb von drei Wochen mindestens drei Panikattacken gehabt hatten. Alle der nachfolgenden zahlreichen Untersuchungen aus dem In- und Ausland haben fast gleich lautende Ergebnisse erbracht.

Nicht jede Panikattacke ist auch behandlungsbedürftig
Panikattacken sind sehr viel verbreiteter, als man zunächst glauben mag. Fast jeder zehnte Bundesbürger hat schon mindestens einmal in seinem Leben eine Panikattacke gehabt. Das hat eine Studie des Münchner Max-Planck-Instituts für Psychiatrie ergeben. Doch nicht jeder zehnte Bundesbürger ist auch ein Panikpatient, bzw. muss wegen seiner Attacken behandelt werden. Oft treten Panikattacken auf, wenn ein Mensch körperlich und/oder seelisch völlig erschöpft ist, sich überarbeitet hat oder eine andere extreme Lebenssituation durchlebt. In diesen Fällen, und das sind prozentual die meisten, sind Panikattacken eine einmalige oder höchstens kurzfristige Erscheinung; Körper und Seele des Betroffenen sind in diesem Moment überfordert, die Attacke zeigt dies an. Ist die Überforderungssituation vorüber, hat sich der Mensch erholt, dann bleiben auch die Panikattacken aus.

Wie bei der Studentin, deren beste Freundin durch Selbstmord aus dem Leben geschieden war. Die junge Frau reagierte völlig fassungslos und machte sich größte Vorwürfe, ob sie nicht das Geschehen doch noch hätte verhindern können. Innerhalb kurzer Zeit erlitt die Frau mehrere spontane Panikattacken hintereinander. Nach einigen Wochen hörten die Panikattacken ohne jegliche ärztliche Behandlung auf, die Frau hatte gelernt, den Tod der Freundin anzunehmen und um sie zu trauern. »In diesem Fall hätte ich niemals die Diagnose Panikstörung gestellt«, erläutert die Münchner Neurologin und Psychologin Professor Dr. Lydia Hartl. »Hier handelte es sich um eine völlig normale Anpassungsreaktion an eine extreme Lebenssituation.«

Ohne Angst wäre die Menschheit verloren

Angst ist grundsätzlich ein ganz »normales« Gefühl, sie gehört zum Leben wie Freude, Liebe, Trauer und Wut. Aber Angst ist noch mehr als das: Sie schützt uns Menschen davor, dass wir uns in Situationen begeben, die wir unter Umständen mit dem Leben bezahlen würden; sie veranlasst uns zu lernen, mit Gefahren umzugehen, uns für das richtige Verhalten zu entscheiden. Ohne die Angst hätte die Menschheit sicherlich nicht überlebt. Das Gleiche, wenn auch in etwas einfacherer Form, gilt auch für die Tierwelt. Denn die Fähigkeit, Angst empfinden zu können, ist nicht nur uns Menschen, sondern auch den Tieren angeboren.

Wie tief verwurzelt die Schutzfunktion der Angst im Menschen ist, zeigt zum Beispiel die »Angst vor Gewitter«, die wir heute höchstens noch kleinen Kindern zubilligen. Unsere modernen Behausungen sind bestens gegen Blitzschlag geschützt, Gewitter bedeuten kaum noch eine Gefahr für unser Leben. Dennoch haben die meisten Menschen Angst vor Gewitter oder fühlen sich zumindest unwohl, wenn es am Himmel blitzt und kracht. Diese Angst ist eine Urangst, oft auch »archetypische« Angst genannt, die wir von unseren Vorfahren geerbt haben, die noch den Unbilden der Natur schutzlos ausgeliefert waren. Genauso ist es auch mit der Angst vor Abgründen: Nähern wir uns beispielsweise der Kante einer Steilküste, verlangsamen wir unwillkürlich unseren Schritt und bleiben schließlich stehen. Der englische Angstforscher Isaac M. Marks nennt diesen Reflex den »visual cliff reflex«. Diese automatische Bremse ist übrigens im Ansatz auch schon bei ganz kleinen Kindern vorhanden.

Die Reihe solcher Beispiele ließe sich unbegrenzt fortsetzen. Eines ist ihnen jedoch gemeinsam: Die Angst hat einen ganz konkreten Grund, ihre Stärke richtet sich nach dem Grad der Gefahr, sie ist ihr angemessen. Angst, die keinen konkreten Grund hat oder einen konkreten Anlass überschätzt, ist übersteigerte Angst. Sie kann krankhafte Ausmaße annehmen. »Krankhaft« meint hier, dass die Angst die Betroffenen daran hindert, ihr Leben wie gewünscht zu leben. Und nicht nur das: Die Angst kann auch so stark sein, dass der Betroffene völlig von ihr gefangen wird und nicht mehr in der Lage ist, ihre Ursachen herauszufinden.

Von der schützenden zur belastenden Angst
Das folgende Beispiel verdeutlicht, wie sich aus einer angemessenen Angstreaktion eine übersteigerte Angst entwickeln kann. Nehmen wir an, ein Mensch schwimmt in einem See, den er nicht kennt. Plötzlich bemerkt er eine starke Strömung, die ihm die Beine wegzieht. Er bekommt große Angst und rettet sich schnell ans Ufer. Seine Angst war völlig angemessen: Ein unbekanntes Gewässer mit starker Strömung bedeutet Lebensgefahr. Angemessen ist auch die Lehre, die der Mensch aus seinem Erlebnis zieht: Er erkundigt sich künftig stets, bevor er in einen ihm unbekannten See steigt, ob man dort gefahrlos baden kann.

Übersteigert bis krankhaft wäre die Reaktion, wenn sich der Mensch fortan weigerte, überhaupt zu schwimmen und im

Extremfall sogar die Badewanne miede, weil er ja auch dort ertrinken könnte. Diese übersteigerte Angst vor Wasser schränkt den Menschen in seinem Leben ein, er kann Dinge nicht mehr tun, die ihm früher großen Spaß gemacht haben und die er eigentlich vermisst. Die Angst hat eine negative Wirkung, sie hemmt, wo kein Grund für eine Hemmung besteht. Nicht viel anders ergeht es auch Panikpatienten.

Das Schlimmste ist die Angst vor der Angst

Wenn möglich, verlassen die meisten Betroffenen bei den ersten Panikattacken fluchtartig Auto, Bahn, Bus, Restaurant, Kino, Kaufhaus. Im Freien lässt die Attacke oft bald nach. Sind bestimmte Symptome wie Erstickungsgefühle und Brustschmerzen besonders stark ausgeprägt, wird oft auch der Krankenwagen gerufen. Patienten, die zu Hause von Panikattacken heimgesucht werden, flüchten sich meist zu ihren Angehörigen, manche auch zu Nachbarn oder rufen selbst den Notarzt.

Viele Patienten berichten auch, dass zwischen der ersten und der zweiten Attacke mehrere Tage oder Wochen, ja sogar Jahre lagen, sie die erste schon fast vergessen hatten. Aber spätestens nach der zweiten oder dritten beginnt die Suche nach den Ursachen und damit die Rennerei von Arzt zu Arzt.

Und je länger die erfolglose Suche nach den Ursachen für die Attacken dauert, desto ängstlicher werden die Patienten. Sie ängstigen sich vor der nächsten Attacke und meiden die Situationen, in denen die Attacken bislang hauptsächlich auftraten und in denen sie keinesfalls von einer Panikattacke überrascht werden wollen. Überfallen sie die Attacken hauptsächlich außerhalb der Wohnung, kann das Vermeidungsverhalten so weit führen, dass sich die Betroffenen kaum oder gar nicht mehr alleine aus der Wohnung trauen. Treten die Attacken dagegen auch oder sogar hauptsächlich zu Hause auf, fürchten sich die Patienten meist besonders vor dem Alleinsein. Im Extremfall brauchen sie ständig einen Menschen um sich herum. Wenige Panikpatienten halten es dagegen überhaupt nicht mehr zu Hause aus. Sie sind ständig auf Achse, um ja nicht nach Hause gehen zu müssen. »Am schlimmsten ist die Angst vor der Angst«, kaum eine Lebensgeschichte von Panikpatienten, in der dieser Satz nicht vorkommt.

»Es ist wie nach einem schweren Unfall, den man mit Glück überlebt hat«, schreibt der Linzer Psychologe und Verhaltenstherapeut Dr. Hans Morschitzky so treffend in seinem 1998 erschienenen Fachbuch *Angststörungen*. »Plötzlich verliert das Leben seine Selbstverständlichkeit. Das Urvertrauen in das Leben geht verloren.« Die Menschen werden aus Angst vor der Wiederholung einer derartig beängstigenden Erfahrung übervorsichtig. Sie beobachten und horchen in ihren Körper hinein, auf den sie sich vorher einfach verlassen haben, und brauchen die Versicherungen anderer, um sich in ihrer Haut wohl zu fühlen. Ziemlich schnell entwickelt sich daraus ein extremes Sicherheitsbedürfnis. Situationen, die sie früher ohne Nachdenken und Probleme bewältigen konnten, erscheinen Panikpatienten mit einem Mal wie ein unüberwindbarer Berg.

Der Wunsch, die Panikattacken zu vermeiden, kann so übermächtig werden, dass es den Betroffenen gar nicht mehr gelingt, den möglichen Gründen für die Attacken nachzuspüren (siehe Kapitel: Ursachen der Angst). Und viele Menschen kommen auch zunächst gar nicht auf die Idee, dass die Panikattacken einen anderen als einen organischen Grund haben könnten.

Panikattacke und Panikstörung

Wenn die Panikattacken und/oder das Vermeidungsverhalten eine bestimmte Stärke erreichen, sprechen Medizin und Psychologie von einer »Panikstörung« oder einem »Paniksyndrom«. Der Begriff der Panikstörung stammt ebenfalls aus der amerikanischen DSM-Klassifikation, er heißt dort »panic disorder«.

Um eine Panikstörung handelt es sich nach dieser Definition dann, wenn:
- drei Panikattacken innerhalb von drei Wochen aufgetreten sind oder
- die Betroffenen sich nach einer Attacke mindestens vier Wochen lang vor der nächsten ängstigen.

Außerdem müssen ausgeprägte körperliche Erschöpfung, lebensbedrohliche Situationen (Krankheit, Unfall, Katastrophen) sowie bestimmte andere organische und psychische Ursachen (Drogenmissbrauch, Psychosen) ausgeschlossen sein (siehe Seite 42f.).

Leiden die Patienten nur an regelmäßig wiederkehrenden Panikattacken, handelt es sich um eine »einfache Panikstörung«. Vermeiden dagegen die Patienten aus Angst vor erneuten Panikattacken auch bestimmte Situationen, spricht man je nach Ausprägung des Vermeidungsverhaltens von einer »Panikstörung mit leichtem oder mit ausgeprägtem ängstlichen Vermeidungsverhalten« Bezieht sich das phobische Vermeidungsverhalten besonders auf öffentliche Örtlichkeiten und Menschenansammlungen im Freien und in geschlossenen Räumen, dann bezeichnet man dies als Agoraphobie oder Platzangst.

Dieser Begriff ist aus den beiden altgriechischen Wörtern

Agora (Marktplatz) und Phobie (Angst) zusammengesetzt und bedeutete ursprünglich »Angst vor dem Marktplatz«, das heißt vor der Öffentlichkeit. Lange Zeit wurde dieser Begriff sowohl in der Medizin als auch in der Psychologie nur als Angst vor dem Überqueren großer offener Plätze und Straßen interpretiert. Diese Angst ist jedoch nur ein Teilaspekt der Agoraphobie, die tatsächlich die Angst vor der Öffentlichkeit und vor Menschenansammlungen meint. In Zusammenhang mit Panikattacken und der Panikstörung wird heutzutage meist ein erweiterter Agoraphobie-Begriff verwendet: Er umfasst das gesamte ängstliche Vermeidungsverhalten und den allgemeinen Rückzug aus dem sozialen Leben. Vereinzelt wird heute auch von »multipler (mannigfacher) Situationsphobie« gesprochen. Dieser Begriff trifft das Vermeidungsverhalten von Panikpatienten eigentlich am besten. Er hat sich jedoch in der Medizin und auch in der Psychologie noch nicht durchsetzen können.

Panikattacken und Agoraphobie:
eine typische Frauenkrankheit?
Auf den ersten Blick scheint es so: Die überwiegende Zahl der von einer Panikstörung Betroffenen sind nach der vorliegenden Literatur Frauen. Die Zahlenangaben schwanken zwischen 60 und 75 Prozent. Von den Panikpatienten, die agoraphobisches Vermeidungsverhalten entwickeln, sollen bis zu 90 Prozent Frauen sein.

Diese Zahlen werden aber von verschiedenen Forschern angezweifelt. »Obwohl die meisten Kliniker der Meinung sind, dass das Paniksyndrom und die Agoraphobie häufiger bei Frauen als bei Männern vorkommen, gibt es für diese Annahme keine eindeutigen Belege«, schreiben zum Beispiel die amerikanischen Angstforscher Jack Gorman, Michael R. Liebowitz und

Donald F. Klein. Andere Kritiker argumentieren, der hohe Anteil von Frauen resultiere daraus, dass erstens Frauen sowieso eher zum Arzt gingen als Männer und zweitens Frauen auch eher wegen seelischer Probleme therapeutische Hilfe suchten. Männer versuchten dagegen aufgrund ihrer Erziehung und der gesellschaftlichen Wertvorstellungen, seelische Probleme auf eigene Faust, durch »Flucht nach vorne«, aber auch durch Alkohol und/oder anderes süchtiges Verhalten, etwa Arbeitssucht, zu meistern. Daher könnte es durchaus sein, dass sich Männer unbewusst durch Flucht nach vorne praktisch selbst desensibilisieren und zumindest ihre Agoraphobie löschen.

Ein sehr prominenter Vertreter der Selbsthilfe durch die Flucht nach vorne war übrigens der berühmte Neurologe und Psychiater Sigmund Freud. Auch er litt zwischen seinem 30. und 40. Lebensjahr an Agoraphobie: Er fürchtete sich davor, mit der Bahn zu fahren und Straßen zu überqueren. Freud zwang sich jedoch dazu, die angstbesetzten Situationen auszuhalten und verlor so im Laufe der Zeit seine Angst.

Noch bis vor wenigen Jahren nahmen Medizin und Psychologie zudem an, dass agoraphobische Frauen vor allem Töchter »überbehütender« Mütter/Eltern seien oder aber aus zerrütteten Elternhäusern stammten. Im ersten Fall seien die Panikattacken und die Agoraphobie Ausdruck dafür, dass sich die Patientinnen weigerten, erwachsen, selbstständig und unabhängig zu werden. Im zweiten Fall spiegele die Angst die Sehnsucht der Patientinnen nach Liebe und Geborgenheit wider. Neuere Untersuchungen, so eine Studie an 1000 Agoraphobikern in England, haben jedoch ergeben, dass sich Patientinnen mit Agoraphobie im Hinblick auf ihre soziale Herkunft wie auch Schulbildung, Familienstand und Berufstätigkeit nicht grundlegend vom Bevölkerungsdurchschnitt unterschieden.

Panikattacken und Agoraphobie scheinen also grundsätzlich eine seelische Störung zu sein, die jeden Menschen treffen kann.

Agoraphobiker quält die Angst, sich lächerlich zu machen
Wie viele der Patienten mit einer Panikstörung nach der amerikanischen DSM-Definition auch ein phobisches Vermeidungsverhalten entwickeln, ist nicht genau bekannt. Man kann aber davon ausgehen, dass etwa zwei Drittel von ihnen eine mehr oder weniger stark ausgeprägte Angst vor der Angst entwickeln und daraus resultierend ein ängstliches Vermeidungsverhalten. Fast alle von ihnen werden zu Agoraphobikern.

Patienten mit einer Agoraphobie fürchten sich vor allem vor zwei Ereignissen, bei denen jeweils eine Panikattacke im Mittelpunkt steht:
♦ Sie ängstigen sich, dass ihnen im Fall einer Panikattacke die Fluchtwege abgeschnitten sein könnten und schnelle Hilfe nicht erreichbar ist.
♦ Und sie peinigt der Gedanke, sie könnten sich durch die Panikattacke in der Öffentlichkeit lächerlich machen und die Kontrolle verlieren.

So meinen die meisten Agoraphobiker, die Umstehenden oder Gegenübersitzenden müssten doch genau mitbekommen, wenn sie von einer Panikattacke geschüttelt werden: Verzerrte Gesichtszüge, zittrige Arme und Beine, geistesabwesender Blick, kurz, sie gäben eine merkwürdige Figur ab. Aber nichts von alledem stimmt. Den Menschen, die gerade eine Panikattacke erleiden, sieht man so gut wie nichts davon an. Auch wenn sie selbst das Gefühl haben, sie zitterten wie Espenlaub: Die Panikpatienten zittern und beben nur innerlich. Der einzige Unterschied zu anderen Menschen, so berichten übereinstimmend Psychologen, Neurologen und Psychiater, besteht darin, dass die Betroffenen während der Panikattacke etwas blass aussehen und vielleicht noch ein paar Schweißperlen auf der Stirn haben. Eine Verhaltenstherapeutin, die mit vielen Agoraphobikern gearbeitet hat, berichtet: »Obwohl mir Patienten zum Beispiel bei den U-Bahn-Übungen immer wieder versichert haben, dass sie gerade im Moment einen starken Panikanfall hatten, habe ich das selbst nie erkennen können, obwohl ich doch neben ihnen saß.«

Eine Ausnahme sind die Panikattacken, in deren Verlauf die Betroffenen aus Angst hyperventilieren, das heißt zu schnell und zu flach atmen. Dabei kann es zu Verkrampfungen der Hände und echter Atemnot kommen, was auch auf Außenstehende dramatisch wirkt (siehe Hinweis erste Hilfe bei Hyperventilation auf Seite 103).

Agoraphobie ist nicht gleich Agoraphobie
Nicht alle Agoraphobiker fürchten sich vor denselben Situationen, doch die Übereinstimmung der hauptsächlich Angst machenden Situationen ist sehr groß. So verglich der Psychiater Friedrich Strian mehrere Studien über die Hauptängste von Agoraphobikern, siehe Kasten auf der rechten Seite.

Eine Agoraphobie entwickelt sich in der Regel schrittweise: Treten die Panikattacken beispielsweise zuerst in Kaufhäusern auf, so meiden die Menschen zunächst vor allem Kaufhäuser und kaufen stattdessen im näher gelegenen Supermarkt ein. Folgen ihnen die Panikattacken oder die Angst vor der Angst auch dorthin, ist die nächste Station das kleine Geschäft an der Ecke. Manche Patienten berichten auch, dass sie nur noch am Kiosk einkaufen konnten.

Angstbesetzte Situationen für Agoraphobiker*

In einem Geschäft Schlange stehen	96 %
Eine Verabredung einhalten	91 %
Gefühl des Festgehaltenseins (beim Frisör, in Bus und Bahn)	89 %
Zunehmende Entfernung von der Wohnung	87 %
Bestimmte Plätze und Örtlichkeiten (Kaufhaus, Tunnel, Restaurant, Kino, Kirche, Konzert)	66 %

* nach *Strian, Friedrich:* Angst. Grundlagen und Klinik, Berlin 1983, Seite 133.

Mit jeder neuen Panikattacke verkleinert sich der Aktionsradius, jeder »Misserfolg« verstärkt die Agoraphobie – ein Teufelskreis. Zum Schluss trauen sich viele Agoraphobiker kaum noch ohne Begleitung aus der Wohnung. »Schon auf der Treppe spürte ich, wie die Angst langsam in mir hoch kroch, ich ging wie auf Watte und bin schleunigst wieder umgekehrt.« Oder: »Schon alleine die Vorstellung, ich müsste einkaufen gehen, versetzte mich in Angst und Schrecken.« Fast jeder Agoraphobiker kann über diese oder ähnliche Erfahrungen berichten.

Mit tausend Tricks durch den Alltag

Um ihre Angst vor der Angst im Zaum zu halten, entwickeln die meisten Menschen mit einer Agoraphobie ein ausgeklügeltes System zur Bewältigung ihres Alltags. Aber nicht nur des Alltags, denn Agoraphobiker wollen ja eigentlich gerne am sozialen Leben teilnehmen, ins Kino oder ins Theater gehen, ein

Restaurant oder eine Kneipe besuchen, in Urlaub fahren. Im Mittelpunkt des Hilfssystems steht für gewöhnlich die Begleitung durch den Partner oder auch die Kinder. An ihrer Stelle fühlen sich die Patienten sicher. Eine Liste Angst mindernder Situationen und Techniken hat ebenfalls Strian zusammengestellt:

Angstmindernde Situationen für Agoraphobiker*	
Begleitung durch (Ehe)Partner	85 %
Sitzplatz in Türnähe	76 %
Konzentration auf andere Dinge	63 %
Nähe vertrauter Objekte (Haustier, Regenschirm, Kinder- oder Einkaufswagen)	62 %
Begleitung durch Freunde	60 %

* nach *Strian:* a.a.O., Seite 133.

Der Sitzplatz in Türnähe, sei es im Kino, im Restaurant oder auch in der Bahn, gibt Agoraphobikern vor allem die Sicherheit, schnell fliehen zu können, wenn die Angst zu groß wird. Leicht erreichbare Fluchtwege sind ohnehin für sie ganz wichtige Voraussetzungen für die Teilnahme am sozialen Leben. So können zwar viele von ihnen noch Auto fahren, aber nicht mehr mit der Bahn oder dem Bus – einfach, weil sie diese nicht anhalten können. Andere Agoraphobiker dagegen müssen auf ihr Auto verzichten, weil sie sich panisch davor ängstigen, in einem Stau stecken zu bleiben, und das womöglich noch in einem Tunnel oder auf einer hohen Brücke. Sie benutzen deswegen nur öffentliche Verkehrsmittel. Viele von ihnen, das zeigt eine englische Studie, bevorzugen Züge mit Abteilen und Waschräumen, in die sie sich im Notfall flüchten können. Großraumwagen umgehen sie dagegen. Manche Agoraphobiker fahren auch auf Langstrecken grundsätzlich nur mit Eil- oder sogar Nahverkehrszügen, da diese relativ häufig anhalten.

Andere Agoraphobiker schwören dagegen auf die Medikamente, die ihnen ihr Arzt verschrieben hat. Dabei ist es meist ziemlich gleichgültig, um welche Medikamente es sich handelt, ob Kreislauftropfen, Baldrianpillen oder stärkere Arzneimittel. Die Hauptsache ist, dass die Medizin immer verfügbar ist. Oft halten die Patienten das Arzneifläschchen – ohne aber die Tropfen oder Pillen einzunehmen – stets fest umklammert in der Manteltasche. Auch Jahre nach dem Abklingen der Agoraphobie tragen viele Menschen immer noch das Fläschchen in der Hand- oder Aktentasche bei sich. Viele kauen außerdem ständig Kaugummi oder lutschen Bonbons, um einem trockenen Mund und damit Schluckbeschwerden vorzubeugen.

Als besonders hilfreich empfinden Menschen mit einer Agoraphobie auch die Nähe vertrauter Gegenstände oder Haustiere. So nehmen manche stets ein Fahrrad oder einen Einkaufswagen mit, um sich daran fest zu halten. Andere tragen auch bei Sonnenschein einen Regenschirm mit sich herum. Auch das Kind an der Hand oder der Hund an der Leine lindern die Angst vor der Angst.

Und nicht zuletzt, auch das ergaben zwei Studien aus England und Australien, bevorzugen Agoraphobiker bestimmte Tages- und Jahreszeiten. Ein Drittel fühlen sich in der Dämmerung und in der Nacht am wohlsten. Auch schlechtes, regnerisches Wetter erleichtert jedem Vierten den Aufenthalt außerhalb der Wohnung. Helles Sonnenlicht, schwüles Sommerwetter sowie

Neonlicht und flackernde Leuchtreklamen empfinden die meisten Agoraphobiker als äußerst unangenehm. Fast 75 Prozent der Studienteilnehmer gaben an, deswegen eine Sonnenbrille oder dunkle Gläser zu tragen.

Daher verwundert es auch nicht, dass Panikattacken und die daraus folgende Agoraphobie vorzugsweise im Sommer zum ersten Mal auftreten. Eine ebenfalls aus Australien stammende Studie kommt zu dem Ergebnis, dass 57 Prozent der befragten Patienten ihre erste Panikattacke im Sommer erlitten, dagegen nur elf Prozent im Winter. Eine weitere englische Untersuchung ergab, dass sich die Agoraphobie bei 35 Prozent der Patienten immer dann verschlimmerte, wenn es draußen heiß war. Das lässt darauf schließen, dass Agoraphobiker möglicherweise sensibler auf die erhöhte körperliche Belastung durch heiße Außentemperaturen reagieren als andere Menschen (siehe Seite 59).

Die australische Ärztin Claire Weekes hat das typische Verhalten agoraphober Patienten in der folgenden Figur zusammengefasst, die sie »Archetypus Aggie« nennt: »Eine Frau mit Sonnenbrille eilt nachts bei Regen einen schmalen dunklen Weg zwischen zwei Häuserreihen entlang, lutscht heftig an äußerst sauren Bonbons und hält mit der einen Hand einen Hund an der Leine, während sie sich mit der anderen auf einen Einkaufswagen stützt.«* Ein agoraphobischer Mann würde in diesem Bild wahrscheinlich statt des Einkaufswagens einen Regenschirm oder einen Spazierstock benutzen und einen Hut tragen.

---

* zitiert nach *Marks, Isaac M.:* Fears, Phobias and Rituals, New York-Oxford 1987 Seite 338.

Die Angst vor der Angst ist immer dabei
Agoraphobiker müssen also einen erheblichen Teil ihrer Zeit und Energie darauf verwenden, ihr Hilfssystem in Gang zu halten, das heißt, Angst mindernde Techniken und Umstände zu entwickeln und zu schaffen. Und selbst wenn es ihnen gelingt: Die Angst vor der Angst ist fast immer trotzdem mit dabei. Viele Patienten können das Essen im Restaurant oder den Kinofilm gar nicht genießen. Selbst in anfallsfreien Zeiten können sie sich nicht entspannen, weil sie dem Frieden doch nicht so recht trauen mögen oder sich in Gedanken schon auf die nächste Hürde, etwa den Nachhauseweg mit der U-Bahn, vorbereiten. Das soziale Leben von Agoraphobikern ist also ganz erheblich eingeschränkt, wenn es überhaupt noch stattfindet.

Das gilt auch für das Berufsleben: Die bereits erwähnte englische Studie stellte fest, dass sich etwa drei Viertel der über 1000 befragten Agoraphobiker in ihrem Berufsleben durch die Phobie beträchtlich behindert fühlten. 48 Prozent hätten sich gerne beruflich verändert und verbessert, fürchteten aber, die Bewerbungs- und Vorstellungsprozedur nicht durchstehen zu können. Ferner ergab die Untersuchung, dass nur 23 Prozent der Agoraphobikerinnen berufstätig waren. Von der nach Alter und Familienstatus vergleichbaren weiblichen Durchschnittsbevölkerung gingen dagegen 38 Prozent einer Erwerbstätigkeit nach.

Ganz besonders schwierig wird es für die Menschen, die sich niemandem anvertrauen können oder wollen, zum Beispiel, weil sie fürchten, sich dadurch lächerlich zu machen. Für sie kommt zu der Angst vor der Angst auch noch die »Angst vor der Entdeckung« hinzu. Die Vermutung liegt zwar nahe, dass gerade diese Menschen besonders zu Alkohol- und Medikamentenmissbrauch neigen, Beweise dafür liegen jedoch noch nicht vor.

Aber auch Agoraphobiker, die auf die Unterstützung ihrer Angehörigen und Freunde bauen können, leben in einer Zwangslage. Einerseits sind sie stets angewiesen auf andere, also abhängig, andererseits fürchten sie, dass irgendwann einmal die Belastung für die Familie zu groß werden könnte und sie sie daher im Stich lassen könnte. Und tatsächlich: Obwohl viele Angehörige zunächst intuitiv richtig auf ihre agoraphobischen Partner/Familienmitglieder reagieren, wird es manchen von ihnen mit den Jahren dann doch zu viel. Sie fühlen sich oft überfordert und werfen dem Angstkranken in ihrer Unsicherheit »Faulheit und Bequemlichkeit« oder »Willensschwäche und Feigheit« vor. Übrigens reagieren einige von ihnen dann aber völlig paradox, wenn die Agoraphobiker schließlich therapeutische Hilfe suchen. Kommentare wie »Was kann der Therapeut, was ich nicht kann?« sind gar nicht so selten. Deswegen sollten auch die Angehörigen von Agoraphobikern so weit wie möglich in die Therapie einbezogen sein (siehe Seite 241f., Kapitel: Therapien).

Nicht jeder Panikpatient wird auch zum Agoraphobiker
Obwohl viele Panikpatienten die Angst vor der Angst als das Schlimmste an den Panikattacken empfinden, werden nicht alle zu Agoraphobikern. Es gibt eine ganze Reihe von Patienten, die mit dieser Krankheit ganz gut leben können – und das jahrelang. Offenbar haben sie erkannt, dass die Attacken zwar mehr oder minder regelmäßig auftreten, aber auch wieder vorübergehen und ihnen eigentlich nichts dabei passiert. Sie bauen sie in ihr Leben ein.

Dazu entwickeln sie ähnlich wie Agoraphobiker individuell verschiedene Techniken und Vorwände (zum Beispiel ausgeprägter Bedarf an frischer Luft »wegen Asthma« und daher stets geöffnete Fenster im Büro – auch im Winter), um die Panikattacken zu vermeiden. Die Kollegen nehmen diese »kleinen Schrullen« meist belustigt hin, keiner ahnt, dass in dem eiskalten Zimmer ein Panikpatient sitzt. Und wenn wieder eine Panikattacke naht, verschwindet die Eine schnell im Waschraum, der Andere rennt geschäftig im Treppenhaus auf und ab und die Dritte teilt ihren Kollegen mit, sie müsse mal kurz dringend an die frische Luft. Im Gegensatz zu Agoraphobikern lassen sich diese Menschen aber kaum von den Panikattacken in ihrem Leben beirren und vertreten bestimmte Ängste (zum Beispiel vor dem Fahrstuhl oder dem Schlangestehen in der Kantine) ganz offen als persönliche Note nach dem Motto »Ich mag das halt nicht«.

Allerdings gibt es auch Patienten (die medizinische Literatur spricht vorsichtig von fünf bis zehn Prozent aller Panikpatienten), die ein besonders tragisches Vermeidungsverhalten wählen: Sie suchen Erleichterung in Alkohol und/oder Medikamenten und werden so über kurz oder lang süchtig. Vor allem beim Alkohol ist es so, dass zwar die Panikattacken aufhören, solange die Patienten trinken. Setzen sie den Alkohol jedoch ab, dann kommen die Attacken in sehr viel stärkerem Ausmaß als je zuvor. Die Menschen greifen schleunigst wieder zur Flasche. Deswegen raten heute viele Angstforscher Ärzten und Suchttherapeuten, Alkoholkranke auch stets danach zu fragen, ob sie wegen Angstbeschwerden mit dem Trinken angefangen haben. Für die Medikamentenabhängigkeit gilt das Gleiche.

Auslöser von Panikattacken: eine lange Liste

Die Auslöser von Panikattacken und Agoraphobie sind so zahlreich wie bei kaum einer anderen organischen oder psychischen Störung. Die Liste reicht von massiven traumatischen Erlebnissen bis hin zu scheinbar völlig unbedeutenden alltäglichen Ereignissen. Dabei stehen die »unbedeutenden Ereignisse« an erster Stelle. Bemerkenswert ist auch, dass nicht nur überraschende Erlebnisse Panikattacken auslösen können, sondern auch vorhergesehene Ereignisse.

Medizin und Psychologie unterscheiden bei den Auslösern zwischen Stressoren (körperliche und seelische Belastungsfaktoren), die direkt mit Angst verbunden sind, bei denen Angst also schon ein Bestandteil ist (spezifische Stressoren) und Stressoren, die mit Angst zunächst überhaupt nichts zu tun haben (nichtspezifische Stressoren). Der Übergang zwischen beiden ist in der Regel fließend. Zu den spezifischen und nichtspezifischen Stressoren gehören:

- Tod eines nahe stehenden Angehörigen
- Trennung vom (Ehe)Partner
- Trennung von den Eltern
- Trennung von den Kindern
- Schwere Krankheit, Unfall oder Operation eines nahe stehenden Angehörigen
- Geburt eines Kindes (während der Schwangerschaft scheinen Frauen jedoch gegen Panikattacken geschützt zu sein)
- Verlust des Arbeitsplatzes
- Finanzielle Probleme
- Umzug
- Berufliche Veränderung

Auslöser von Panikattacken

- Streit mit dem (Ehe)Partner
- Streit am Arbeitsplatz
- Unangenehme Erlebnisse in der Öffentlichkeit und im Straßenverkehr (rabiates Verhalten, Anpöbeleien)
- Miterleben eines Unfalls
- Erleben der Hilflosigkeit anderer (unbekannte Person fällt im Supermarkt in Ohnmacht)
- Plötzliche Kreislaufschwäche und Unwohlsein
- Hyperventilation (zu schnelle und zu flache Atmung)
- Neonlicht und flackernde Leuchtreklamen
- Schlafentzug
- Alkohol
- Kokain, Haschisch, Ecstacy und Amphetamine
- Medikamente (besonders pseudoephedrin- oder phenylpropanolaminhaltige Erkältungsmittel und coffeinhaltige Schmerzmittel)
- Starker Kaffee und Tee (mehr als acht Tassen täglich)

Dagegen hat die Angstforschung bislang keine Hinweise darauf finden können, dass auch niedrige Blutzuckerwerte (Hypoglykämie) bei ansonsten gesunden Menschen zu Panikattacken führen. Anders ist es dagegen bei Diabetikern (siehe Seite 43). Trotzdem meinen immer noch viele Panikpatienten, die vermeintliche Kreislaufschwäche, die sie während der Attacken spüren, sei auf zu geringe Blutzuckerwerte zurückzuführen, und haben deswegen immer Traubenzucker oder etwas anderes zum Essen in der Tasche. Die mäßige Einnahme von Zucker kann zwar nicht schaden, sie nutzt aber nach den vorliegenden wissenschaftlichen Erkenntnissen auch nichts. Bei größeren Zuckermengen ist dagegen Vorsicht geboten. Sie können genau das Gegenteil des beabsichtigten Effekts bewirken.

Mehrere Auslöser verstärken sich gegenseitig
Oft sind es mehrere Ereignisse, die gemeinsam die erste Panikattacke auslösen. Die bereits mehrfach erwähnte englische Studie an 1000 Agoraphobikern kam zu folgendem Ergebnis: 70 Prozent der Befragten gaben an, sich nur an ein auslösendes Ereignis erinnern zu können, 26 Prozent, das heißt immerhin jeder vierte Patient, machten mindestens zwei Situationen für ihre erste Panikattacke verantwortlich.

In 32 Prozent der auslösenden Situationen waren die Patienten selbst von einem schwerwiegenden Ereignis – etwa Trennung vom Partner, Arbeitsplatzverlust – betroffen, in 27 Prozent handelte es sich um den Tod oder eine schwere Erkrankung eines Angehörigen oder Freundes, in sechs Prozent waren die Patienten Zeugen, wie einem anderen Menschen ein Unglück widerfuhr.

Eine weitere, ebenfalls englische Untersuchung stellte fest, dass die Patienten im Jahr vor ihrer ersten Panikattacke zweimal häufiger von widrigen und unglücklichen Lebensumständen betroffen waren als Kontrollpersonen ohne Panikstörung. Zu den unglücklichen Ereignissen zählt die Untersuchung eigene Krankheit, Unfall und/oder Operation, Trennung vom Partner und finanzielle Schwierigkeiten. Das bestätigt auch ein Zwischenergebnis der Follow-Up-Studie des Münchner Max-Planck-Instituts für Psychiatrie an Panikpatienten: Danach müssen fast 80 Prozent der befragten Patienten vor ihrer ersten Panikattacke mit einer, manchmal sogar mehreren schwerwiegenden persönlichen oder familiären Belastungen fertig werden.

Auslöser ist nicht gleich Ursache
Obwohl eine ganze Reihe von Auslösern, insbesondere die spezifischen Stressoren bereits auch auf die Ursachen der Panik-

attacken hinweisen, so besteht doch grundsätzlich ein wesentlicher Unterschied zwischen beiden Begriffen. Auslöser sind der aktuelle Anlass für eine Panikattacke. Die Ursachen von Panikattacken sind dagegen meist in komplizierteren seelischen und körperlichen Zusammenhängen und Prozessen zu suchen. Allerdings sind bisweilen, vor allem bei schweren aktuellen traumatischen Ereignissen wie Unfalltod, Katastrophen oder Verbrechen, Auslöser und Ursache identisch. In anderen Fällen aktiviert ein bestimmter Stressor einen bereits seit längerem schwelenden Konflikt, der sich in der Panikattacke entlädt. Mit den möglichen Ursachen von Panikattacken, abgesehen von den aktuellen traumatischen Erlebnissen, befassen wir uns ausführlich im Kapitel Ursachen der Angst.

Agoraphobie ohne Panikattacken: Ist das möglich?

Eine eindeutige Antwort auf diese Frage gibt es derzeit nicht. Es deutet jedoch einiges darauf hin, dass die Antwort »Nein« lautet. Das würde heißen: Jede Agoraphobie beginnt mit mehr oder weniger ausgeprägten Panikattacken, von denen der Betroffene aber unter Umständen gar nichts merkt oder sie nicht als Panikattacken identifiziert. Verschiedene Angstforscher haben in den letzten Jahren herausgefunden, dass Patienten, die zum Teil seit Jahren, ja sogar seit Jahrzehnten an einer Agoraphobie litten, zuvor Panikattacken gehabt hatten. Sie konnten sich jedoch entweder überhaupt nicht mehr daran erinnern, oder sie hielten sie für unbedeutend.

So beschreibt der schwedische Angstforscher Mats Humble die Geschichte einer 55-jährigen Patientin, die bereits 30 Jahre lang an einer ausgeprägten Agoraphobie gelitten hatte, als sie zu ihm kam. Humble befragte sie, ob sie vielleicht vor Beginn der Agoraphobie eine Panikattacke gehabt hätte. Die Frau verneinte und »schwor« außerdem, auch niemals Symptome gehabt zu haben, die einer Panikattacke im Entferntesten ähnelten.

Nachdem die Patientin ein trizyklisches Antidepressivum und ein Benzodiazepin-Präparat (siehe Seite 182ff., Kapitel: Therapien) erhalten hatte, verschwand die Agoraphobie. Nach einigen Monaten wurden die Medikamente abgesetzt. Kurze Zeit später klagte die Patientin über, wie sie sagte, Kreislaufbeschwerden und niedrigen Blutdruck, genau die Beschwerden, unter denen sie als junge Frau gelitten hatte, bevor sich die Agoraphobie entwickelte. Ihr Arzt, so berichtete sie, habe damals die Diagnose Kreislaufbeschwerden und Blutdruckabfall gestellt. Auf intensives Nachfragen erinnerte sich die Patientin plötzlich, dass diese Beschwerden auch schon damals begleitet waren von Herzklopfen, dem Gefühl, in Ohnmacht zu fallen, Atemproblemen und dem unwiderstehlichen Drang, sofort das Fenster zu öffnen. Nachdem sie die Medikamente wieder einnahm, verschwanden die Symptome.

Dieses und zahlreiche gleichartige Beispiele belegen nach Ansicht vieler Angstforscher, dass Panikattacken zuerst auftreten, gefolgt von der Angst vor der Angst, die schließlich in (agora)phobischem Vermeidungsverhalten mündet. Aufgrund dieser Forschungsergebnisse wurde auch bereits 1987 die amerikanische Definition der Panikstörung geändert. Nach der DSM-III-Klassifikation von 1980 trennte die Medizin noch zwischen Paniksyndrom auf der einen Seite und Agoraphobie mit/ohne Panikattacken auf der anderen Seite. Seit 1987 wird zwischen Panikstörung einerseits und Panikstörung mit leichtem bzw. ausgeprägtem phobischen Vermeidungsverhalten andererseits unterschieden. Da aber die Forschungsergebnisse immer noch nicht eindeutig sind, wurde noch eine dritte Gruppe hinzugefügt: Sie umfasst die Patienten, die nur unter Agoraphobie (ohne Panikattacken) leiden.

Einige Krankheiten verursachen panikähnliche Symptome

Unter einer Panikstörung oder einem Paniksyndrom verstehen Medizin und Psychologie plötzliche und gehäuft auftretende Panik- oder Angstattacken, für die kein sichtbarer aktueller Grund besteht oder die eine Überreaktion auf eine tatsächliche, aber wesentlich geringere Bedrohung darstellen. Es gibt allerdings eine Reihe hauptsächlich organischer Erkrankungen, die panikähnliche Symptome verursachen und die daher vor Beginn einer jeden Angsttherapie ausgeschlossen werden müssen. Erfreulicherweise leiden aber nur sehr wenige Panik- und Agoraphobiepatienten tatsächlich an einer dieser Grunderkrankungen, die jedoch mit der richtigen Therapie – meist durch einen Spezialisten – oft geheilt oder zumindest gelindert werden können.

Daher sollten alle Patienten mit Panikattacken und Agoraphobie von ihrem Arzt abklären lassen, ob nicht möglicherweise eine der folgenden Erkrankungen für die Panikstörung verantwortlich sein könnte. Besteht Grund für diese Annahme, wird der Arzt eine Reihe von Untersuchungen veranlassen, um dem Verdacht auf den Grund zu gehen. Möglicherweise wird er seine Patienten auch an einen Spezialisten oder eine Klinik überweisen, die über die notwendigen medizinisch-technischen Geräte verfügen. Dort müssen sich die Patienten oft sehr aufwändigen Diagnoseverfahren unterziehen und sind dann manchmal richtig enttäuscht, wenn die Ärzte gratulieren: »Sie sind vollkommen gesund.« Andere Patienten möchten das gar nicht glauben, denn warum sonst haben die Ärzte alle diese aufwändigen Verfahren angewendet? »Entweder haben sie etwas übersehen oder sie wollen mir nicht die Wahrheit sagen«, fürchten sie, anstatt erleichtert aufzuatmen, dass sie »nur« an einer Panikstörung leiden. Denn Panikattacken und Platzangst, so beängstigend und quälend sie auch sind, sie sind beide in der Regel recht einfach und schnell zu lindern und zu heilen.

Erkrankungen, die vor Beginn einer Angsttherapie ausgeschlossen werden müssen

- ♦ Über- und auch Unterfunktion der Schilddrüse (Hyper- und Hypothyreose). Während die Überfunktion panikähnliche Symptome hervorrufen kann, tritt bei der Unterfunktion eine Antriebsschwäche auf, die mit den Symptomen einer Agoraphobie verwechselt werden könnte.
- ♦ Herzerkrankungen wie zum Beispiel Angina pectoris und Herzrhythmusstörungen. Diese Erkrankungen können panikähnliche Angstgefühle verursachen.
- ♦ Erkrankungen der Atmungsorgane sowie dadurch bedingte Hyperventilation (zu schnelle und zu flache Atmung). Dazu gehören insbesondere Asthma, chronische Bronchitis und weitere obstruktive Lungenerkrankungen.
- ♦ Phäochromozytom, ein seltener Tumor des Nebennierenmarks. Dieser Tumor besteht aus Adrenalin produzierenden Zellen, die dieses Stresshormon anfallsweise in den Blutkreislauf abgeben. Die dadurch verursachte Überaktivierung des Körpers zeigt sich ebenfalls in panikähnlichen Symptomen.

- Extrem niedrige Blutzuckerwerte (Hypoglykämie) bei insulinpflichtigen Diabetikern: Sie kommen zustande durch zu hohe Insulindosen, zu geringe Nahrungszufuhr und/oder zu große körperliche Aktivität.
- Wiederkehrende Schwindelanfälle mit Verdacht auf Hirnverletzungen (zum Beispiel nach Unfällen) oder Hirnerkrankungen sowie Verdacht auf organisch bedingten zu niedrigen Blutdruck
- Alkohol-, Medikamenten- und sonstiger Drogenmissbrauch sowie -entzug
- Psychiatrische Erkrankungen wie Schizophrenie und sonstige Psychosen
- Neurologische Erkrankungen wie Epilepsie

Wie reagiert der Körper, wenn der Mensch Angst empfindet?

Mit dieser Frage beschäftigen sich vor allem die Neurophysiologen und die Neurobiologen unter den Angstforschern. Obwohl die einzelnen Prozesse noch nicht bis ins Kleinste erforscht und analysiert sind, hat man heute doch schon eine ziemlich genaue Vorstellung davon, wie das Gefühl der Angst entsteht und was es im Körper bewirkt.

Im Mittelpunkt des Geschehens stehen das Gehirn mit dem Zentrum der Emotionen oder Gefühle, in der Fachsprache »limbisches System« oder »limbische Strukturen« genannt, und das »vegetative Nervensystem« (= peripheres Nervensystem). Das vegetative Nervensystem ist zuständig für alle unbewussten oder nicht durch den Willen steuerbaren Körperfunktionen und wird daher auch als »autonomes Nervensystem«

bezeichnet. Es besteht aus zwei getrennten Systemen: dem sympathischen Nervensystem, das vereinfacht gesagt für die Aktivierung der Körperfunktionen zuständig ist, und dem parasympathischen Nervensystem, das die Aktivierung reguliert, also eher dämpfende Funktionen hat.

Das Gefühl der Angst kommt nun dadurch zustande, dass die Sinnesorgane einen Reiz aus der Umwelt oder dem eigenen Körper aufnehmen und an das Gehirn weiterleiten (siehe Grafik rechts). Dort wird dieser Reiz, zum Beispiel ein lautes Geräusch, von einer Art Verteilerstation im Zwischenhirn (Thalamus) an die Großhirnrinde (zerebraler Kortex) weitergeleitet. Der Thalamus gilt als das »Tor zum Bewusstsein«, der zerebrale Kortex als der »Ort der bewussten Wahrnehmung und des Denkens«.

In der Großhirnrinde werden die Sinnesreize zu Bildern bzw. zu Begriffen zusammengesetzt und an das limbische System »gefunkt«. Dieses wählt für die empfangenen Informationen das Gefühl Angst. Auch die Reaktionen auf dieses Gefühl werden zum großen Teil vom limbischen System festgelegt. Es wählt aus den vorhandenen Verhaltensprogrammen – diese Programme sind sowohl angeboren als auch erlernt – das zu den Informationen passende aus und geben diese Wahl an den Hypothalamus weiter. Der Hypothalamus als Steuerungszentrum aller vegetativen und hormonellen Prozesse ruft dieses Programm ab und setzt es in Gang.

Hat zum Beispiel der Hypothalamus vom limbischen System als Reaktion auf das Gefühl Angst die Programmwahl »Alarm« oder »Abwehr von Bedrohung« erhalten, so zieht er das Programm wie ein Computer aus seinem Archiv und sendet seine Befehle aus: Sie betreffen beim Programm »Alarm« und »Abwehr« besonders die Hirnanhangdrüse (Hypophyse) und die

Wie reagiert der Körper?

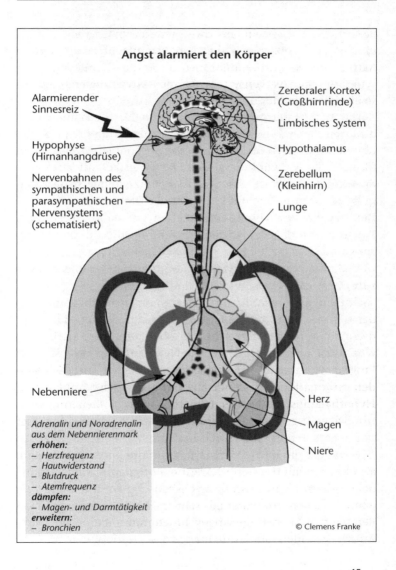

Nebennieren. Ziel dabei ist, die Körperkräfte des Menschen zu aktivieren, damit er sich gegen die drohende Gefahr wehren kann.

So befiehlt der Hypothalamus den Nebennieren, genauer dem Nebennierenmark, über den Sympathikus-Nerv, die so genannten Stresshormone Adrenalin und Noradrenalin auszuschütten. Beide sorgen zwar dafür, dass der Körper seine Kräfte aktiviert, haben aber dabei verschiedene Aufgaben: Adrenalin steigert die Durchblutung der Skelettmuskulatur und ihre Spannung. Ferner beschleunigt es die Herzfrequenz und steigert Herzkontraktion, sodass auch der Blutdruck steigt. Und nicht zuletzt beschleunigt und vertieft Adrenalin die Atmung. Noradrenalin dagegen kontrolliert und reguliert diese Aktivierung und sorgt auch dafür, dass der Körper ansonsten nicht unnötig Energie verbraucht. Dazu dämpft es zum Beispiel die Magen-Darm-Tätigkeit.

Außerdem sorgen Adrenalin und Noradrenalin dafür, dass der aktivierten Muskulatur ausreichend Nahrung, das heißt Brennstoffe wie Fette und Zucker, zur Verfügung gestellt wird. Und nicht zuletzt melden sie dem Hypothalamus zurück, wenn bestimmte Energiespeicher leer sind und wieder aufgefüllt werden müssen. Dazu lässt der Hypothalamus wiederum andere Hormone ausschütten.

Aber nicht nur die Nebennieren erhalten Befehle vom Hypothalamus. Auch die Hirnanhangdrüse bekommt Aufgaben zugewiesen: Sie muss bestimmte Hormone ausschütten, zum Beispiel das ACTH, das die Nebennierenrinde zur Ausschüttung des Hormons Kortisol veranlasst. Kortisol dient unter anderem dazu, bei großem Adrenalinbedarf im Nebennierenmark Noradrenalin in Adrenalin umzuwandeln sowie Schmerzen und Entzündungen zu unterdrücken.

All diese Prozesse laufen in Sekunden, ja in Sekundenbruchteilen ab. Jeder von uns kennt den Begriff der »Schrecksekunde«. Das ist genau die kurze Zeitspanne, die das Gehirn benötigt, die Gefahr zu identifizieren und die Körperkräfte zur Abwehr zu aktivieren. Grundsätzlich hat der Mensch bei Gefahr zwei Möglichkeiten: Angriff oder Flucht. Welche von beiden er wählt, hängt von vielen Faktoren ab, unter anderen von der Art und Stärke der Bedrohung, seiner Erfahrung mit derartigen Gefahren, seiner körperlichen und seelischen Verfassung und seiner Erziehung. Wir wollen hier jedoch nicht im Einzelnen darauf eingehen, sondern nur skizzieren, welche biochemischen und neurophysiologischen Prozesse bei der Angstentstehung und Angstabwehr beteiligt sind.

Inwiefern diese Prozesse störungsanfällig sind und einen Fehlalarm, das heißt übersteigerte Angst bzw. Angstsymptome ohne tatsächliche Bedrohung, auslösen können, damit beschäftigen sich ebenfalls viele neurobiologisch orientierte Angstforscher. (Ihre Theorien und Forschungsergebnisse werden ab Seite 59 im Kapitel Ursachen der Angst dargestellt.)

Panikstörung und Depression

Viele Patienten, die unter Panikattacken und Agoraphobie leiden, klagen auch über Depressionen oder depressive Phasen. Das führte zunächst zu großer Verwirrung in der Angstforschung. So meinten die einen Wissenschaftler, Panikattacken, Agoraphobie und Depressionen gehörten zusammen, Angstanfälle und Platzangst seien nur Symptome der Depression. Dagegen vertraten andere die Ansicht, Panikstörung und Depression seien zwei grundsätzlich verschiedene Krankheitsbilder, die aber möglicherweise eine gemeinsame zentralnervöse und biochemische Ausgangsbasis haben.

Diese Sichtweise hat sich inzwischen in der Angstforschung weitgehend durchgesetzt. Ihre Vertreter konnten auf vielfältige Untersuchungen verweisen, wonach zwischen depressiven Patienten und Patienten mit einer Panikstörung wesentliche Unterschiede bestehen: So leiden Panikpatienten zumindest zu Beginn ihrer Erkrankung nicht ständig an einer niedergeschlagenen mutlosen Stimmung, Interesselosigkeit, Antriebsschwäche und Freudlosigkeit. Auch Schlafstörungen, Appetitmangel und Gewichtsverlust, ständige Konzentrationsschwierigkeiten, das typische »Morgentief« sowie Schuldgefühle und Selbstmordgedanken wurden bei Patienten mit einer erst kurz andauernden Panikstörung gar nicht oder nur selten beobachtet.

Allerdings treten beide Störungen häufig gemeinsam auf. Etwa 30 Prozent der Patienten mit einer Panikstörung, das heißt jeder dritte, leiden auch an einer akuten Depression bzw. haben in früheren Jahren eine Depression durchgemacht. Manche Studien geben noch höhere Prozentsätze bis zu 60 Prozent an. Diese Zahlen sind jedoch nur eingeschränkt aussagekräftig, da oft nicht feststellbar ist, welche Störung zuerst auftrat. Das wäre aber insofern wichtig, als die Depression durchaus auch die Folge des durch Panikattacken und Agoraphobie eingeschränkten Lebensbereiches und Lebensfreude sein könnte.

Ärzte und Patienten berichten immer wieder übereinstimmend, dass sich besonders Patienten mit einer schon länger bestehenden Agoraphobie sehr schnell entmutigen lassen. Dadurch kann sich ein Teufelskreis aus Panikattacken, Agoraphobie und Depression ergeben: Panikattacken führen zu Platzangst, Platzangst zu Isolation, Ausbruchsversuche enden mit erneuten Panikattacken, die Betroffenen verlieren den Mut, fühlen sich als Versager und entwickeln eine Depression. Am Ende kann dann die Depression sogar die Panikstörung überdecken.

Allerdings ist dieser Prozess auch umgekehrt denkbar, dass zuerst eine Depression auftrat und sich Panikattacken und Agoraphobie erst als Folge misslungener Bewältigungsversuche einstellten. In diesem Fall würde der Teufelskreis mit der Depression beginnen: Sie führt zu Mutlosigkeit, Ausbruchsversuche enden mit Panikattacken, daraus entwickelt sich eine Agoraphobie, diese vergrößert die Isolation. Die Depression wird entweder verstärkt, oder die Panikstörung überdeckt sogar die Depression.

Beides sind jedoch nur theoretische Modelle, in der Praxis sind Panikstörung und Depression oft zunächst nur sehr schwer voneinander abzugrenzen. Das besonders deswegen, weil sich viele Patienten nicht genau daran erinnern können, wann die ersten Panikattacken auftraten. Und das hat wiederum auch damit zu tun, dass die Begriffe Panikattacke und Panikstörung noch relativ neu sind und sie bislang nicht einmal überall Eingang in die medizinische und psychologische Literatur gefunden haben – von der Praxis ganz zu schweigen. Der Begriff der Depression dagegen ist jedem Experten und jedem Laien geläufig.

Als Faustregel für die Praxis gilt trotz all dieser Schwierigkeiten: Auf die Reihenfolge kommt es an. Traten zuerst Panikattacken auf, und entwickelten sich die depressiven Verstimmungszustände erst infolge einer ängstlichen Erwartungshaltung und phobischem Vermeidungsverhalten, dann deutet dies auf eine Panikstörung hin. Litten die Patienten dagegen zuerst an Schuldgefühlen, Schlaf- und Interesselosigkeit, Appetitmangel und Gewichtsverlust, Antriebs- und Konzentrationsschwäche, und traten die Panikattacken erst später auf, dann sollte von einer Depression ausgegangen werden. Hilfreich zur Unterscheidung kann zum Beispiel der Schlafentzugstest sein: Patienten mit einer Depression fühlen sich nach einer Nacht ohne Schlaf häufig besser, während Panikpatienten keine Linderung ihrer Beschwerden spüren.

Sind beide Störungen nicht voneinander abzugrenzen, so sollten beide Diagnosen gestellt werden, also Panikstörung und Depression. Die Behandlung muss allerdings immer auf jeden einzelnen Patienten abgestimmt werden, allgemein verbindliche Hinweise gibt es dazu nicht. Es hat sich bei vielen Patienten gezeigt, dass in dem Maße, wie die Panikattacken und die Agoraphobie etwa durch eine Verhaltenstherapie gelindert wurden und schließlich verschwanden, auch die Depression verschwand. Leider gilt das aber nicht für alle Patienten, vor allem wenn sich die Erkrankung über mehrere Jahre verfestigt hat.

Erweiterung der Definitionen in Aussicht?

Inzwischen mehren sich die Stimmen aus Forschung und Praxis, die die derzeitigen Definitionen der Panikattacke und Panikstörung für zu starr und zu eng halten. So hat die klinische Praxis gezeigt, dass eine Panikattacke durchaus nur drei oder sogar nur zwei der in der 14-Punkte-Liste genannten Symptome beeinhalten kann, aber trotzdem eine Panikattacke ist – mit all den für die Betroffenen belastenden Folgen. Außerdem wird bemängelt, dass eine ganze Reihe von durchaus häufig auftretenden Paniksymptomen nicht aufgenommen sind. Deswegen haben amerikanische und italienische Forscher eine neue Definition vorgeschlagen, die die bislang als atypisch, aber dennoch von Patienten häufig erlebten Beschwerden umfassen

soll. Zu diesen »neuen« Symptomen gehören auch eine ganze Reihe so genannter »Als-ob-Symptome« und Unverträglichkeiten bestimmter Sinneswahrnehmungen:
- Gefühle der Verwirrtheit und Erstarrung
- Gefühle der räumlichen Desorientierung
- Gefühl der weichen Beine, als seien sie aus Gelee
- Gefühl, als ginge man auf Schaumgummi oder Samt
- Gefühl der steifen Beine
- Gefühl des ungeschickten, abrupten Gehens
- Gefühl, als ob im Kopf oder Körper etwas gebrochen sei
- Gefühl der Blind- oder Taubheit
- Plötzlicher ultimativer Harn- oder Stuhldrang
- Unbehagen bei verschwommener Sicht z. B. bei Nebel
- Unbehagen bei Dunkelheit
- Überempfindlichkeit gegenüber hellem Licht
- Überempfindlichkeit gegenüber Hitze, »schlechter«, verbrauchter oder feuchter Luft
- Überempfindlichkeit gegenüber Parfüm und anderen starken Düften
- Überempfindlichkeit gegen Geräusche
- Kopfschmerzen
- Entwicklung depressiver Beschwerden

Mit der Aufnahme des letzten Punktes in den Symptomen-Katalog wollen die Forscher zum Beispiel den vielen Menschen gerecht werden, die infolge der Panikattacken und des dadurch eingeschränkten Aktionsradius nach einiger Zeit an Selbstvertrauen verlieren und depressiv werden. Deswegen schlagen sie auch eine neue Bezeichnung für das Erkrankungsbild vor: Panik-Agoraphobie-Spektrum-Störung. Der Begriff Spektrum drückt dabei aus, dass eine Panikstörung unterschiedlichste

Symptome hervorrufen kann, die auf den ersten Blick gar nichts mit Angst zu tun zu haben scheinen. Und das ist ja auch das große Problem von Menschen mit Panikattacken, wenn sie ärztliche Hilfe suchen: Immer noch erkennen viel zu wenige Ärzte auf Anhieb, was sich wirklich hinter dem vermeintlichen Herzanfall oder Kreislaufkollaps verbirgt.

Diese neue Definition könnte Ärzte eher dazu veranlassen, Menschen mit Depressionen, besonders in der Lebensmitte, bei der Erhebung der Krankengeschichte auch nach Panikattacken in jungen Jahren zu fragen. Denn schon Kinder und Jugendliche leiden an Unsicherheiten und Ängsten bis hin zu Panikattacken, die die Persönlichkeit der Betroffenen nachhaltig verändern können.

So beschreibt der Linzer Psychologe und Verhaltenstherapeut Dr. Hans Morschitzky in seinem 1998 erschienenen Buch *Angststörungen* die Krankengeschichte eines Mannes, der im Alter von 20 Jahren einige Panikattacken erleidet, die aber als solche nicht erkannt werden. Bis dahin ein energischer, selbstbewusster und geselliger Mensch, sorgt sich der Mann aufgrund der erlebten körperlichen Beschwerden wie Herzrasen und Schweißausbrüche zunehmend ängstlich um seine Gesundheit. Er zieht sich zurück, verliert seine Initiative und wird von anderen abhängig. »Im Laufe der Zeit«, so schreibt der Psychologe »werden diese Tendenzen zu einem stabilen Persönlichkeitsmerkmal.« Mit 40 Jahren stellen sich depressive Verstimmungen ein. Der Mann sucht ärztlichen Rat und macht dort den Eindruck eines »ängstlichen Menschen mit hypochondrischer Färbung, der von anderen Menschen so abhängig ist, dass er nicht allein sein kann«. Dass sich die Persönlichkeit des Patienten nach den Panikattacken vor 20 Jahren völlig verändert hat, erfährt der Arzt nicht, weil der Patient sie selbst gar nicht mit den Attacken in Verbindung bringt bzw. sie schon längst vergessen hat. Die Depression ist also nur ein Ausdruck des zu Grunde liegenden Panik-Agoraphobie-Spektrums, das aus Abhängigkeit, Vermeidungstendenzen und ängstlicher Selbstbeobachtung besteht. Nur eine ganzheitliche Behandlung der Angststörung kann den Patienten aus seiner Isolation befreien und ihn seinen verlorenen Aktionsradius und seine Eigenständigkeit zurückgewinnen lassen.

Auch die Herzphobie gehört zur Panikstörung

Was vielen Ärzten noch immer unbekannt ist: Auch die Herzphobie gehört zum Formenkreis der Panikstörung. Oft wird sie allerdings als nervöses Herzklopfen, Herzangst oder Herzneurose bezeichnet. Dabei sind die scheinbaren Herzanfälle nichts anderes als eine Panikattacke, bei der herzbezogene Beschwerden im Vordergrund stehen. Dazu gehören:
- Herzrasen mit 120–160 Herzschlägen pro Minute (Tachykardie)
- Unregelmäßiger Herzschlag und Herzstolpern (Extrasystolen)
- Herzklopfen (Palpitationen)
- Herzstiche
- Schmerzen oder Ziehen im linken Brustbereich bis in die linke Kleinfingerseite
- Brennen und Hitzegefühl im Bereich der Herzspitze (5. Rippenzwischenraum links)
- Anfälle von Bluthochdruck
- Schwitzen
- Hitze- oder Kältegefühle

- Atemnot
- Beklemmungs- und Erstickungsgefühle
- Schwindel
- Übelkeit
- Todes- oder Vernichtungsangst

Nach einigen solcher Attacken stellen die Menschen aus Angst ihr Leben komplett um. Die meisten beginnen, sich ängstlich auf ihr Herz zu fixieren, ständig Puls und Blutdruck zu kontrollieren und jegliche körperliche Anstrengung, auch Treppensteigen, sportliche Hobbys und Sex zu meiden. Die Wohnung bekommt sanatoriumsähnliche Atmosphäre, am Telefon kleben Zettel mit den Nummern von Rettungszentrale und nächstgelegenen Krankenhäusern. Urlaub wird, wenn überhaupt, nur an Orten gemacht, in denen eine perfekte intensivmedizinische Betreuung für den befürchteten Notfall zur Verfügung steht. »Herzphobiker schonen sich mehr, als selbst Patienten nach einem Herzinfarkt zur Schonung geraten wird«, weiß der Psychologe Morschitzky.

Diese Reaktion wird für die gesamte Familie zu einer Prüfung. Die Patienten klammern sich an ihre Partner und/oder Kinder. Dabei entsteht ein Teufelskreis: Je mehr sich die Angehörigen auf die Ängste des Patienten einstellen und ihm alles abnehmen, desto mehr bestätigen sie ihm, dass er wirklich herzkrank ist und damit potenziell in Lebensgefahr. Bei starker Herzphobie kann es dann schon ausreichen, wenn der Partner die Wohnung zum Einkaufen verlässt, um eine neue Attacke auszulösen.

Eine kleine Gruppe von Herzphobikern reagiert allerdings genau umgekehrt. Sie schalten auf Angriff und Konfrontation: Mit wagemutigen und körperlich sehr anstrengenden Tätigkeiten, zum Beispiel extremen sportlichen Leistungen, versuchen sie ihr Herz unter Kontrolle zu bekommen. Sie wollen sich selbst beweisen, dass sie sich nicht unterkriegen lassen. Auch innerhalb der Familie/Partnerschaft verhält sich dieser Typ Herzphobiker ausgesprochen unabhängig, pocht auf seine Eigenständigkeit und bewirkt damit von ihm als klammernd erlebte Reaktionen des Partners, die ihn in seinem Unabhängigkeitsstreben weiter bestärken. Dass dieses Verhalten zu schweren Beziehungskrisen führen kann, ist nachvollziehbar.

Auslöser für eine Herzphobie ist oft der Verlust einer wichtigen Bezugsperson durch Tod (Eltern), Trennung oder Scheidung (Lebenspartner, auch Eltern). Herzphobiker erleben ihre Herz-Panikattacken häufig wesentlich intensiver und beklemmender als Patienten mit »einfachen« Panikattacken. Sie fühlen sich körperlich schwer krank – und kommen dadurch auch nicht auf den Gedanken, dass sie vielleicht aus dem seelischen Gleichgewicht geraten sind.

Deswegen suchen Herzphobiker vor allem Hilfe bei Internisten und Kardiologen, wo sie als Patienten mit »funktionellen Herzbeschwerden« geführt und oft mit Beta-Blocker behandelt werden – und zwar jahrelang. Dabei ist es gerade für Herzphobiker so besonders wichtig, möglichst bald nach Beginn der Erkrankung in die richtigen therapeutischen Hände zu kommen. Denn bei längerer Dauer führt eine Herzphobie häufiger und schneller zu Folgeerscheinungen wie Sozialphobie (Angst vor Menschen) und Depressionen als bei »einfachen« Panikattacken, bei denen nicht das Herz im Mittelpunkt des Angsterlebens steht.

Wie viele Menschen leiden an Panikattacken und Agoraphobie?

Neue Untersuchungen deuten darauf hin, dass möglicherweise wesentlich mehr Menschen an Panikattacken und Agoraphobie leiden, als bislang angenommen, auch wenn die Beschwerden nicht immer ein behandlungsbedürftiges Ausmaß erreichen. Das zeigen auch die Daten der bereits erwähnten »Follow-up-Studie« des Max-Planck-Instituts für Psychiatrie. Danach haben 15 Prozent der erwachsenen Bevölkerung, das heißt jeder sechste Bundesbürger, in ihrem Leben schon einmal eine Panikattacke oder starke Angstzustände erlebt. Die Verteilung zwischen den Geschlechtern ist dabei zwar deutlich, aber nicht außerordentlich verschieden: 11,1 Prozent aller Bundesbürgerinnen und 7,1 Prozent aller Bundesbürger wissen aus Erfahrung, was eine Panikattacke ist. Unter einer Panikstörung im Sinne der DSM-Klassifikation litten der Studie zufolge immerhin 4,3 Prozent der Bundesbürger. Hier ist das Verhältnis zwischen den Männern und Frauen mit 1:2 stark verschoben. Bezogen auf eine Einwohnerzahl von knapp 81 Millionen Menschen bedeuten diese Zahlenangaben: Rund 12 Millionen Bundesbürger werden im Laufe ihres Lebens an behandlungsbedürftigen Ängsten leiden – davon etwa 3,5 Millionen an einer Panikstörung. In den vergangenen sechs Monaten, so die Berechnung der Studie, waren mit 1,1 Prozent rund 810 000 Menschen in Deutschland akut betroffen. Ähnliche Zahlen gibt die große NCS-Studie für die USA an. Auch aus dem asiatischen Raum werden vergleichbare Zahlen gemeldet, zum Beispiel aus Singapur.

Bei Kindern und Jugendlichen liegen die Zahlen noch höher. Eine 1999 abgeschlossene Untersuchung des Zentrums für

Rehabilitationsforschung der Universität Bremen ergab, dass 18,6 Prozent der befragten Kinder und Jugendlichen zwischen 12 und 17 Jahren bereits Angstzustände erlebt hatten: Dazu zählten Panikattacken, Angst- und Beklemmungsgefühle über die Dauer von mindestens einem Monat und starke Sprechangst.

Inwiefern diese Störungen behandlungsbedürftig sind oder es sich um kurzfristige Anpassungsreaktionen an eine belastende Lebenssituation handelt, darüber gibt es derzeit keine verlässlichen Angaben. Die Bremer Studie beweist jedoch, dass sich zumindest bei Jugendlichen die Angstprobleme und auch Depressionen nicht von allein auswachsen. So berichtete ungefähr die Hälfte der befragten Jugendlichen auch 15 Monate nach der ersten Untersuchung noch über die selben seelischen Beschwerden.

Eines jedoch lässt sich mit Sicherheit sagen: Ängste sind eine der häufigsten seelischen Beschwerden. Das beweisen nicht nur die Zahlen, wonach etwa zehn Prozent aller Patienten beim Allgemeinarzt über funktionelle Herzbeschwerden und weitere 30 Prozent über seelische Probleme und Angst klagen – Tendenz steigend. Auch die Menge der jährlich verordneten Psychopharmaka, insbesondere der Beruhigungsmittel, spricht eine deutliche Sprache.

Ursachen der Angst

Angst ist eine Botschafterin

Übersteigerte Angst kommt, wie andere Krankheitssymptome auch, dann zustande, wenn der Mensch aus seinem Gleichgewicht geraten ist – seelisch oder körperlich. Während bei den seelischen Gleichgewichtsstörungen die bewussten und unbewussten Abläufe nicht in Einklang stehen, verweigern beim körperlichen Ungleichgewicht einzelne oder mehrere Organe(systeme) ihren Dienst. Angst bedeutet damit zunächst einmal nichts anderes, als dass irgendetwas nicht in Ordnung, nicht im Gleichgewicht ist. Angst hat also die Funktion einer Botschafterin. Aber welche Botschaft will sie überbringen? Dazu gibt es eine fast unüberschaubare Zahl von Theorien, so genannte Angsttheorien.

Diese *Angsttheorien* lassen sich grob vereinfacht in zwei große Gruppen einteilen: erstens die *psychologischen*, die sich mit den seelischen Gleichgewichtsstörungen befassen; zweitens die *biologischen*, *neurologischen* oder *organischen*, die Angst als Botschafterin rein körperlicher Gleichgewichtsstörungen betrachten. Keiner dieser Ansätze, das sei hier vorweggenommen, kann aber alleine die Entstehung von übersteigerter Angst zufrieden stellend erklären.

Viele Theorien – aber keine eindeutige Erklärung
Diese Erfahrung machte auch schon Sigmund Freud, der 1895 die erste umfassende Angsttheorie im deutschsprachigen Raum

entwickelte. Zwar legte Freud den Schwerpunkt auf die unbewussten seelischen Ursachen von Angstanfällen. Er musste jedoch feststellen, dass bestimmte Ängste mit seiner Theorie nicht zu erklären waren. Aus diesem Dilemma rettete er sich mit der Vorstellung, dass es auch angeborene körperliche Störungen geben müsse. Zwar gab Freud diesen Erklärungsansatz später zugunsten einer rein psychologischen Theorie wieder auf. Die beiden Gegenpole – seelisch kontra körperlich – in den Theorien zur Angstentstehung waren damit jedoch erstmals umrissen.

Ein kurzer Überblick über die Geschichte der Angsttheorien zeigt, dass ihre Schwerpunkte beständig wechselten. Zunächst dominierte die psychologische Sichtweise, wonach seelische Störungen körperliche Beschwerden hervorrufen, aber nicht die Organe selbst schädigen (= funktionelle Störungen). Die Weiterentwicklung dieser Theorien führte dann um 1930 zur psychosomatischen Sichtweise der Angst: Sie besagt, dass seelische Faktoren nicht nur die Funktionen der Organe durcheinander bringen und dadurch Beschwerden verursachen, sondern auch die Organe selbst auf längere Sicht schädigen.

Mit der Entdeckung angstlösender Medikamente (Anxiolytika) verloren die psychologischen Erklärungen ab 1955 an Bedeutung. Von nun an konzentrierte sich die Medizin darauf, Angstzustände exakt zu beschreiben und die damit verbundenen Beschwerden zu erfassen. Das war notwendig, um festzustellen, welche Patienten für die Behandlung mit den Angst lösenden Medikamenten infrage kamen.

Zehn Jahre später traten die psychologischen Theorien in der Medizin vollends in den Hintergrund. Die Wissenschaft verlegte sich darauf, biochemische Abläufe und ihre Störungen vor allem im zentralen Nervensystem zu erforschen. Gesucht wurde sozusagen nach dem Schaltfehler im Gehirn, der die Angst verursachte. Die Ergebnisse dieser neurologischen Forschungen führten, wie bereits erwähnt, 1980 in den USA zur Neueinteilung der Angststörungen in der DSM-III-Klassifikation.

Die Ansicht, dass übersteigerte, krankhafte Angst nur durch organische Störungen, vor allem Störungen der Informationsübertragung im zentralen Nervensystem zustande kommt, blieb jedoch nicht lange unwidersprochen. Sowohl Vertreter der psychoanalytischen als auch der lerntheoretischen Ansätze kritisierten die Lehre von den ausschließlich biochemischen Ursachen als zu platt und eindimensional. Auch zeigte es sich, dass die Ergebnisse der biochemischen Forschung so eindeutig gar nicht waren.

Inzwischen rücken mehrdimensionale Erklärungsansätze langsam in den Vordergrund. Daher scheint die Hoffnung berechtigt, dass die Angstforschung der Zukunft tatsächlich Vertreter aller verschiedenen Forschungsrichtungen, von der Psychologie über die Psychiatrie und Neurologie bis zur Biochemie und Genforschung, an einem Tisch versammeln wird. Denn, so schrieb schon 1983 der Angstforscher *Detlev Ploog**: »Ohne Kenntnis der komplexen Zusammenhänge zwischen der neurobiologischen Ausstattung des Menschen und seiner jeweiligen Lern- und Lebensgeschichte bleiben die individuellen Phänomene der Angst dem Zugang verschlossen.« Vereinfacht formuliert bedeutet das: Jeder Mensch ist anders und reagiert anders.

Auf den folgenden Seiten werden zunächst die bekanntesten psychologischen und organischen Erklärungsansätze darge-

---

* *Detlev Ploog:* Geleitwort zu: *Strian, Friedrich (Hg.):* Angst. Grundlagen und Klinik, Berlin 1983.

stellt. Dabei wird sich zeigen, dass kaum ein Ansatz wirklich »rein« ist, fast alle greifen auf andere Modelle zurück. Angesichts der unüberschaubaren Zahl von Theorien (ein Forscher = eine neue Theorie) werden nur die Grundzüge der Ansätze erläutert. Im Anschluss daran folgt ein so genanntes integriertes psychobiologisches Modell, das alle Ansätze in sich vereint und nach Ansicht vieler Experten als zukunftsweisend gilt.

Psychologische Erklärungen der Angst
oder: Angst hat seelische Ursachen

Die zahlreichen psychologischen Modelle zur Erklärung krankhafter Ängste haben eine Gemeinsamkeit: Sie gehen alle davon aus, dass übersteigerte Ängste seelische Ursachen haben und nicht etwa organische. Damit scheiden sich dann aber auch schon die Geister. Während die große Gruppe der *psychodynamischen* oder *psychoanalytischen* Modelle die Verdrängung schmerzhafter oder unangenehmer Gedanken und Erfahrungen als Ursache für übersteigerte Angst ansieht, geht die *Lern- und Verhaltenstheorie* davon aus, dass übersteigerte Ängste erlernt sind. Dazwischen stehen die Modelle der *Humanistischen* und der *Transpersonalen Psychologie*. Sie erklären übersteigerte Angst zwar auch mit Verdrängungs- und Lernprozessen, gehen aber über die Persönlichkeit des Einzelnen hinaus und beziehen weltanschauliche sowie spirituelle Einflüsse mit ein.

Psychodynamische Modelle

Die psychodynamischen (früher: psychoanalytischen) Modelle gehen alle auf die umfangreichen Arbeiten Sigmund Freuds zurück. Der berühmte Wiener Neurologe und Psychiater ist der Begründer der Psychoanalyse. Obwohl seine Theorie über seelische Vorgänge und Erkrankungen in vielen Aspekten weiterentwickelt wurde, blieb ihr Grundgerüst weitgehend unverändert.

Übersteigerte Angst, so die zentrale Aussage der klassischen und der modernen psychodynamischen Theorien, wird durch

Verdrängung unangenehmer und/oder unakzeptabler Wünsche, Gefühle und Erfahrungen in den unbewussten Teil unseres Gedächtnisses verursacht. Ziel der psychodynamischen Theorie ist es, herauszufinden, was im Allgemeinen vorzugsweise verdrängt wird. Die aus der Theorie abgeleitete psychoanalytische Therapie kümmert sich dagegen um die individuell verdrängten Inhalte.

> **Der Vater der Psychoanalyse: Sigmund Freud**
> Bereits 1895 hatte Freud seine erste Angsttheorie vorgelegt. Wie auch in seinen späteren Modellen – Freud arbeitete mehr als 40 Jahre an dem Thema Angst – steht schon in diesem ersten Modell zur Erklärung krankhafter Angst die sexuelle Begierde (die Libido) im Mittelpunkt. Da Freud diesen ersten Ansatz jedoch einige Jahre später selbst zurückzog (er betrachtete ihn als erste Fingerübung zum Thema Angst), verzichten wir auf eine Darstellung und konzentrieren uns auf den zweiten Ansatz.

Realangst und neurotische Angst
In seinem neuen Modell, das er zwischen 1916 und 1933 schrittweise entwickelte, ordnete Freud zunächst die Begriffe. Er unterschied zwischen der normalen, der überlebensnotwendigen Angst und der unangemessenen, krankhaften Angst. Die erste bezeichnete er als *Realangst*, weil sie sich auf eine tatsächliche Bedrohung oder Gefahr bezieht. Sie ist zielgerichtet und führt zu zielgerichtetem Handeln: Angriff oder Flucht. Je konkreter die Gefahr, desto präziser und klarer die Reaktionen. Undurchschaubare, unklare Gefahr vermindert nach Freud dagegen die Fähigkeit des Menschen, klare Entscheidungen zur Ab-

wehr der Gefahr zu treffen. Der Mensch weiß nicht mehr, woran er ist, wie er sich wehren soll. Er fühlt sich hilflos und ausgeliefert. Und genau das macht ihm jetzt Angst. Für Freud steckt in dieser Form der Angst der Keim für übersteigerte, krankhafte Angst. Die Psychoanalyse nennt sie *neurotische* Angst.

Hilflosigkeit verursacht Angst und Verdrängung
Freud geht davon aus, dass schmerzhafte oder unakzeptable libidinöse und sexuelle Vorstellungen und Erfahrungen neurotische Angst verursachen: Die schmerzhaften oder nicht akzeptablen Gedanken bedrohen den Menschen. Sie stellen für ihn eine undurchschaubare Gefahr dar, gegen die er kein Mittel weiß. Er fühlt sich unsicher und ängstlich. Um diesen unangenehmen Zustand zu mildern, versucht der Mensch, die gefährlichen Gedanken wegzuwischen, sie zu vergessen. Aber das funktioniert nur teilweise: Der Mensch kann sie zwar aus seinem Bewusstsein verdrängen, im unbewussten Teil seines Gedächtnisses leben sie aber weiter.

Gelingt die Verdrängung nicht oder bricht sie wieder zusammen, erlebt der Mensch heftige Angst. Sie beruht wiederum auf dem starken Gefühl der Hilflosigkeit, der Mensch weiß sich wieder nicht zu wehren. Angstanfälle, wie sie jeder Panikpatient kennt, sind die Folge.

Krankhafte Angst sucht sich unverfängliche Objekte
Freud hatte bei seinen Patienten beobachtet, dass die Angstanfälle meist zu einem Zeitpunkt und in einer Umgebung auftraten, die mit dem ursprünglichen Angstanlass scheinbar gar nichts mehr zu tun hatten. Er nahm daher an, dass sich die Angst an ein *unverfängliches Objekt* heftet – sich also hinter einer Maske verbirgt bzw. einen Stellvertreter sucht. Von da an

meidet der Mensch den plötzlich unerklärlicherweise angstbesetzten Gegenstand oder die angstbesetzte Situation, er entwickelt phobisches Verhalten. Tatsächlich meidet er aber die Konfrontation mit den verdrängten Wünschen und Gedanken, die inzwischen aber schon so weit verdrängt sind, dass sie ohne therapeutische Hilfe nicht mehr aufzudecken sind. Als Beispiel für eine solche Angstverschiebung nennt Freud die Agoraphobie, hier im ursprünglichen Sinne verstanden als Angst vor der Öffentlichkeit und Menschenansammlungen. Grund für eine solche Phobie, so Freud, könnte der verdrängte, weil moralisch nicht akzeptable Wunsch des Patienten sein, sich zu prostituieren. (Prostitution meint hier nicht Käuflichkeit, sondern die Zurschaustellung der eigenen Sexualität in der Öffentlichkeit zum Beispiel durch betonende Kleidung.)

Verdrängung beginnt schon in der Kindheit
Den Grundstein für das Reaktionsmuster der Verdrängung sieht Freud bereits in der *Kindheit*. Während der Geburt erlebt das Neugeborene erstmals eine lebensbedrohliche Situation. Es empfindet starke Hilflosigkeit und damit heftige Angst. Dabei besteht die Bedrohung nicht darin, dass es während der Geburt zu Komplikationen kommen könnte, vielmehr wird die Trennung von der Mutter durch die Geburt vom Kind als lebensbedrohlich empfunden.

Auch alle weiteren natürlichen Entwicklungsschritte in Richtung Selbstständigkeit erlebt das Kind zunächst als Angst machend, denn sie stellen eine Gefahr für sein körperliches und seelisches Wohlbefinden dar: Die Abwesenheit der Mutter, der Verlust des Schutzes und der Geborgenheit lassen das Kind unerfüllte Bedürfnisse und damit Hilflosigkeit fühlen. Wird das Kind tatsächlich oft allein gelassen, entwickelt es eine ängstliche Grundhaltung. Es nimmt dann die Angst vorweg, bevor überhaupt etwas passiert, um sich zu schützen. Das Kind verdrängt seine Bedürfnisse, um nicht enttäuscht zu werden. Wird diese ängstliche Grundhaltung nicht durch Zuwendung überwunden, wird sich das Kind auch später als Erwachsener stets hilflos fühlen, die Auseinandersetzung scheuen und alle unangenehmen Dinge schleunigst verdrängen. Bis dann irgendwann die Verdrängungskapazität erschöpft ist, und sich das Unbewusste in einem akuten Angstanfall, einer Panikattacke entlädt.

Die Neue Psychoanalyse
Obwohl Freuds Theorie Anfang dieses Jahrhunderts in der Psychologie eine Revolution auslöste, wurde ihr bald die einseitige Betonung von Libido und Sexualität vorgeworfen. Aus dieser Kritik entwickelte sich ab den dreißiger Jahren die so genannte Neo-Psychoanalyse (Neue Psychoanalyse). Sie greift zwar das Freudsche Verdrängungskonzept auf, verzichtet aber auf die Betonung der Sexualität. Eine prominente Vertreterin dieser Neuen Psychoanalyse ist Karen Horney, eine in die USA ausgewanderte Schülerin Freuds.

Verdrängte Aggressionen machen Angst
Nach Ansicht Horneys entsteht Angst durch Gefühle und Gedanken, die die geltenden kulturellen und gesellschaftlichen Normen verletzen. Das sind in erster Linie *feindselige, aggressive Regungen*. Sobald beispielsweise ein Mensch feindselige Gefühle gegen eine ihm nahe stehende Person empfindet, was ja nach den herrschenden Normen nicht sein darf, unterdrückt er sie automatisch aus Angst vor dem »Gesetzesbruch«.

Diese Unterdrückung ist aber – wie bei Freud – nicht perfekt. Die verdrängten feindseligen Gefühle und die damit verbundene Angst richten sich ebenfalls auf andere, unverfängliche Objekte, ohne dass es dem Menschen bewusst wäre. Diese Verschiebung erfolgt nach Ansicht Horneys, weil Angst vor unverfänglichen Objekten oder Situationen psychisch leichter zu ertragen ist. Gleichzeitig kann aber die verschobene Angst wiederum Feindseligkeit und Aggressionen hervorrufen, beispielsweise wenn der Partner die plötzliche unerklärliche Angst nicht ernst nimmt. Der Kreislauf aus Angst, phobischem Vermeiden und wiederum Angst findet ohne therapeutische Hilfe kein Ende mehr.

Ein berühmtes Beispiel: die Messerphobie
In der psychoanalytischen Literatur wird immer wieder die *Messerphobie* als Beispiel für verdrängte Aggressionen beschrieben: Eine Frau, die gewisse Gewohnheiten ihres Partners abstoßen, erleidet plötzlich angesichts eines Messers ihren ersten Panikanfall. In der Folge entwickelt sie eine Messerphobie, weil sie glaubt, ansonsten andere mit dem Messer verletzen zu müssen. Das Messer symbolisiert in der psychoanalytischen Interpretation die Aggressionen der Frau gegen ihren Partner. Da sie diese aber aufgrund ihrer Angst, die ungeschriebenen Gesetze der Gesellschaft zu verletzen, nicht auslebt, explodiert die Angst plötzlich im Anblick des Messers. Die Folge ist Vermeidungsverhalten. Genauso wie sie eine Kritik an ihrem Partner und mögliche Auseinandersetzung mit ihm vermeidet, meidet die Frau auch künftig scharfe Gegenstände.

Dieses Beispiel zeigt überdeutlich die Beziehungen zwischen zu Grunde liegenden Aggressionen und der Übertragung der Angst auf einen scheinbar unverfänglichen Gegenstand. In der

Regel ist aber dieser Zusammenhang nicht so klar und symbolträchtig wie bei der Messerphobie. Im Gegenteil, meist verkleidet sich die Angst so perfekt, dass es ausgesprochen schwierig ist, ihre Ursachen aufzudecken.

Erziehung prägt ängstliche Grundhaltungen
Ebenso wie Freud sehen auch seine Nachfolger den Grundstein für ängstliches Verhalten und die Neigung zu unangemessener Angst bereits in der Kindheit gelegt. Während Freud jedoch nur die entwicklungsbedingten Trennungsängste gelten ließ, sehen die Vertreter der modernen Psychoanalyse auch *erziehungsbedingte Ängste*. Sie gehen davon aus, dass Kinder ein bestimmtes Maß an Sicherheit, Wärme, Geborgenheit, aber auch Freiheit brauchen, um sich gesund entwickeln zu können. Fehlen diese Bedingungen, dann besteht die Gefahr, dass sich das Kind nicht im Gleichgewicht mit seinen Fähigkeiten und Bedürfnissen entwickelt, es verkümmert seelisch.

Den Hauptgrund für Angst im Kleinkindalter sieht beispielsweise Karen Horney in fehlender Geborgenheit, Wärme und Liebe. Sind die Eltern unberechenbar, gereizt und erteilen fortwährend Verbote, dann reagiert das Kind über kurz oder lang mit Feindseligkeit. Es kann sich nicht mehr auf seine Eltern verlassen, es fühlt sich eingeschränkt. Die gleiche Reaktion kann übrigens auch bei überfürsorglichen Eltern entstehen. Diese feindselige Haltung muss das Kind jedoch unterdrücken, und zwar aus mehreren Gründen: Erstens aus Hilflosigkeit, denn es ist ja auf seine Eltern angewiesen. Zweitens aus Furcht, denn auf aggressives Verhalten folgt Bestrafung. Und drittens aus Schuldgefühlen, denn man darf ja seine Eltern nicht hassen.

Aus der Unterdrückung der gegen die Eltern gerichteten Aggressionen entsteht langfristig ein Gefühl, das Horney als

Grundangst bezeichnet: Das Kind empfindet große Unsicherheit, Einsamkeit, Hilflosigkeit und Furcht vor einer feindlichen Welt. Gleichzeitig versucht es aber, sich vor dieser Welt zu schützen, ihr zu entkommen. Dazu hat es drei Möglichkeiten: Es wendet sich anderen Menschen zu (Hilfesuche), es wendet sich gegen die Menschen (Feindseligkeit), oder es wendet sich ganz von den Menschen ab (Isolation).

Je nach Variante wird die Persönlichkeit des Kindes geprägt. Entsprechend dieser Persönlichkeit entwickelt das Kind dann bestimmte übersteigerte Bedürfnisse, man könnte auch sagen Techniken, um mit dem Leben fertig zu werden, seine Grundangst im Zaum zu halten. Diese übersteigerten Bedürfnisse nennt Horney »neurotische Tendenzen«. Sie sind weitgehend unbewusst. Werden diese Bedürfnisse erfüllt, empfindet das Kind Sicherheit. Geschieht das nicht, empfindet es erneut Angst. Ändern sich die Lebensbedingungen des Kindes nicht zum Besseren, so verfestigt sich seine Grundangst zusammen mit seinen individuellen neurotischen Tendenzen. Sie prägen dann auch im Erwachsenenalter die Persönlichkeit.

Horney fand insgesamt zehn verschiedene neurotische Tendenzen, die bestimmte Ausprägungen der Grundangst verbergen. Beispielsweise steckt hinter dem übersteigerten Bedürfnis nach Perfektion und Stärke die Angst vor Fehlern, Kritik und Vorwürfen. Hinter dem übersteigerten Bedürfnis nach Selbstständigkeit und Unabhängigkeit steckt die Angst vor Bindung und Liebe. Hinter dem übersteigerten Bedürfnis nach einem beschützenden Partner steckt die Angst vor Einsamkeit und Verlassenwerden.

Alle diese neurotischen Tendenzen bergen in sich schon eine Gefahr für das seelische Gleichgewicht des Menschen. Kann der Erwachsene seine neurotischen Bedürfnisse befriedigen, bleibt das Gleichgewicht bestehen. Erlebt er dagegen Enttäuschungen seiner Bedürfnisse, dann kann das Gleichgewicht zusammenbrechen. Die Angst gewinnt dann die Oberhand. In welcher Form sie sich äußert und mit welchen Symptomen, hängt dann von der Lebensgeschichte des Betroffenen ab. Grundsätzlich sind aber alle drei Angstformen möglich: Panikattacken, generalisierte Angst und/oder Phobien. Zur Aufdeckung und Lösung des Grundkonfliktes braucht es nach Ansicht der Neo-Psychoanalyse ebenfalls therapeutische Unterstützung.

Hemmung der Persönlichkeitsentwicklung verursacht Angst
Ein wesentlich konkreteres Modell zur Erklärung akuter Angstanfälle hat der Psychoanalytiker Harald Schulz-Hencke um 1940 vorgelegt. Er geht kurz gefasst davon aus, dass die Unterdrückung bestimmter angeborener Persönlichkeitsmerkmale in der Kindheit Angst verursacht. Zu diesen Merkmalen gehören drei Grundbedürfnisse: Besitzstreben, Geltungsstreben und Liebesstreben. Alle drei bestehen wiederum aus zwei gegensätzlichen Impulsen: einem aktiven nach außen gerichteten Impuls (Habenwollen) und einem passiven, nach innen gerichteten Impuls (Behaltenwollen).

Wird nun eine Seite dieses Gegensatzes durch die Erziehung während der ersten fünf Lebensjahre eines Kindes überbetont, bedeutet das eine *Hemmung* des anderen. Das Kind wird diese Hemmung aber mit der Zeit bemerken. Auf diese Entdeckung reagiert es mit Furcht- und Schuldgefühlen. Denn es fühlt sich einerseits hilflos und ängstigt sich vor neuen Anforderungen, die es wegen seiner Hemmung nicht bewältigen kann. Andererseits entwickelt es Schuldgefühle, weil es nicht so ist, wie offenbar von ihm erwartet wird. Daraus entstehen vorübergehend Angstanfälle. Aus den akuten Angstanfällen entwickelt sich dann ziemlich schnell durch Verdrängung ein Angstreflex, der unbewusst bleibt. Dadurch wird die Persönlichkeitsentwicklung in einer bestimmten Hinsicht nahezu völlig blockiert. Die Hemmung, wie Schulz-Hencke diesen Vorgang nennt, ist geprägt.

Allerdings ist auch sie nicht perfekt. Der gehemmte Mensch gerät immer wieder in seinem Leben in Situationen, in denen er mit seinen ursprünglichen Impulsen konfrontiert wird. Schulz-Hencke bezeichnet diese Situationen als Versuchungs- oder Versagungssituationen. Sobald der Mensch diesem Impuls am liebsten nachgeben würde, entsteht Angst, die binnen kürzester Zeit in einem akuten Angst- oder Panikanfall mündet.

Schulz-Hencke beschreibt als Beispiel den Fall einer etwa 30-jährigen Patientin, die wegen heftiger Angstanfälle therapeutische Hilfe suchte. Auf den ersten Blick schien die Patientin ein ganz normales Leben zu führen. Es stellte sich jedoch recht schnell heraus, dass das nicht stimmte. Die Frau lebte hauptsächlich gegen ihre nach außen gerichteten Impulse. Sie verhielt sich passiv und versteckte ihre Meinungen und Ansichten. Über ihre Kindheit berichtete sie, sie habe aus einem Wechselbad aus Verwöhnung und harter autoritärer Erziehung bestanden. Diese Erziehung hatte augenscheinlich ihre nach außen gerichteten Impulse völlig gehemmt. Kam sie jedoch in eine Versuchungssituation, etwa wenn sie um ihre Meinung gebeten wurde, kam die Angst, die in einem Panikanfall endete.

Hemmungen der Grundbedürfnisse verursachen Angst
Maslow geht davon aus, dass jeder Mensch von Natur aus bestimmte Grundbedürfnisse hat. Diese bauen aufeinander auf, sie bilden eine Pyramide. Die Basis bildet das Grundbedürfnis

> **Die Humanistische Psychologie**
> Noch einen Schritt weiter als der psychoanalytische Ansatz der gehemmten Persönlichkeitsentwicklung von Schulz-Hencke geht das Modell des amerikanischen Psychologen und Angstforschers Abraham A. Maslow. Er gilt zusammen mit dem Psychologen Carl R. Rogers, der auch die »Klientzentrierte Gesprächspsychotherapie« (siehe Seite 249) entwickelte, als Begründer der »Humanistischen Psychologie«. Maslow bezieht zwar auch gesellschaftliche und kulturelle Gesetze in seine Erklärung der Angstentstehung mit ein. Er sieht die Patienten aber nicht nur als Opfer ihrer Lebensumstände, sondern auch als Verursacher, sozusagen als Täter.

nach Leben, wozu Nahrung, Wohnung und Schlaf gehören. Hier geht es um die materielle Existenzsicherung. In der nächsten Stufe kommen bereits seelische Bedürfnisse. Zuerst die nach Sicherheit und Geborgenheit, dann folgen die Grundbedürfnisse nach Zugehörigkeit und Zuneigung und schließlich die nach Achtung und Selbstachtung sowie Selbstverwirklichung. Dabei steht die Selbstverwirklichung an der Spitze der Pyramide.

Ist das Grundbedürfnis nach Leben gestört, bekommt der Mensch nackte Existenzangst. Bei Störungen der übrigen Bedürfnisse überlebt der Mensch zwar körperlich, fühlt sich aber nicht wohl und bekommt bei stärkeren Störungen Angst. Eine besonders große Bedeutung für die Entstehung von Angst sieht Maslow in *Störungen der Selbstverwirklichung*. Selbstverwirklichung bedeutet, dass jeder Mensch grundsätzlich seine Fähigkeiten, Wünsche und Interessen verwirklichen, ausleben will. Und nicht nur das. Er möchte auch mehr wissen, als er bisher gelernt hat. Er ist eigentlich fürchterlich neugierig. Das kann man besonders gut bei Kindern beobachten. Sie stecken ihre Nase ungefragt überall hin. Allerdings birgt dieser Wissensdurst eine große Gefahr. Wer Neues lernt, der muss oft alte Einsichten als überholt oder falsch zu den Akten legen. Der wissensdurstige, neugierige Mensch läuft also »Gefahr«, eigene Fehler zu erkennen. Da aber der Mensch auch nach Selbstachtung strebt, müsste er seine Fehler beheben. Er müsste also handeln. Dabei droht aber schon der nächste Konflikt. Es könnte nämlich sein, dass der Mensch zwar gewillt ist, sich zu ändern, seine Umgebung das aber gar nicht gerne sieht. Damit entsteht ein Konflikt mit der Umgebung, etwa dem Partner, der Familie oder den Vorgesetzten und Kollegen.

Selbstaufgabe macht Angst
Um dem Konflikt mit seiner Umgebung zu entgehen, steckt der neugierige Mensch auf seinem Weg der Selbstverwirklichung zurück. Er bleibt stehen, entwickelt sich nicht mehr weiter und bleibt so, wie es seine Umgebung von ihm gewohnt ist und von ihm verlangt. Der Mensch verdrängt sein Bedürfnis nach Selbstverwirklichung und gibt sich damit zum Teil selbst auf. Damit gerät aber sein seelisches Gleichgewicht aus der Balance. Handelt es sich um einen anhaltenden Zustand, entsteht Angst. Sie kann sich – genauso wie nach den psychoanalytischen Modellen – als Panikanfall, generalisierte Angst und/oder Phobie zeigen.

Frauen leiden häufig am Cinderella-Komplex
Maslow fand auch eine Erklärung dafür, warum besonders Frauen an Angsterkrankungen leiden. Frauen, so sagt er, empfinden schlicht Angst davor, ihrer Neugierde auf Wissen zu frö-

nen, weil dieses Verhalten auch in unserer modernen Gesellschaft immer noch als unweiblich gilt. Aber nicht nur das: Sie fürchten sich auch davor, Verantwortung für sich selbst zu übernehmen und verstecken sich hinter den gesellschaftlichen Normen. Tatsächlich aber leiden viele von ihnen am so genannten *Cinderella-Komplex* (= Aschenputtel-Komplex). Sie warten auf den Märchenprinzen, der sie erlöst und alles für sie tut. So begründen viele Frauen ihren Verzicht auf ein eigenständiges Engagement in Beruf und Freizeit mit Rücksicht auf ihren Partner und ihre Familie. Oder sie behaupten, sie seien nicht daran interessiert oder hätten keine Zeit. Je nach Lebenssituation der Frau führen die verdrängten Bedürfnisse nach Selbstverwirklichung und die Ängste davor irgendwann zur Explosion, beispielsweise zum Panikanfall.

Die Bezeichnung »Cinderella-Komplex« stammt übrigens von der amerikanischen Autorin Colette Dowling. Sie hatte selbst an heftigen Panikattacken und einer Agoraphobie gelitten. Diese Erfahrung nahm sie zum Anlass, sich mit ihrem eigenen Leben und vor allem ihren Wünschen auseinander zu setzen. Das Ergebnis war der 1981 erschienene Bestseller mit dem Titel: *Der Cinderella-Komplex – die heimliche Angst der Frauen vor der Unabhängigkeit.*

Psychoanalytische Erklärungen: alles viel zu kompliziert?

Die Kritik an diesen Ansätzen bezieht sich vor allem darauf, dass sie zwar das Entstehen von Ängsten erklären können, nicht aber, warum nun einige Patienten mit Panikanfällen reagieren, andere aber Phobien oder eine generalisierte Angst ent-

Die Transpersonale Psychologie
In seinen späteren Veröffentlichungen erweiterte Maslow sein Modell. Er nahm nun an, dass das Grundbedürfnis nach Selbstverwirklichung aus zwei Teilen besteht: Der erste, den wir bereits besprochen haben, ist eher intellektueller Natur. Er ist auf die Aneignung von Wissen für das praktische Leben ausgerichtet. Der zweite besteht aus philosophischen, spirituellen und mystischen Interessen. Er hat das Erkennen größerer Zusammenhänge zum Ziel.

Das klingt kompliziert, ist aber recht einfach: Dahinter steht der Gedanke, dass der Mensch mehr ist als seine individuelle Persönlichkeit. Er ist ein Teil eines weltumspannenden geistigen Prinzips. Diese Ansicht vertrat auch der zeitweilige Mitstreiter Freuds, der Schweizer Arzt und Professor für medizinische Psychologie Carl Gustav Jung (C. G. Jung) mit seiner Archetypen-Lehre. Dies führte übrigens letztlich zur Trennung der beiden im Streit. Nichts anderes meint auch die Transpersonale (über die individuelle Persönlichkeit hinausreichende) Psychologie, die wir hier allerdings nur kurz anreißen können. Sie ist ein recht neuer Zweig der modernen Psychologie, der derzeit noch um seine Anerkennung kämpft. Was aber hat sie mit Angst zu tun?

Angst entsteht nach Ansicht der Transpersonalen Psychologie durch die Trennung des Einzelnen vom größeren Ganzen, von der »kosmischen Dimension«. Sie ist eine »Urangst«. Daraus folgt, dass diese »Urangst« ein Grundbestandteil der modernen westlichen Welt ist, die auf Beherrschen der Natur ausgerichtet ist und nicht auf Miteinander, Unterstützung und Kooperation.

Übersteigerte Angst ist für die Transpersonale Psychologie ein *individuelles Persönlichkeitsdrama*. Diese Sichtweise erinnert stark an östliche Lehren wie etwa den Zen-Buddhismus, der sagt: Die Ursache für alles Leiden ist das Festhalten an Dingen und Ideen. Genau das besagt auch die Transpersonale Psychologie, die eine Verbindung zwischen westlicher und östlicher Psychologie herstellen will: Der

Mensch erlaubt sich den Luxus einer Krankheit, die ihn daran hindert, dass er sein Leben voll entfalten kann. Luxus deshalb, weil Krankheit bei vorhandenem Verbundenheitsgefühl mit der Natur, mit der kosmischen Dimension, gar nicht auftreten müsste.
Das klingt zwar auf den ersten Blick ziemlich hart und abwertend, ist aber nicht so gemeint. Vielmehr nimmt die Transpersonale Psychologie Krankheitssymptome sehr ernst, weist aber einen anderen Weg zur Bewältigung. Sie fragt nicht nur nach den individuellen Ursachen, so wie es die Psychoanalyse tut, indem sie die Lebensgeschichte des Patienten untersucht. Die Transpersonale Psychologie fragt die Patienten auch danach, welchen Beitrag sie selbst zu ihrer Angst geleistet haben. Sie fordert die Patienten auf, nach vorne zu blicken, sich selbst zu beobachten und sich ihrer Handlungen und Reaktionen bewusst zu werden. Die Patienten sollen lernen, ihre Persönlichkeit nicht mehr als eine Sammlung von persönlichen Dramen zu betrachten, die automatisch abgespult werden, wie es der amerikanische Psychiater Roger N. Walsh und die Psychologin Frances Vaughan formulieren. Sie sollen die Freiheit gewinnen, diese Dramen umzuarbeiten oder ganz aus dem Programm zu streichen.
Die Transpersonale Psychologie legt damit ihren Schwerpunkt nicht auf die Erklärung des Zustandekommens von seelischen Gleichgewichtsstörungen, sondern sie nimmt die Gleichgewichtsstörungen zum Anlass, die Patienten aufzufordern, sich ihrer selbst bewusst zu werden und ihre Wertvorstellungen zu überprüfen. Indem die Menschen ein höheres Bewusstsein erlangen und damit wieder das Gefühl der Verbundenheit mit der Natur spüren, was sie beispielsweise mit Hilfe östlicher Meditationstechniken erreichen können, können sie die Fesseln der Angst, die sie sich sozusagen selbst auferlegt haben, abwerfen. Damit übernehmen sie Selbstverantwortung und stillen ihr Grundbedürfnis nach spiritueller und mystischer Selbstverwirklichung.

wickeln. Dazu ist festzustellen, dass diese Frage gar nicht Gegenstand der Theorien ist. Die meisten wollen lediglich erklären, wie überhaupt übersteigerte Angst zustande kommt. Die Form, in der sie sich äußert, wird als eher nebensächlich und Ergebnis der individuellen Lebensgeschichte des Patienten gesehen. Daher gibt es übrigens auch kein psychoanalytisches Therapieprogramm für bestimmte Ängste.

Ein weiterer Kritikpunkt betrifft die wissenschaftliche Überprüfbarkeit der Hypothesen. Den Angstforschern wird vorgeworfen, sie könnten keinerlei empirische Belege für die Richtigkeit ihrer Erklärungsmodelle vorweisen. Daher lägen bei diesen Modellen Wissenschaft und Glaube sehr nah beieinander. Auch seien die verwendeten Begriffe oft unscharf und unklar. Gegen diese Angriffe verteidigen sich die Vertreter der drei Ansätze hauptsächlich mit dem Argument, die Angstentstehung sei an die individuellen Lebensbedingungen und Lebenserfahrungen der Patienten gebunden. Daher könne man sie statistisch gar nicht vergleichen. Jeder geheilte Patient sei Beweis genug.

Von den Neurologen wird eingewendet, die psychodynamischen Modelle kümmerten sich nicht um die *physiologischen Grundlagen* und die Erkenntnisse der modernen *Neurologie*. Der Mensch sei nicht nur Seele, sondern – vor allem – auch Körper. Diese Kritik ist allerdings nur zum Teil berechtigt. Denn die neueren Ansätze geben zu, dass seelische Gleichgewichtsstörungen auch körperliche Symptome hervorrufen, die sich verselbstständigen können (siehe Seite 63ff.).

Und nicht zuletzt kritisieren insbesondere die Lern- und Verhaltenstheoretiker, dass sich die Psychoanalyse und ihre Nachfolgemodelle in hochkomplizierten weltanschaulichen und spekulativen Modellen verstrickten und dabei das Naheliegende vergessen: dass nämlich Ängste schlicht erlernbar seien.

Lern- und verhaltenstheoretische Modelle

Die lern- und verhaltenstheoretischen (behavioristischen) Ansätze stammen vor allem aus den USA, wo sie bereits in den fünfziger Jahren des vergangenen Jahrhunderts recht verbreitet waren. In Europa wurde man erst in den sechziger Jahren auf sie aufmerksam. Vor allem der amerikanische Verhaltenspsychologe Burrhus Frederic Skinner war es, der der behavioristischen Theorie zu großer Popularität verhalf, indem er sie zur Grundlage seines Sciencefictionromans »Futurum Zwei« (Walden Two) machte. Allerdings handelte es sich bei den Skinner'schen Ansätzen nur um die ersten »Gehversuche« des Behaviorismus. Mit der modernen Lern- und Verhaltenstheorie haben sie nur noch die Grundannahme gemeinsam.

Ängste und ängstliches Verhalten sind erlernt

Die Kernaussage der alten und der modernen Lern- und Verhaltenstheorie ist, dass fast jegliches menschliches Verhalten – und dazu gehört auch ängstliches Verhalten – erlernbar ist. Im Gegensatz zu der alten Theorie berücksichtigt die moderne Lern- und Verhaltenstheorie jedoch auch organische Besonderheiten des Individuums und seine Lebensgeschichte.

Sowohl berechtigte als auch unberechtigte Ängste werden nach beiden Theorien durch wiederholte Erfahrung mit bestimmten unangenehmen Situationen geprägt. Die Fachsprache bezeichnet diesen Vorgang als *Konditionierung*. Aus der konditionierten ängstlichen Erwartung resultiert dann Vermeidungsverhalten: Der ängstliche Mensch meidet künftig Situationen und Gegenstände, von denen er aufgrund seiner Erfahrung annimmt, dass sie ihm schaden könnten. Dieser Prozess ist nicht mehr durch den Willen gesteuert, sondern läuft automatisch, unreflektiert ab. Er ist ebenfalls konditioniert. Solange es sich darum handelt, dass der Mensch tatsächlich gefährliche Situationen zu meiden lernt, wie etwa das Kind, das einmal und dann nie wieder auf eine heiße Herdplatte fasst, würde keiner von unberechtigten, von krankhaften Ängsten sprechen. Aber auch diese werden nach der Lern- und Verhaltenstheorie über denselben Mechanismus erlernt wie berechtigte Ängste.

Was diese Theorie aber besonders interessant macht, ist ihre Annahme, dass genauso wie es erlernt wird, Verhalten auch wieder gezielt verlernt werden kann. Eine bestimmte Konditionierung kann also *gelöscht* und durch eine andere *ersetzt* werden. Dass diese Annahme tatsächlich ihre Berechtigung hat, beweisen die bemerkenswerten Erfolge der Verhaltenstherapie mit Panikpatienten, die wir im Therapiekapitel (ab Seite 255) ausführlich darstellen.

Das berühmte Rattenexperiment

Wie funktioniert nun die Konditionierung von Angst im Einzelnen? Um das zu erläutern, wird oft das berühmte und von vielen Forschern auch heute noch häufig zu Demonstrationszwecken etwa für Psychologiestudenten wiederholte Experiment mit der Ratte angeführt. Bei diesem Experiment lernt eine Ratte zunächst, einen Hebel zu drücken. Als Belohnung erhält sie Futter. Sobald sie diese Technik beherrscht, ist die erste Konditionierung gelungen: Die Ratte hat gelernt: »Wenn ich den Hebel drücke, kann ich mir Wohlbefinden verschaffen: Es gibt was zu fressen.« Damit ist die Erwartung in ihr geprägt: Hebel – Fressen – Wohlbefinden. Dann wird das Experiment verändert. Bei jedem Hebeldruck bekommt nun die hungrige Ratte statt Futter einen leichten, aber schmerzhaften elektrischen Schlag. Gewöhnlich rennt das Versuchstier nach jedem Schlag zunächst aufgeregt, laut quietschend im Käfig herum. Binnen kurzer Zeit lässt es dann aber den Hebel in Ruhe (Vermeidungsverhalten), da er ihr Angst signalisiert. Dies ist die zweite Konditionierung, Erwartung: Hebel – Schmerz – Unwohlsein.

Die Lern- und Verhaltenstheorie nimmt an, dass dieser Mechanismus beim Menschen ähnlich funktioniert. Allerdings sind es nur die Vertreter des Skinner'schen Ansatzes, die vom Lernverhalten der Ratte direkt auf das Lernverhalten des Menschen schließen. Die meisten modernen Verhaltensforscher halten Tierexperimente nicht für aussagekräftig. Denn der Mensch unterscheidet sich vom Tier vor allem dadurch, dass er denkt und eine eigene, insbesondere durch die Erziehung geprägte Lerngeschichte hat. Das zeigt das folgende Beispiel.

Überquert ein Mensch beispielsweise eine hohe Brücke und empfindet dabei plötzlich Schwindelgefühle, dann verbindet er zunächst die Brücke mit diesen Gefühlen. Sie signalisiert für ihn Gefahr und damit Angst. Im nächsten Schritt sucht der Mensch, diese Angst zu verringern, sie zu bewältigen. Dazu hat er grundsätzlich zwei Möglichkeiten: Angriff oder Flucht. Welche er wählt, hängt dabei stark von den Reaktionen seiner Umgebung ab. Belohnt sie Angriff, also Mut und Auseinandersetzung, wird er diese Möglichkeit wählen und wahrscheinlich feststellen, dass zwischen Brücke und Schwindel kein ursächlicher Zusammenhang besteht: Er war beim ersten Überqueren nur etwas unsicher. Die Angst wird gelöscht. Belohnt die Umgebung dagegen Vermeidung, wird der Mensch künftig Brücken ängstlich umgehen und annehmen, dass das Überqueren von Brücken tatsächlich Schwindelgefühle verursacht. In diesem Fall wird Angst konditioniert.

Die Erziehung kann ängstliches Verhalten fördern
Diesen starken Einfluss der Umgebung bestätigen auch immer wieder Verhaltenstherapeuten, die mit Kindern arbeiten. Wenn beispielsweise Eltern ihr Kind, das seine Umgebung erforscht, stets ängstlich zurückrufen mit den Worten »Vorsicht, Vorsicht, es könnte etwas passieren«, entwickelt das Kind schnell ängstliches Verhalten. Dasselbe gilt auch für den Fall, dass ein Kind in seinem Forschungsdrang an seine Grenzen stößt und plötzlich Angst empfindet. Wenn dann die Eltern überfürsorglich trösten, verbauen sie dem Kind den Weg, die Angst durch Auseinandersetzung zu bewältigen und zu löschen. Das Kind wird künftig unbekannte und daher natürlicherweise Angst machende Situationen von selbst meiden, es wird die Angst vorwegnehmen.

Das meint auch der Angstforscher Christian Klicpera*, wenn er schreibt: »Durch besonderes Eingehen und Zuwendung gerade dann, wenn Kinder Angst zeigen, sowie dadurch, dass Mut und Selbstbehauptung ignoriert oder sogar bestraft werden, können Eltern dazu beitragen, dass Kinder eine aktive Auseinandersetzung mit ihrer Umgebung aufgeben und sich ängstlich zurückziehen.«

Genauso lernt das Kind bei Eltern, die seine »kleinen Kinderängste« nicht ernst nehmen – nach dem Motto: »Stell dich nicht so an, davor hat man doch keine Angst«, dass Angsthaben etwas Negatives ist. Und nicht zuletzt fand man, dass Kinder auch allein durch Beobachtungslernen ängstliche Erwartungshaltungen und Verhaltensweisen ihrer Eltern oder Bezugspersonen übernehmen.

---

* *Christian Klicpera:* Psychologie der Angst. In: *Friedrich Strian (Hg.):* Angst. Grundlagen und Klinik, Berlin 1983, Seite 23.

Aber nicht jedes Kind reagiert wie eben beschrieben. So können ängstliche, besorgte Eltern durchaus draufgängerische und furchtlose Kinder haben und umgekehrt. Könnte es sein, dass Menschen auch bei Ängsten eine unterschiedliche Lernbereitschaft zeigen, also unterschiedlich stark konditionierbar sind?

Introvertierte Menschen lernen schneller
Dass dem so ist, meinen zumindest die Angstforscher Hans Jürgen Eysenck und Stanley Rachman. Beide nehmen an, dass Menschen durch Vererbung und durch frühkindliche Einflüsse unterschiedliche Persönlichkeitsstrukturen entwickeln, nämlich entweder extrovertierte oder introvertierte. Extrovertierte Menschen seien eher optimistisch, gesellig, aktiv und impulsiv, introvertierte Menschen dagegen eher pessimistisch, ruhig, passiv, in sich gekehrt und leichter konditionierbar.

Als Begründung führen Eysenck und Rachman an, dass das Nervensystem introvertierter Menschen leichter und schneller erregbar sei und sie daher auch aufnahmefähiger seien als extrovertierte Menschen. Mit dieser Annahme verlassen beide Forscher allerdings die Ebene der reinen Lern- und Verhaltenstheorie und greifen Ansätze der biologischen Modelle auf.

Die kognitive Wende in der Lern- und Verhaltenstheorie
Da der Mensch aber nicht nur durch Erfahrung am eigenen Leib, sondern auch durch *verknüpfendes Denken* (Kognition) lernt, wurden die Lern- und Verhaltenstheorien besonders ab 1970 durch so genannte kognitive Modelle ergänzt und weiterentwickelt. Daher spricht man inzwischen auch von der kognitiven Wende. Vor allem der amerikanische Psychologe und Lernforscher Albert Bandura, der die sozial-kognitive Richtung

vertritt, leistete einen wesentlichen Beitrag zur modernen kognitiven Lerntheorie.

Bandura nimmt an, dass der Mensch einmal erlernte und als erfolgreich erfahrene Verhaltensweisen auf andere Situationen gedanklich überträgt und erwartet, dass sie dort genauso gut funktionieren. Gelingt dies mit mehreren Verhaltensweisen, entwickelt er Vertrauen in seine eigenen Fähigkeiten, auch unbekannte Situationen in den Griff zu bekommen. Angst entsteht nach Bandura erst, wenn das gewünschte Ergebnis nicht erreicht wird, der Mensch dadurch Hilflosigkeit und Kontrollverlust erlebt. Nicht die Situation selbst, sondern die »Unfähigkeit«, die Situation zu bewältigen, wird als bedrohlich und damit Angst auslösend erlebt.

Andere Lern- und Verhaltensforscher, die so genannten Attributionsforscher, gehen noch weiter: Sie nehmen an, dass der Mensch die erfahrene Unfähigkeit als negative persönliche Eigenschaft (Attribut) bewertet, sich also selbst für das Misslingen der Bewältigung einer Aufgabe oder Situation verantwortlich macht. Kommt das öfters vor, entwickelt der Mensch ein ausgeprägtes ängstliches Vermeidungsverhalten, um sein Selbstwertgefühl zu schützen.

Auch dramatisierendes Denken macht Angst
Amerikanische Forscher haben festgestellt, dass sich Panikpatienten schon vor ihrer ersten Panikattacke – und erst recht danach – künftige Situationen und Aufgaben in den düstersten Farben ausmalen. Sie programmieren eine negative Erwartung und damit dann auch tatsächlich die Katastrophe. Dieses *dramatisierende Denken* konditioniert also auch Angst, die dann zu Vermeidungsverhalten führt. Ein Teufelskreis.

So berichtet der Psychologe Aaron T. Beck von einem Jurastudenten, der kurz vor dem Examen stand. Obwohl der junge Mann als ein hoffnungsvolles Talent galt und ihm alle Lehrer eine glänzende Zukunft prophezeiten, plagten ihn große Sorgen: Er könne in der Prüfung versagen und sich damit vor seinen Professoren lächerlich machen. Je länger er darüber nachdachte und sich ausmalte, dass dann seine Lehrer enttäuscht, seine Karriere verpfuscht und er arbeitslos sein würde, desto schlimmer wurden seine Sorgen, bis er seinen ersten Panikanfall erlitt. Dieser Anfall und mehrere folgende bestätigten ihm, dass er unfähig sei, Belastungen zu ertragen und durchzustehen. Schließlich verließ der Student die Universität, ohne sich jemals überhaupt zur Prüfung angemeldet zu haben.

Dramatisierendes Denken bezieht sich aber nicht nur auf persönliche Eigenschaften wie Versagen, Unfähigkeit und mangelnde Belastbarkeit. Panikpatienten, das ergaben mehrere Studien aus den USA, sind auch sehr besorgt um ihr Schicksal und ihre Gesundheit: So glauben sie, dass sie grundsätzlich viel häufiger von Unglück heimgesucht werden als andere Menschen. Außerdem sind sie überzeugt, dass ihnen vor allem körperliches Unglück widerfahren wird.

Nun könnte man meinen, Panikpatienten seien »eingebildete Kranke« (Hypochonder). Doch das stimmt nicht. Denn Panikpatienten werten gesundheitliche Beschwerden als Anzeichen für die unmittelbar bevorstehende Katastrophe. Hypochonder dagegen sehen körperliche Symptome als Anzeichen und Bestätigung dafür, dass sie langfristig eine schwere Krankheit bekommen werden oder bereits haben.

Kleine Beschwerden – große Wirkung
Für den ersten Panikanfall genügen meist kleine Beschwerden: ein plötzliches Stolpern des Herzschlages bei Aufregung,

Atemlosigkeit nach einem Spurt zur Straßenbahn, Magendrücken nach einer ausgiebigen Mahlzeit. Der künftige Panikpatient ist alarmiert. Ihm ist unheimlich. Aber anstatt sich die meist sehr nahe liegenden Ursachen vor Augen zu halten, wertet er seine Symptome als untrügliches Zeichen dafür, dass nun die vorausgeahnte Katastrophe beginnt. Statt sich zu sagen: »Mein Herz stolpert, weil ich in letzter Zeit ziemlich viel gearbeitet habe«, sagt der Panikpatient: »Ich werde wie Onkel Wolfgang am Herzinfarkt sterben.« Und prompt beginnt der erste Anfall.

Der amerikanische Angstforscher Beck fand durch mehrere Untersuchungen heraus, dass Panikpatienten bei ihrem ersten Panikanfall ganz bestimmte körperliche Symptome mit ganz bestimmten Krankheiten verbinden und felsenfest überzeugt sind, jetzt daran zu erkranken oder gar daran zu sterben:

- Magendrücken, Brustschmerzen und Schwindel → Herzanfall/-infarkt
- Taubes Gefühl in den Gliedmaßen, Muskelschwäche, Frösteln und Zittern → Hirnschlag
- Probleme einen Gegenstand mit den Augen zu fixieren → Gehirnblutung
- Einschränkung des Gesichtsfeldes → Hirnschlag
- Gefühl der Unwirklichkeit → geistige Umnachtung
- Atemprobleme → Tod durch Ersticken

Die kognitiven Modelle werden auch durch eine Untersuchung bestätigt, die die deutsche Psychologin Anke Ehlers in den Achtziger Jahren an der Universität Marburg anstellte. Ehlers und Mitarbeiter spielten 25 Panikpatienten und 25 gesunden

Kontrollpersonen zunächst den eigenen Pulsschlag per Lautsprecher vor. Danach erhöhten sie den Pulsschlag künstlich um 50 Schläge pro Minute, spiegelten also Herzjagen vor. Ergebnis: Fast alle Versuchsteilnehmer hielten die Beschleunigung »ihres« Herzschlages für echt. Stark beunruhigt reagierten aber nur die Panikpatienten: »Ich dachte, ich bekomme einen Herzinfarkt«, »Es erinnerte mich daran, wie meine Mutter und mein Bruder gestorben waren.« Alle Panikpatienten fühlten starke Ängste, einer erlitt sogar eine Panikattacke. Die Kontrollpersonen dagegen zeigten sich höchstens verwundert über das Herzjagen, »Es gibt doch gar keinen Grund«. Keiner bekam jedoch Beklemmungen oder Angst.

Warum sind manche Menschen auf Drama programmiert?
Während die klassische Lern- und Verhaltenstheorie meint, dass auch das dramatisierende Denken schlicht erlernt ist, behaupten viele Vertreter der kognitiven Richtung, es müsse auch organische Gründe dafür geben. So nimmt beispielsweise Beck an, dass die Angstgedanken durch eine »Störung des Denkapparates« zustande kommen. Verursacht sei diese Störung entweder durch eine körperliche Erschöpfung oder durch angeborene neurobiologische Störungen des Gehirns. Das Gehirn sei nicht (mehr) in der Lage, Informationen richtig und angemessen zu verarbeiten. Möglicherweise sei auch die Informationsübertragung gestört, sodass falsche Signale ankommen.

Damit verlassen Beck und seine Kollegen jedoch die reine Lern- und Verhaltenstheorie und schlagen die Brücke zu den organisch/neurologischen Erklärungsansätzen, die davon ausgehen, dass ängstliches Verhalten und Panikattacken rein körperliche Ursachen haben (siehe Seite 91ff.).

Die Panikattacke:
nur ein Vermeidungsverhalten?

Den lern- und verhaltenstheoretischen Modellen wird ebenfalls vorgeworfen, dass sie zwar die Entstehung von Vermeidungsverhalten und damit auch von Phobien gut erklären, das Auftreten von Panikattacken dagegen nicht.

Ein Haupteinwand gegen die Lern- und Verhaltenstheorie ist folgender: Panikpatienten stellen ja mit der Zeit selber fest, dass die Anfälle sie nicht umbringen, also eigentlich kein Grund für Angst besteht. Wenn die Lern- und Verhaltenstheorien stimmen würden, müssten die Attacken von selbst wieder aufhören, sozusagen verlernt werden. Dass dem nicht so ist, weiß ja nun jeder Patient.

Viele, vor allem die älteren Lern- und Verhaltenstheorien behaupten allerdings gar nicht, dass sie Panikanfälle erklären können. Das hängt zum einen damit zusammen, dass die Lern- und Verhaltenstheorie schon vor fünfzig, sechzig Jahren entwickelt wurde, zu einer Zeit also, da die Wissenschaft Panikattacken als eigenständiges Krankheitsbild noch nicht ernst nahm. Zum anderen gehen eine ganze Reihe von Lern- und Verhaltenstheoretikern davon aus, dass Vermeidungsverhalten und Panikanfälle höchstens gleichzeitig vorkommen, im Regelfall aber Vermeidungsverhalten zeitlich vor Panikanfällen auftritt und insofern kein gesonderter Erklärungsbedarf für Panikanfälle vorhanden sei. Wenn das Vermeidungsverhalten verlernt sei, würden auch die Panikattacken verschwinden – was zwar oft, aber nicht immer stimmt.

Mit den neueren, vor allem den um die sozial-kognitiven Gesichtspunkte erweiterten lern- und verhaltenstheoretischen Modellen lassen sich jedoch auch Panikanfälle durchaus einleuchtend erklären. Besonders dann, wenn sie mit anderen Ansätzen kombiniert werden. So ist es durchaus vorstellbar, dass dramatisierendes Denken in einer Stresssituation auf der Grundlage eines erlernten ängstlichen Verhaltensmusters, eines geringen Selbstwertgefühls und einer bestimmten körperlichen Disposition den Patienten so überfordert, dass sich sein Körper auf der Stelle durch den Panikanfall verweigert, der Patient sich also gar nicht mehr in die Angst machende Situation begeben kann. In diesem Sinne wäre ein Panikanfall tatsächlich eine Art *Vermeidungsverhalten*.

Neurobiologische Erklärungen der Angst oder: Angst hat körperliche Ursachen

Die Versuche, Angstanfälle und überhaupt das Gefühl der Angst mit rein körperlichen Vorgängen, also organisch zu erklären, sind schon recht alt. Inzwischen gibt es eine schier unübersehbare Zahl von Erklärungsmodellen, die einander zum Teil heftig widersprechen. Sie lassen sich grob in zwei Gruppen unterteilen: erstens organische Emotionstheorien und zweitens neurobiologische Modelle.

Die Theorien der ersten Gruppe gehen davon aus, dass Angst außerhalb des zentralen Nervensystems entsteht. So nehmen sie an, dass körperliche Veränderungen und Krankheiten Angst verursachen. Das Nervensystem leitet dann nur noch die Informationen über das Bestehen von Angst an das Gehirn und das Bewusstsein weiter. Dagegen sehen die Modelle der zweiten Gruppe Vorgänge im zentralen Nervensystem selbst als Ursache für die Entstehung von Angstgefühlen. Sie suchen sozusagen den *Schaltfehler im Gehirn*.

Obwohl die Theorien der ersten Gruppe größtenteils als wissenschaftlich überholt gelten, sollen sie trotzdem kurz dargestellt werden. Denn einerseits ist die Vorstellung, dass allein körperliche Veränderungen behandlungsbedürftige Angstzustände verursachen, unter Ärzten immer noch weit verbreitet. Andererseits gibt es Krankheiten, die panikähnliche Symptome auslösen und die daher vor Beginn einer Angsttherapie ausgeschlossen werden müssen. Im Anschluss daran folgen die modernen neurobiologischen Angsttheorien.

Ein chronischer Alarmzustand verursacht Angst

Nach der so genannten James-Lange-Theorie entsteht Angst aufgrund eines *Alarmzustandes* des Körpers, dessen Ursache außerhalb des Zentralen Nervensystems liegt. Zudem nahmen die Vertreter dieser Theorie an, dass der Alarmzustand vor allem das sympathische Nervensystem betrifft. In zahllosen Versuchen suchten sie nachzuweisen, dass Angstpatienten beispielsweise eine höhere Herzfrequenz aufweisen, eher an Tachykardie (mehr als 100 Herzschläge pro Minute) und Herzrhythmusstörungen leiden als andere. Außerdem wurden Veränderungen der peripheren Durchblutung (Finger, Zehen, Beine, Arme) und des Hautwiderstandes als Anzeichen für einen Alarmzustand angesehen. All diese Symptome sollten der Theorie zufolge nicht durch die Angst selbst hervorgerufen werden, sondern die Angst verursachen. Genau deswegen aber konnte sich diese Theorie nicht halten. Denn es stellte sich rasch die Frage: Woher kommt es denn zu der Alarmierung des Körpers?

Die James-Lange-Theorie ist überholt
Die zahllosen Versuche zur Untermauerung der James-Lange-Theorie erbrachten zwar tatsächlich Hinweise darauf, dass sich Angstpatienten in einem Zustand chronischer Aktivierung befinden und auch bei körperlicher wie seelischer Anspannung mit stärkeren Veränderungen reagieren als Menschen ohne Angststörung. Sie sind sozusagen ständig in einem Alarmzustand. Nur: Kein Experiment konnte schlüssig nachweisen, dass die chronische Erregung wie auch die starken Veränderungen tatsächlich die Ursache der Angst waren. Es konnte ebenso gut möglich sein, und das ist nach den heutigen wissenschaft-

lichen Erkenntnissen sehr viel wahrscheinlicher, dass diese Befunde eben genau auf eine chronische Erwartungsangst zurückzuführen sind. Mit anderen Worten: Die Angst vor der Angst alarmiert den Körper und führt unter anderem zu einer höheren Herzfrequenz, Herzrhythmusstörungen und erhöhtem Blutdruck.

Noch einmal: Einige Krankheiten verursachen panikähnliche Symptome
Obwohl echte Panikattacken mit der James-Lange-Theorie nicht zu erklären sind, gibt es doch einige Krankheiten, die panikähnliche Symptome hervorrufen. Diese Erkrankungen müssen vor Beginn einer Angstbehandlung unbedingt ausgeschlossen werden. Dazu gehören, wie bereits auf Seite 42f. beschrieben:

- Über- und Unterfunktion der Schilddrüse (Hyper- und Hypothyreose)
- Herzerkrankungen
- Erkrankungen der Atmungsorgane, die auch zu Hyperventilation führen können
- Phäochromocytom (seltener Tumor des Nebennierenmarks)
- Extrem niedrige Blutzuckerwerte bei Diabetikern (Hypoglykämie)
- Wiederkehrende Schwindelanfälle nach Unfällen und bei Verdacht auf Hirnerkrankungen
- Verdacht auf organisch bedingten zu niedrigen Blutdruck
- Alkohol-, Medikamenten- und Drogenmissbrauch sowie deren -entzug
- Psychiatrische Erkrankungen (Schizophrenie und andere Psychosen)
- Neurologische Erkrankungen (Epilepsie)

Nachdem die James-Lange-Theorie zu den wissenschaftlichen Akten gelegt war, erbrachten die Fortschritte in der biochemischen und neurologischen Forschung neuen Hypothesen und Theorien über die organisch begründete Angstentstehung. Insbesondere die Tatsache, dass es in den fünfziger Jahren gelang, Angst lösende Medikamente zu entwickeln, man aber nicht wusste, warum und wie sie wirkten, veranlasste die Wissenschaft, das zentrale Nervensystem genauer unter die Lupe zu nehmen. Man hatte zwar mit den Angst lösenden Medikamenten einen Schlüssel in der Hand, der ganz offensichtlich passte, nur: Wo war das Schloss?

Der Schaltfehler im Gehirn

Die Ausgangsfrage lautete: Gibt es irgendwelche biochemischen Veränderungen im Gehirn, die Angst mit all ihren körperlichen Symptomen entstehen lassen? Seit Ende der fünfziger Jahre suchen zahllose Forschergruppen vor allem in den USA nach Antworten auf diese Frage. Die einen hatten die Katecholamine im Visier, andere forschten am *Locus Coeruleus*, wieder andere suchten und fanden *überempfindliche Rezeptoren*, und noch andere entdeckten das *Laktat*.

Fehlgesteuerte Hormone als Angstmacher?
Die Katecholamine
Jeder kennt das »Stresshormon« *Adrenalin*. Und fast jeder von uns hat seine Wirkungen auch schon einmal am eigenen Leibe gespürt, etwa, wenn uns vor Schreck die Haare zu Berge stehen, oder wir so wütend werden, dass wir uns kaum noch beherrschen können, um nicht zuzuschlagen oder etwas an die Wand

zu werfen. Adrenalin kann in bedrohlichen Situationen unbändige Kräfte verleihen. Zusammen mit *Noradrenalin* und *Dopamin*, das die Vorstufe von Adrenalin und Noradrenalin bildet, aber auch einige eigene Wirkungen auf den Körper hat, bildet es die Gruppe der so genannten *Katecholamine*. Diese werden in der Nebenniere, genauer im Nebennierenmark produziert. Gesteuert wird die Hormonausschüttung vom Hypothalamus, dem Steuerzentrum für alle vegetativen und die meisten hormonellen Abläufe im Körper (siehe Seite 43).

Adrenalin und Noradrenalin haben verschiedene Aufgaben. Adrenalin wirkt vor allem auf die Skelettmuskulatur und sorgt für die Aktivierung der Körperkräfte, Noradrenalin ist für die Regulierung der Aktivierung zuständig, es verhindert sozusagen, dass der Kreislauf nicht überkocht. Dabei binden sie an den so genannten adrenergen Rezeptoren der Zellen an, um ihre Information ins Zellinnere zu übertragen: Adrenalin bindet an alle vier α- und β-Rezeptoren, Noradrenalin vor allem an α1, α2 und β1. Beide sind dem sympathischen Nervensystem als Botenstoff, medizinisch Neurotransmitter, zugeordnet. Künstlich hergestelltes Adrenalin und Noradrenalin, die vor allem in der Notfallmedizin bei (drohendem) Herz-Kreislauf-Stillstand, aber auch schweren Asthmaanfällen (Status asthmaticus) oft lebensrettend wirken, werden als Sympathomimetika bezeichnet. Das ist der Fachbegriff für Substanzen, die die Sympathikuswirkungen nachahmen bzw. künstlich auf pharmakologischem Weg erzeugen. Die unterschiedlichen Aufgaben und Wirkungen beider Hormone zeigt die Tabelle rechts oben.

Wenn wir entspannt sind und unsere Ruhe genießen, braucht unser Körper nur wenig Adrenalin und Noradrenalin. Die Nebennieren arbeiten auf Sparflamme. Das ändert sich aber blitzartig, wenn wir – körperlich oder seelisch – in eine

Adrenalin	Noradrenalin
Beschleunigt Herzfrequenz/Puls	Senkt Herzfrequenz/Puls
Erhöht Auswurfleistung des Herzens	Erhöht peripheren Gefäßwiderstand
Erhöht systolischen Blutdruck	Erhöht diastolischen und systolischen Blutdruck
Stoppt Darmbewegung	Zieht Gebärmutter zusammen
Erweitert Bronchien	
Erweitert Pupillen	
Stellt Körperbehaarung auf	
Erhöht Schweißbildung	
Erhöht Grundumsatz	
Mobilisiert Energiereserven	

Alarmsituation geraten. Dann befiehlt das Gehirn, genauer der Hypothalamus, eine *erhöhte Katecholaminausschüttung*. Dadurch werden die Kräfte frei, die uns zum Angriff oder zur Flucht verhelfen sollen: Blutdruck und Pulsschlag steigen, die Atmung wird beschleunigt, die Muskeldurchblutung und die Muskelspannung werden erhöht. Wir reagieren wie ein Tiger, bereit zum Sprung.

Interessant ist, dass alle diese Anzeichen der Aktivierung auch bei Panikattacken mehr oder weniger ausgeprägt auftreten. Allerdings besteht ja ein Panikanfall gerade darin, dass der Körper aktiviert wird, ohne dass tatsächlich Gefahr besteht. Wenn das so ist, könnte dann nicht ein Schaltfehler im Gehirn vorliegen, sodass es eine bestimmte Situation falsch als Alarm interpretiert und praktisch grundlos Adrenalin und Noradrenalin ausschütten lässt?

An dieser Frage arbeiten eine ganze Reihe von Forschern. Sie vermuten, dass der Fehler im vegetativen und hormonellen Steuerzentrum des Gehirns, dem *Hypothalamus*, liegt. So nehmen sie an, dass der Hypothalamus in bestimmten Situationen nicht den Weisungen des limbischen Systems folgt, sondern einfach ein falsches Programm zur Hormonausschüttung abruft. Dadurch kämen dann die typischen Symptome einer Panikattacke zustande. Allerdings kann die Forschung bislang noch nicht sagen, ob der Hypothalamus grundsätzlich falsch programmiert ist, oder ob er sich bisweilen einfach irrt. Und selbst wenn der Schaltfehler im Hypothalamus gefunden wäre, woher kommt er? Ist er angeboren oder erst im Laufe des Lebens entstanden? Und wenn ja, wodurch? Inzwischen gibt es eine Reihe recht interessanter Antworten auf diese Fragen, auch wenn manche von ihnen (noch) nicht wissenschaftlich bewiesen bzw. anerkannt sind.

»Spurrillen« im Gehirn?

Eine davon ist die Theorie der ausgetretenen Informationspfade oder *Spurrillen im Gehirn*, wie wir sie nennen wollen. Es könnte nämlich durchaus sein, dass Panikpatienten aufgrund ihrer Erziehung und ihres individuellen Denkschemas bestimmte Reaktionsmuster entwickeln, die im Gehirn bestimmte neuronale Schaltkreise aktivieren. Diese Schaltkreise, die aus Nervenbahnen und Nervenzellen bestehen, die elektrochemische Impulse übertragen, kann man sich als Informationswege vorstellen, die durch stete Benutzung regelrecht ausgetreten werden: eine bestimmte Sinneswahrnehmung = eine bestimmte Interpretation = eine bestimmte Reaktion = ein bestimmter

Schaltkreis. Irgendwann schaltet das Gehirn automatisch, es ist praktisch konditioniert und neuen Gedanken, d. h. neuen Interpretationen der Wahrnehmung, gar nicht mehr zugänglich. Solche automatisierten Informationspfade sind in der Neurologie wohlbekannt. Zum Beispiel gehört dazu das so genannte *extrapyramidale motorische System*, kurz *EPMS*, über das alle routinemäßigen willkürlichen Bewegungen gesteuert werden. Wir alle kennen das: Auf langweiligen Autobahnfahrten stellen wir überrascht fest, dass wir plötzlich schon 20 Kilometer weiter sind. Die Erklärung ist einfach: Wir waren in Gedanken – und unser EPMS hat die Regie am Steuer übernommen. Oder: Wir greifen beim morgendlichen Zähneputzen ins Leere und stellen dann erst verärgert fest, dass das Zahnputzglas ja gar nicht an seinem gewohnten Platz steht. Gehen, Fahrradfahren, Schwimmen, Klavierspielen, Kartoffelschälen – alles, was uns so leicht von der Hand (und vom Fuß) geht, übernimmt das EPMS. Wollten wir nämlich jede Bewegung erst einmal überdenken, kämen wir gar nicht mehr vom Fleck – oder bräuchten ein riesiges Gehirn. Die automatisierten Bewegungsabläufe sparen also Gehirnkapazität.

Und warum sollten nicht auch andere Schaltkreise im Gehirn durch ständiges »Training« automatisiert werden und zum Beispiel auf »Angst« schalten, ohne dass eine wirkliche Bedrohung besteht? Das würde nämlich die Erfahrung erklären, die praktisch alle Panikpatienten schon gemacht haben: So sehr sie sich auch bemühen, einen »klaren Kopf« zu behalten, zum Beispiel beim U-Bahn fahren, die Angst kommt trotzdem. Das konditionierte Gehirn lässt ihnen gar keine Chance mehr, sich umzusehen und festzustellen: Es besteht kein Grund für Angst. Schon beim ersten Windhauch des herannahenden Zuges hat das Gehirn längst wieder auf die gewohnten Pfade umgeschaltet. Und die bedeuten die Ausschüttung von Alarmhormonen mit all den dazugehörigen körperlichen und geistig-seelischen Angstsymptomen.

Allerdings verlässt der Erklärungsansatz der »Spurrillen«, den sich übrigens auch die moderne Verhaltenstherapie zunutze macht, den Rahmen der rein organischen Theorien. Denn er erklärt nur, warum übersteigerte Ängste auf organischer Ebene immer wiederkehren und schwierig zu löschen sind. Warum sie überhaupt entstehen, kann dieser Ansatz jedoch nicht beantworten (siehe auch Seite 111, Integriertes psychobiologisches Modell, und Seite 255f., Verhaltenstherapien).

Überempfindliche Rezeptoren verantwortlich für Panikattacken?
Andere Angstforscher vermuten dagegen, dass Panikpatienten besonders sensibel auf Adrenalin reagieren, und zwar schon auf kleinste Mengen. Im Visier haben sie dabei die β-Rezeptoren, die vor allem die Herztätigkeit im Alarmfall steuern. Reagieren diese Rezeptoren übersensibel oder überaktiv, dann spricht man von einer Überempfindlichkeit. Kleine Mengen Adrenalin, die anderen Menschen überhaupt nichts ausmachen, verursachen bei Menschen mit hoch sensiblen Rezeptoren sofort Symptome wie Herzjagen, Zittern, Schwitzen und Schwindel, eben die typischen Anzeichen einer Panikattacke.

Im Laufe der Forschungen zur *Adrenalinüberempfindlichkeit* zeigte sich, dass die $β_2$-Rezeptoren der Nervenzellen auch noch auf andere Substanzen hoch sensibel reagieren. Eine davon ist die Substanz *Isoprenalin (= Isoproterenol)*, ein Sympathomimetikum, das als Spray zur Erweiterung der Bronchien bei Asthma (Entspannung der Bronchialmuskulatur) und als Salbe und Puder auch bei stark juckenden Hautausschlägen eingesetzt wird.

Bei Inhalation hat es starke Nebenwirkungen auf das Herz wie Herzrasen und Herzrhythmusstörungen und wird deshalb nur noch selten angewendet. In Deutschland ist derzeit kein Asthmamittel mit diesem Wirkstoff auf dem Markt. Wurde *Isoprenalin* in klinischen Tests intravenös verabreicht, reagierten Panikpatienten mit akuten Angstanfällen.

Neuere Forschungsergebnisse haben ergeben, dass die β_2-Rezeptoren noch auf weitere Substanzen hoch sensibel reagieren. Damit hängt die Überempfindlichkeit vermutlich nicht allein vom Botenstoff ab. Vielmehr dürfte der Rezeptor an sich überempfindlich reagieren. Darauf weisen auch aktuelle Ergebnisse der Genforschung hin (siehe Seite 105).

Die Locus-coeruleus-Theorie
Etwas genauere Ergebnisse als die Forschungen zu den beschriebenen Hypothesen über die Katecholamine und übersensible Rezeptoren hat bislang die Erforschung des »*Locus coeruleus*« erbracht. Der *Locus coeruleus* ist eine kleine Ansammlung von Nervenzellen (Ganglion oder Nervenkern) im Gehirn, genauer am Boden der Rautengrube im Mittelhirn. Er ist deswegen für die Angstforschung so besonders interessant, weil er mit einem großen Teil der Nervenzellen des gesamten zentralen Nervensystems in Verbindung steht. Außerdem verwendet er das Hormon Noradrenalin als Informationsüberträger. So sendet er Informationen an das vegetative und hormonelle Steuerzentrum *(Hypothalamus)*, an das Zentrum der Emotionen *(limbisches System)* und die Großhirnrinde *(zerebraler Kortex)*, die für alle bewussten Prozesse zuständig ist. Der Locus coeruleus ist damit eine ganz zentrale Schaltstelle im Gehirn.

Tierversuche zeigten, dass eine Anregung des Locus coeruleus Angst hervorruft. Wurde der »Angstkern« operativ entfernt, zeigten die Tiere keinerlei Furcht- oder Angstreaktionen mehr. Daraus leitete die Forschung ab, dass der Locus coeruleus auch ein Zentrum für die Angstentstehung sein müsse.

Auch hier stehen wieder Rezeptoren im Mittelpunkt des Forscherinteresses: Diesmal sind es die α_2-Rezeptoren, die die Informationen des Noradrenalins aufnehmen und weitergeben. Eine Aktivierung dieser Rezeptoren, so nimmt man an, hemmt die weitere Ausschüttung von Noradrenalin. Der Rezeptor meldet: Es ist genug da. Wenn aber diese Aktivierung durch einen Schaltfehler zustande kommt, oder der Rezeptor interpretiert Informationen falsch, könnte zu wenig Noradrenalin ausgeschüttet werden. Dadurch wird aber das Gleichgewicht zwischen Adrenalin und Noradrenalin im Körper gestört. Infolgedessen wird das durch Adrenalin aktivierte Herz-Kreislauf-System nicht mehr ausreichend reguliert. Der Kreislauf »kocht über«, produziert vor allem Herzrasen und damit ein typisches Paniksymptom.

Zudem gibt es Hinweise, dass eine Stimulierung der α_2-Rezeptoren nicht nur die Noradrenalin-Ausschüttung dämpft, sondern auch die übrigen Funktionen des Locus coeruleus hemmt. Umgekehrt würde das bedeuten: Eine Dämpfung des Rezeptors steigert die Noradrenalin-Ausschüttung und aktiviert die übrigen Funktionen des *Locus coeruleus*. Daraus folgerten einige Forscher: Wenn man die Tätigkeit der α_2-Rezeptoren steuern könnte und damit auch die Noradrenalin-Ausschüttung, dann müssten auch die Panikanfälle verschwinden.

Und tatsächlich: Verschiedene Wissenschaftlerteams beobachteten, dass bestimmte Substanzen wie Clonidin, ein α_2-Sympathomimetikum und trizyklische Antidepressiva (Imipramin) den Locus coeruleus offenbar dämpfen und Panikattacken verhindern helfen (siehe Seite 189).

Diese Ergebnisse legen den Schluss nahe, dass der *Locus coeruleus* immerhin maßgeblich am Entstehen von Panikattacken beteiligt ist. Ungeklärt ist aber: Löst er die Attacken selbst aus, liegt also der Schaltfehler bei ihm oder seinen Rezeptoren? Oder befiehlt er aufgrund von Überreizung von außen durch andere Gehirn- und sonstige Körpersysteme Panikattacken?

Die Laktat-Theorie
Die Entdeckung, dass die intravenöse Gabe von *Laktat* bei Panikpatienten akute Angstanfälle auslösen kann, beruht auf einem Zufall. Ende der vierziger Jahre hatte der amerikanische Neurologe M. E. Cohen festgestellt, dass Patienten, die offensichtlich nicht an organisch bedingter Schwäche des Herz-Kreislauf-Systems litten, nach großen körperlichen Anstrengungen regelmäßig heftige Angstanfälle bekamen. Durch Laboruntersuchungen stellte Cohen fest, dass die Laktatwerte im Blut dieser Patienten überdurchschnittlich erhöht waren. Er nahm daher an, dass das Laktat die Angstanfälle verursacht habe.

Laktat ist das Endprodukt des Glykogenstoffwechsels in der Skelettmuskulatur. Es wird von den Muskeln produziert, wenn der Sauerstoff verbraucht ist (anaerobe Energiegewinnung). Vertraut ist uns Laktat als Milchsäure, die lange Zeit im (falschen) Verdacht stand, den Muskelkater zu verursachen. Von der Milchsäure unterscheidet sich das Laktat nur dadurch, dass der Säureanteil abgepuffert ist. Laktat wird in der Leber abgebaut.

Zahlreiche Untersuchungen schienen zunächst die Annahme zu bestätigen, dass Laktat Panikattacken verursacht. Verabreichte man Panikpatienten Laktat intravenös über eine Infusion (Tropf), so reagierten bis zu 75 Prozent der Patienten mit einem akuten Angstanfall. Sie beschrieben die Angst als identisch oder zumindest sehr ähnlich mit den gewohnten Panikattacken. Vergleichspersonen ohne Angsterkrankung reagierten dagegen, wenn überhaupt, deutlich schwächer auf Laktat. Ein akuter Angstanfall wurde bei ihnen nicht beobachtet. Interessanterweise zeigte sich zudem, dass die üblicherweise zur Behandlung von Panikattacken verwendeten trizyklischen Antidepressiva (Imipramin) auch die durch Laktatinfusionen hervorgerufenen Angstanfälle blockieren konnten.

Vor etwa 15 Jahren stellte sich jedoch heraus, dass die Laktatinfusionen den Vorrat an *ionisiertem Kalzium* im Körper aller Versuchspersonen verringerten. Ionisiertes Kalzium, es macht etwas mehr als die Hälfte des gesamten Kalziumvorrates im Körper eines gesunden Menschen aus, ist für den Zellstoffwechsel lebensnotwendig. Ein starker Mangel verursacht heftige Nerven- und Muskelstörungen: Der Patient friert, seine Gliedmaßen werden taub, es kommt zu mentalen Störungen und letztendlich zu Krämpfen, die dem Wundstarrkrampf sehr ähneln (siehe Seite 103, Abschnitt Hyperventilation). Daher nimmt man heute an, dass nicht das Laktat selbst, sondern der Rückgang des ionisierten Kalziums während der Infusion die panikähnlichen Symptome verursacht.

Andere Forscher meinen dagegen, dass die beträchtliche Flüssigkeitsmenge bei den Laktatversuchen zur einer Überbelastung des Herz-Kreislauf-Systems führt und damit die panikähnlichen Beschwerden verursacht. Bei den Versuchen werden nämlich immerhin bis zu zehn Milliliter laktathaltige Flüssigkeit pro Kilogramm Körpergewicht relativ schnell intravenös verabreicht. Das ist bei einem Körpergewicht von 50 Kilogramm schon ein halber Liter. Wenn man weiß, dass im Durchschnitt etwa sechs Liter Blut in den Adern des Menschen fließen, kann man sich vorstellen, wie groß die Belastung durch einen halben Liter oder gar noch mehr zusätzlicher Flüssigkeit ist.

Inzwischen ist die Laktat-Hypothese weitgehend zu den Akten gelegt. Denn obwohl zahlreiche Forscherteams in Europa und den USA jahrelang nach Beweisen für die Laktat-Hypothese suchten: Es fanden sich keinerlei Beweise, das auch körpereigenes Laktat Panikattacken auslöst. Im Gegenteil: Beobachtungen ergaben, dass gerade Sport vielen Panikpatienten ausgesprochen gut tut, weil dadurch so genannte Glückshormone wie körpereigene *Endorphine* und *Serotonin* freigesetzt werden.

Allerdings ist denkbar, dass besonders empfindsame Menschen bemerken, wenn der Vorrat an *Kalziumionen* nach starker körperlicher Belastung kurzfristig absinkt, weil die Milchsäure zu Laktat gepuffert wird: Leichtes Kribbeln und schmerzhafte Verkrampfungen der Muskulatur können dies durchaus anzeigen. Da diese Symptome auch bei Panikattacken vorkommen, können sie als beginnende Attacke missinterpretiert werden. Bei entsprechenden »Spurrillen im Gehirn« kann sich daraus dann durchaus eine vollständige Panikattacke entwickeln.

Immer wieder diskutiert: die Hyperventilation
Seitdem Angstanfälle das Interesse der Wissenschaft gefunden haben, wird stets auch die *Hyperventilation* als mögliche Ursache genannt. Unter *Hyperventilation* versteht man vereinfacht gesagt zu schnelles und zu flaches Atmen. Der Mensch atmet eigentlich gar nicht mehr richtig, er schnappt nach Luft. Dadurch atmet er mehr Kohlendioxid über seine Lungen aus, als dort gebildet werden kann. Das Säure-Basen-Gleichgewicht, das für die Sauerstoffversorgung des Blutes und den Stoffwechsel unbedingt notwendig ist, wird gestört. Bei *anhaltender Hyperventilation* entwickelt sich eine *Alkalose*, wobei auch der

Anteil des *ionisierten Kalziums* im Blut sinkt. Dadurch kommt es zu Symptomen wie Schwindel und Übelkeit, Taubheit in Lippen, Händen und Beinen sowie Verkrampfungen vor allem in Lippen und Händen (Pfötchenstellung).

Ein gutes Mittel, um eine Hyperventilation wieder in den Griff zu bekommen, das sei schon an dieser Stelle erwähnt, besteht darin, dass der Patient in eine Tüte atmet. Dadurch wird das ausgeatmete Kohlendioxid wieder eingeatmet. Eine Hyperventilation kann viele Ursachen haben. Neben körperlichen Ursachen wie Asthma kommt auch plötzliche seelische Aufregung etwa durch Schreckerlebnisse in Frage.

Früher nahm die Medizin an, dass die körperlichen Beschwerden aufgrund der außer Kontrolle geratenen Atmung richtige Angstanfälle seien. Heute weiß man jedoch, das dies nicht stimmt. Die Symptome spiegeln eine rein organische Reaktion des Körpers auf das gestörte Sauerstoff-Kohlendioxid-Gleichgewicht im Blut wider. Daher wird heute die Hyperventilation nicht mehr als Ursache von Panikattacken betrachtet.

Allerdings sind sich alle Forscher einig, dass eine Hyperventilation durchaus am Entstehen eines Panikanfalls mit beteiligt sein kann. So ist es denkbar – und viele Patienten bestätigten das –, dass ein Panikpatient plötzlich aus völlig anderen Gründen außer Atem gerät, etwa, weil er schnell gelaufen ist oder ihm eine Nachricht den Atem verschlägt. Beginnt er dann zu schnell und zu flach zu atmen, stellen sich die erwähnten Symptome ein, die er dann aufgrund seiner Vorgeschichte und Erfahrung als Paniksymptome missdeutet. Er denkt sich sozusagen in eine Panikattacke hinein. Insofern gilt die Hyperventilation als ein begünstigender Faktor für Panikattacken.

Und nicht zuletzt kann es im Rahmen einer Panikattacke auch zu einer Hyperventilation kommen, weil die Patienten bei attackenbedingten Schluckbeschwerden oder Atembeklemmungen plötzlich zu hecheln anfangen, d. h. hyperventilieren, wodurch sich die Paniksymptome noch verschlimmern. Auch hier hilft die bewährte »Tütenatmung« innerhalb von wenigen Atemzügen, um die Atmung wieder in den richtigen Rhythmus zu bringen.

Ist das Panikattacken-Gen gefunden?

In den früheren Ausgaben dieses Buches lautete die Überschrift über dem nun folgenden Abschnitt noch »Nichts Genaues weiß man nicht«. Das stimmt inzwischen so nicht mehr.

Was schon Sigmund Freud vor fast hundert Jahren vermutete, haben spanische Molekularbiologen im Jahr 2001 nachgewiesen: Es gibt eine genetische Veranlagung zu Panikattacken – ein »Panik-Gen«. Dabei handelt es sich um eine kleine Region auf dem Chromosom 15, die bei doppelter Anlage auf demselben Chromosomen-Arm zu Panikattacken disponiert, wie die Medizin sagt. DUP25 hat das Forscherteam unter Leitung des Genetikers Xavier Estivill vom »Zentrum für Medizinische und Molekulare Biologie an der Universität von Barcelona« und des Psychiaters Antoni Bulbena vom »Hospital del Mar«, ebenfalls in der katalanischen Hauptstadt, diese Chromosomen-Region getauft, die aus etwa 60 Genen besteht. Unter einem Gen versteht man einen Abschnitt auf der menschlichen (und tierischen) DNA, die den Bauplan für die Produktion eines bestimmten Proteins (= Eiweiß) enthält. Molekularbiologen drücken das meist mit den Worten aus: Das Gen codiert für das Protein »soundso«. Dieses Protein kann zum Bau von bestimmten Organgeweben oder auch Botenstoffen dienen.

Von den 60 Einzelgenen auf dem Abschnitt DUP wurden nach Auskunft der beteiligten Forscherin Monica Gratacos bis Herbst 2001 bereits 23 analysiert. Sie alle liefern den Bauplan für Proteine, die für die *Steuerung und Kontrolle von Informationsvorgängen* zwischen Nervenzellen bzw. ihren Nervenfasern zuständig sind. Ein Zuviel an dem einen oder anderen Protein, so vermuten die Forscher, bewirkt eine *Überempfindlichkeit des Gehirns in Belastungssituationen* und damit die Neigung zu Panikattacken.

Die Forscher untersuchten das genetische Material, vor allem aus Lymphozyten, eine bestimmte Art der weißen Blutkörperchen, aus denen die DNA leicht zu isolieren ist, von 93 Patienten mit Panikattacken und/oder Agoraphobie, die miteinander blutverwandt waren. Das überraschende Ergebnis: 90 Prozent von ihnen besaßen die DUP25-Mutation. Noch überraschter waren die Genetiker, nachdem sie die DNA von 70 nicht miteinander verwandten Panikpatienten analysiert hatten: Hier wiesen sogar 97 Prozent der untersuchten DNA-Proben die Verdopplung auf. In einer Kontrollgruppe von 189 gesunden Personen fand sich die DUP25-Region nur bei 14 und damit bei rund sieben Prozent.

Interessant ist vor allem die Entdeckung, dass das Gen, das den Bauplan des *NTRK3-Rezeptors* enthält, in der verdoppelten Genregion liegt. Dieser Rezeptor spielt nach bisheriger Kenntnis eine zentrale Rolle bei der Reaktion auf Sinneswahrnehmungen. Eine übermäßige Produktion dieses Rezeptors könnte, so der Teamleiter Estivill bei der Vorstellung der Forschungsergebnisse seines Teams in der amerikanischen Fachzeitschrift *Cell*, die Alarmschwelle heruntersetzen und damit das Auftreten von Panikattacken bewirken. Die Forscher interessieren sich aber nicht nur für die genetische Erklärung von

Panikerkrankungen, sondern vor allem für die Entwicklung neuer Medikamente auf der Basis ihrer Entdeckungen. So werde es voraussichtlich bis zu zehn Jahre dauern, bis neue Substanzen gefunden bzw. entwickelt seien, die die Produktion der Proteine nach dem Bauplan des Panik-Gens unterdrücken oder bereits hergestellte Eiweiße blockieren können und damit unbrauchbar als Rezeptorbaustein machen.

Ohne das Denken geht es nicht
Doch wie bei so vielen Erkrankungen, die eine genetische Grundlage, die Medizin spricht von einer genetischen Disposition, haben: Auch wenn man ein solches Gen hat, heißt das noch lange nicht, dass man auch zwangsläufig zum Panikpatienten wird. »Die Umwelt ist ebenfalls sehr bedeutend«, erläuterte die Biologin Gratacos im britischen Wissenschaftsmagazin *New Scientist*.

Von Umwelteinflüssen geprägt ist auch die Art und Weise, wie der einzelnen Mensch denkt – und wie er angstbetont denkt. Damit befasst sich die so genannte *organisch-kognitive Angsttheorie*, die bereits in den sechziger Jahren von amerikanischen Angstforschern entwickelt wurde. Danach wird Angst durch zwei Faktoren bestimmt: erstens durch die vegetative Reaktion des Nervensystems auf ein körperliches Ungleichgewicht (organisch). Und zweitens durch die gedankliche Verarbeitung und Bewertung der körperlichen Symptome mit Hilfe der erlernten Interpretationsmöglichkeiten (kognitiv). Das heißt: Es kommt schlicht darauf an, wie der Patient seine Symptome interpretiert und wie viele Spurrillen seine Informationswege im Gehirn schon aufweisen.

Bei diesem organisch-kognitiven Ansatz handelt es sich um eine weitere Verbindung zwischen organischen und psychologischen Modellen. Damit wird wieder einmal deutlich: Alle modernen Angsttheorien kommen ohne Anleihen bei anderen Ansätzen nicht mehr aus. Die Entwicklung geht in Richtung eines fachübergreifenden, mehrdimensionalen Erklärungsmodells, das wir im folgenden Kapitel beschreiben werden.

Ursache oder Wirkung? Das ist die große Frage
Die Kritik an den biologischen Modellen betrifft, wie bereits schon bei der Darstellung der verschiedenen Hypothesen angemerkt, im Wesentlichen zwei Bereiche. Erstens die Frage: Woher kommen die organischen Störungen, sind sie angeboren oder im Laufe des Lebens durch Krankheit, Abnutzung oder Konditionierung erworben? Und zweitens: Stimmen die biochemischen Forschungsergebnisse wirklich?

Die Frage nach der Herkunft der organischen Störungen, dem *Schaltfehler im Gehirn*, entspricht der Frage: Was war zuerst, die Henne oder das Ei? Es gibt, wie ja auch die Ergebnisse der spanischen Genforscher zeigen, eine ganze Reihe von Hinweisen darauf, dass es sich bei dem Schaltfehler sowohl um das eine, als auch um das andere handeln kann. Und die psychosomatische Medizin hat nachgewiesen, dass seelische Gleichgewichtsstörungen körperliche Beschwerden verursachen und damit langfristig auch Organe schädigen können. Wenn man das Gefühl der unangemessenen Angst als Ausdruck eines seelischen Ungleichgewichts auffasst, dann gilt das auch für sie. Wie sie wirken könnte, zeigt ja schon das Modell der automatischen Schaltkreise, der »ausgetretenen« Informationswege im Gehirn.

Daraus folgt, dass psychisch bedingte körperliche Störungen – so sie nicht schon Organe geschädigt haben – durch Wiederherstellung des seelischen Gleichgewichts und nicht durch Medikamente behoben werden können. Medikamente können hier allenfalls zeitweise Symptome lindern und im Einzelfall die Grundlage für den Beginn einer psychotherapeutischen Behandlung bieten (siehe Seite 17f.). Sind jedoch einzelne Organe in Mitleidenschaft gezogen und nicht mehr heilbar, dann müssen ihre Funktionen in der Regel durch Medikamente ersetzt werden. Genauso gilt das für genetisch bedingte Angststörungen, die durch ein Zuviel oder Zuwenig an bestimmten Neurotransmittern oder Rezeptoren für die Informationsübertragung im Nervensystem verursacht werden. Auch hier werden die – möglicherweise auf der Basis der spanischen Entdeckungen entwickelten – Medikamente der Zukunft für die betroffenen Panikpatienten ein wahrer Segen sein.

Was die Richtigkeit der biochemischen Forschungsergebnisse anbelangt, so gibt es inzwischen eine ganze Reihe von Zweifeln. Beispielsweise wird einigen Forschern vorgeworfen, ihre Ergebnisse seien keineswegs so eindeutig wie behauptet. Ehrgeizige Wissenschaftler hätten nur das gesehen, was sie auch hätten sehen wollen. Alles, was ihre vorgefasste Meinung hätte in Frage stellen können, sei unter den Tisch gefallen.

In der Bundesrepublik haben insbesondere die Angstforscher *Jürgen Margraf* und *Anke Ehlers* während ihrer Untersuchungen in den achtziger Jahren an der Universität Marburg mehrfach darauf hingewiesen, dass allein schon die Versuchsbedingungen das spätere Ergebnis bestimmen können. Margraf und Ehlers prüften vor allem die *Laktat*- und die *Hyperventilations-Hypothese*. Dabei kamen sie zu dem Ergebnis, dass das Auftreten von Panikanfällen während der Versuche offenbar maßgeblich davon abhing, wie die Versuchspersonen über die Experimente informiert worden waren. Erklärten beispielsweise die Versuchsleiter, die Infusion von Laktat könne Panikanfälle auslösen, reagierten alle Versuchspersonen, sowohl die Panikpatienten als auch die Kontrollpersonen, deutlich ängstlicher als die Teilnehmer eines Versuches, denen nur leicht unangenehme oder gar positive Empfindungen versprochen worden waren. Die Ergebnisse der Marburger Forscher stützen damit die Ansicht, dass eher kognitive Prozesse, also das Denken, für die Angstreaktion verantwortlich sind als die Gabe von angeblich Angst verursachenden Stoffen.

So bleibt die Suche nach den möglichen organischen Ursachen immer noch ein Puzzlespiel. Dabei besteht zumindest derzeit keineswegs die Aussicht, dass die einzelnen Puzzlesteine auch wirklich zusammenpassen und eine rein organische Erklärung für das Zustandekommen von Panikattacken liefern werden – auch wenn, wie die Ergebnisse der spanischen Genforscher zeigen, die einzelnen Puzzlesteine etwas größer geworden sind. Daher verspricht ein anderes Puzzlespiel immer noch bessere Aussichten auf Erfolg: die Vereinigung der verschiedenen psychologischen und neurobiologischen Ansätze in dem folgenden *integrierten psychobiologischen Modell*.

Psychobiologische Erklärungen der Angst oder: Angst hat mehrere Ursachen

Patienten haben es eigentlich schon immer gewusst oder zumindest gespürt: Unangemessene, krankhafte Angst hat nicht nur eine Ursache. Bei der einen Patientin mögen es eher erlernte Ängste sein, bei der anderen die Verdrängung bestimmter schmerzhafter Erfahrungen und bei einer dritten eher organische Störungen, etwa ein überempfindlicher Rezeptor. Meist aber ist nicht ein Faktor allein verantwortlich für den Ausbruch eines Angstanfalls, es sind mehrere, die sich gemeinsam zur Panikattacke hochschaukeln.

Das ist wie bei vielen anderen Erkrankungen. Der Kontakt mit Grippeviren allein verursacht noch lange keine Grippe. Es müssen noch andere begünstigende Faktoren vorhanden sein, damit sich die Viren im Körper ausbreiten und die Erkrankung zum Ausbruch kommen kann. Dazu zählen bei Grippe zum Beispiel eine geschwächte Abwehr, weil sich der Mensch vielleicht in letzter Zeit mit Arbeit übernommen hat, sich dabei auch nicht besonders gehaltvoll und vitaminreich ernährte, wenig schlief und vielleicht noch Partnerschaftsprobleme hatte. Ganz ähnlich ist es auch mit der Angst.

Das sehen inzwischen auch eine ganze Reihe von Angstforschern und arbeiten an der Entwicklung *psychobiologischer oder psychoorganischer Erklärungsmodelle*. Psychobiologisch oder psychoorganisch meint die Verbindung und das Zusammenwirken von seelischen und körperlichen Ursachen und Verstärkungsfaktoren von übersteigerter und damit behandlungsbedürftiger Angst.

Verschiedene Menschen – verschiedene Ursachen

Eine Forscherin, die sich bereits seit Jahren mit diesem Thema beschäftigt, ist die amerikanische Psychiaterin M. Katherine Shear aus New York. Krankhafte Angst- oder Panikzustände, so schrieb sie schon 1988, sind das Ergebnis seelischer und/oder körperlicher Verletzlichkeit. Und: »Verschiedene Patienten haben verschiedene Muster von Störungen.« Mit anderen Worten: Jeder Mensch fühlt anders, denkt anders, reagiert anders, kurz: Er ist anders. Auch in der inzwischen deutlich zunehmenden deutschen wissenschaftlichen Literatur zum Thema Panikattacken finden sich immer mehr Ansätze zu einer solchen mehrdimensionalen Sichtweise.

Die Einflussfaktoren beim Zustandekommen einer Panikattacke zeigt das Schaubild »Ein mehrdimensionales Modell« auf der gegenüberliegenden Seite. Diese Zusammenstellung enthält natürlich nicht alle denkbaren Ursachen, sonst würde sie unübersichtlich. Sie soll lediglich verdeutlichen, wie ein mehrdimensionales Modell der Angstentstehung aussehen kann. Wichtig ist, dass mehrere oder sogar alle Einflussfaktoren gemeinsam an der Panikattacke beteiligt sein können. Wie, das zeigt die folgende – konstruierte – Krankengeschichte einer Panikpatientin.

Endlich Zeit – und dann kam die Panik
Eine Frau, Mitte 30, verheiratet, wegen ihrer zwei Kinder derzeit nicht berufstätig, erleidet wenige Tage, nachdem auch das zweite Kind in die Schule gekommen ist, ihren ersten Panikanfall im Stadtbus. Ein Blick in die Lebensgeschichte der Patientin zeigt, dass sie schon seit Jahren ein ganzes Bündel von Belastungen mit sich herumschleppt.

Psychobiologische Erklärungen

Ein mehrdimensionales Modell

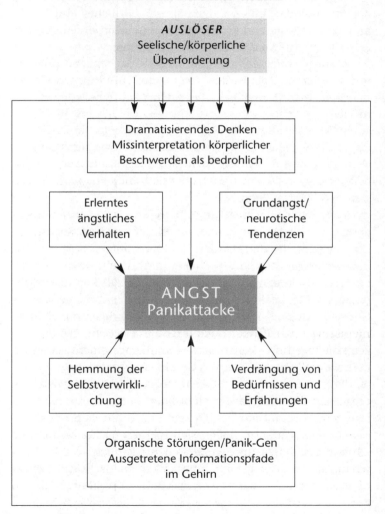

Aufgewachsen unter der Obhut einer überfürsorglichen und überängstlichen Mutter, gilt sie als ein fröhliches und folgsames Kind, das nie Widerworte gibt. Sie ist sehr tierlieb, möchte gerne Tierärztin werden. Doch während eines Schulpraktikums bei einem Tierarzt stellt sie fest, dass sie der tägliche Umgang mit kranken und leidenden Tieren sehr mitnimmt, sie fühlt sich dem nicht gewachsen. Sie sucht nach einem neuen Berufsziel. Als frisch gebackene Abiturientin liebäugelt sie mit einem Musikstudium, ihre Lehrer raten ihr sehr zu. Doch ihre Eltern drängen sie, lieber etwas Handfestes, wie sie es ausdrücken, zu lernen. So wird sie Rechtsanwaltsgehilfin. Auch am Arbeitsplatz wird sie sehr gelobt, aber sie fühlt keine große Begeisterung für ihren Beruf.

In der Kanzlei lernt sie ihren späteren Mann kennen, nach der Geburt ihres ersten Kindes unterbricht sie ihre Berufstätigkeit. Sie schmeißt den Haushalt und tippt abends noch für den inzwischen selbstständigen Ehemann. Das geht mehr als zehn Jahre so. Als dann das zweite Kind in die Schule kommt, möchte sie endlich mal tief durchatmen. Aber sie tut genau das Gegenteil: Als sie nach ihrem ersten Einkaufsbummel ohne zappelnde Kinder gerade noch ihren Bus erwischt, gerät sie außer Puste. Sie lässt sich in einen Sitz fallen und schnappt nach Luft. Und plötzlich hat sie das Gefühl, als ob sie den Boden unter den Füßen verliert – ihre erste Panikattacke. Die zweite, die dritte und die vierte lassen nicht lange auf sich warten. Nach wenigen Wochen traut sie sich kaum mehr aus dem Haus.

Bei dieser Patientin haben sich mehrere Faktoren über die Jahre angesammelt und schließlich zur Panikattacke hochgeschaukelt. Die viel gelobte Folgsamkeit in der Kindheit war nichts anderes als Angst davor, gegen die Vorstellungen der Eltern zu verstoßen *(= gehemmte Persönlichkeitsentwicklung)*.

Außerdem hatte sie von ihrer Mutter gelernt, dass einem kleinen Mädchen überall Gefahren drohen *(= erlerntes ängstliches Verhalten)*. Die Erfahrung, dass sie ihr Berufsziel wegen ihres übergroßen Mitgefühls nicht erreichen würde, verursachte bei ihr eine große Enttäuschung und Selbstzweifel *(= geringes Selbstwertgefühl)*. Die Entscheidung für den Büroberuf bezeichnete sie als reine Zweckentscheidung *(= gehemmte Selbstverwirklichung)*.

In der Ehe und mit den Kindern fühlte sie sich sicher, sie wurde gebraucht und kam überhaupt nicht mehr dazu, über ihre eigenen Bedürfnisse und Erfahrungen nachzudenken. Als dann das zweite Kind sozusagen aus dem Haus war, konnte sich ihre Seele endlich ihr Recht nehmen und Alarm schlagen. Das Schwindelgefühl im Bus war nur noch der Auslöser: Alle aufgestauten Enttäuschungen und Ängste brachen sich Bahn.

Was aber ist mit organischen Störungen? Auf den ersten Blick sind keine zu erkennen. Doch möglicherweise waren sie an dem Vermeidungsverhalten, der Agoraphobie, beteiligt, die die Patientin entwickelte. Das Modell der »ausgetretenen Informationspfade« könnte das erklären. Dieses Modell nimmt ja an, dass das Denken bestimmte Schaltkreise und Informationswege prägt. Je öfter ein bestimmter Denkvorgang wiederholt wird, desto schneller fließen die daraus abgeleiteten Befehle. Das Gehirn erkennt die Frage und weiß sofort die Antwort. Irgendwann funktioniert das automatisch, ohne dass der Mensch noch zu steuern braucht oder kann. Die Informationswege sind »ausgetreten«, sie haben Spurrillen bekommen. Genau das könnte auch bei der Patientin geschehen sein.

Durch die ängstliche Grundhaltung waren bei ihr die *Gefahr-Abwehr-Schaltkreise* bereits deutlich geprägt. Je größer ihre Unsicherheit und Hilflosigkeit nach jedem Panikanfall, desto häufiger auch die Aktivierung der Schaltkreise. Bis sie dann schließlich automatisch funktionierten. Ein kleiner Hinweis auf eine unsichere Situation, und prompt schaltete das Gehirn der Patientin wieder auf »Vorsicht, Gefahr« und gab die Befehle, Angstsymptome zu produzieren.

Mehrdimensionale Forschung: Hoffnung für die Zukunft

Das Beispiel zeigt, wie mehrere Faktoren gemeinsam Panikanfälle verursachen könnten. Es muss aber nicht so sein. Die Entwicklung mehrdimensionaler Erklärungsmodelle für Panikattacken steht immer noch ziemlich am Anfang. Ihre ersten Ansätze lassen aber hoffen, dass der Patient als Mensch und nicht als gestörter Organismus künftig im Mittelpunkt der Forschung stehen wird. Denn eines sollte jeder Patient und jeder Arzt wissen: Übersteigerte krankhafte Angst ist keine Zerstörerin, sondern eine Helferin. Sie zeigt dem Menschen, dass er sich nicht im Gleichgewicht befindet. Sie will ihn nicht für seine Versäumnisse und Fehler bestrafen, sondern sie will ihm helfen, sein Gleichgewicht wieder zu finden.

Sechs ehemalige Patientinnen und Patienten berichten

Gudrun Maika, 36 Jahre alt, Lehrerin*

Rolltreppen waren Gudrun Maika schon immer etwas unheimlich gewesen, obwohl sie sie oft benutzte. Die riesengroßen Maschinen, die leise vor sich hin summten, diese geballte Kraft, das alles jagte ihr Furcht ein. Rolltreppen und vor allem Tunnel spielten auch eine wichtige Rolle, als die Angst mit Macht in ihr Leben trat. Das war im Herbst vor sechs Jahren. Gudrun lebte damals erst seit einigen Wochen in Hamburg.

Sie hatte die Geborgenheit einer Kleinstadt am Rande des Ruhrgebietes, wo sie aufgewachsen war, wo ihre Eltern und fast alle ihre Freunde lebten, verlassen. Nach dreizehn Jahren hatte sie sich endgültig von ihrem Freund getrennt und wollte auch räumlich Abstand gewinnen. Hamburg hatte ihr schon immer gefallen, und da sie dort auch sofort eine Stelle als Lehrerin an einer Privatschule bekommen konnte, zog Gudrun um.

Eines Nachmittags bringt sie ihre Mutter, die sie besucht hatte, zum Hauptbahnhof. Der Abschied fällt ihr schwer. Schon in der riesigen Halle des Hauptbahnhofs fühlt sie sich etwas merkwürdig und beschließt, zu Fuß zur nächsten U-Bahn-Station zu gehen. Noch etwas aufgeregt kommt sie in der Station Jungfernstieg an, vor ihr eine riesige Rolltreppe, deren Ende nicht zu sehen ist. Im selben Moment entdeckt sie einen Aufzug und entschließt sich, mit ihm zum Bahnsteig zu fahren. Doch bevor

* Namen von der Redaktion geändert

sich der Aufzug in Bewegung setzt, wird sie von einem Mann bedrängt. Gudrun kann ihn zur Seite stoßen, flieht aus der Station und rennt bis zur nächsten am Gänsemarkt. »Ich habe die ganze Zeit gedacht: Ich muss jetzt nach Hause, aber wie?« Die Station Gänsemarkt ist ganz in Schwarz gehalten. Gudrun empfindet diese düstere Stimmung als zusätzliche Bedrohung und nimmt schließlich den Schnellbus nach Hause.

Wenige Tage später steht Gudrun im Hauptbahnhof wieder auf einer Rolltreppe und sieht, wie ein alter Mann einige Stufen vor ihr das Gleichgewicht verliert. Sie springt hoch, fängt den Mann auf, der das gar nicht richtig mitbekommt, sich noch nicht einmal bedankt und weitergeht. Gudrun bleibt verwirrt stehen.

Während dieser Zeit fährt Gudrun jeden Tag mit der U-Bahn in die Schule. »Ich bekam oft starkes Herzklopfen, mir war schwindelig, die starren, maskenhaften Gesichter der Mitfahrenden verstärkten in mir das Gefühl der Fremdheit in dieser riesigen Stadt. Ich kam ja aus einer Kleinstadt und war gewohnt, die Menschen, ihre Gesichter zu kennen. Diese Großstadterfahrungen haben mich überrollt.« Damals denkt Gudrun aber an Kreislaufstörungen. Denn auch zu Hause in ihrer Heimatstadt wird ihr neuerdings ebenfalls schlecht, wenn sie aus dem Haus geht. Ein Arzt bestätigt ihren Verdacht und gibt ihr *Effortil*®-Kreislauftropfen aus seiner Schreibtischschublade mit der Bemerkung, »das haben viele Frauen in Ihrem Alter«. Gudrun rührt die Tropfen jedoch nicht an. Sie trinkt stattdessen öfter ein Gläschen Sekt zur Kreislaufaufmunterung und kommt damit erst einmal ganz gut zurecht.

Einige Wochen später jedoch auf dem Weg zur monatlichen Schulkonferenz hat sie plötzlich in der U-Bahn das Gefühl einzuschlafen. »Ich dachte, entweder werde ich jetzt ohnmächtig oder ich steige ganz schnell aus.« Sie steigt aus, fährt zurück nach Hause und kauft sich als Erstes eine Flasche Sekt. Am nächsten Tag nimmt sie zum ersten (und zum letzten) Mal von den Kreislauftropfen und fährt statt mit der U-Bahn mit dem Auto in die Schule. Der Weg führt durch den langen Elbtunnel, der für seine Staus berüchtigt ist. Gudrun hat ein flaues Gefühl im Magen. Als sie mitten im Tunnel ist, überfällt sie Panik. »Meine Gedanken waren ganz klar: Jetzt verliere ich das Bewusstsein.« Instinktiv sucht Gudrun in ihren Taschen nach etwas Süßem, um durchzuhalten. Und als sie denkt, »jetzt ist alles aus«, sieht sie plötzlich das Licht am Ende des Tunnels. Die Angst ist wie weggeblasen.

In der Schule bemerken die Kollegen, dass Gudrun sehr blass aussieht. Eine Kollegin schlägt ihr vor, am Nachmittag eine Ärztin aufzusuchen. Doch Gudrun lehnt ab, »ich doch nicht«. Kurz darauf bricht sie zusammen: »Ich wusste nicht mehr, wo oben und unten ist, ich konnte nicht mehr gehen, nicht mehr stehen, ich hatte völlig die Orientierung verloren. Diesen Kollaps führte ich auf die Kreislauftropfen zurück, die ich vorher zum ersten Mal genommen hatte.« Als sie sich wieder besser fühlt, will sie mit dem Auto nach Hause fahren.

Gudrun kommt aber keine zwei Kilometer weit. Mitten auf einer Kreuzung verliert sie erneut die Orientierung. Sie weiß nicht mehr, wo sie ist, ob sie abbiegen soll. Trotzdem kann sie klar erkennen, dass sie nicht mehr Auto fahren darf, sie weiß, was sie zu tun hat. Sie fährt das Auto rückwärts über die Kreuzung in einen Fabrikhof, drückt dem Pförtner die Autoschlüssel in die Hand und bittet ihn, einen Krankenwagen zu rufen. Stattdessen wird sie zur Krankenstation des Werkes gebracht. »Das war wie in einem Horrorfilm. Die Station war hellgrün gekachelt, der Werksarzt, grau und ausgemergelt, sah aus wie ein morphiumsüchtiges Gespenst.« Gudrun erzählt ihm, dass sie gerade einen Kreislaufkollaps gehabt habe, er misst ihren Blutdruck, fühlt den Puls, alles ist völlig in Ordnung.

Sie lässt in der Schule anrufen, eine Kollegin holt sie ab und bringt sie sofort zu einer anthroposophischen Ärztin. »Das war sehr gut, denn dadurch habe ich keine Beruhigungsmittel bekommen. Ich habe diesen ganzen Tiefpunkt bei vollem Bewusstsein erlebt.« Von diesem Tag an hat Gudrun panische Angst, aus dem Haus zu gehen.

Die Ärztin stellt »vegetative Überforderung mit phobischer Symptomatik und Kreislaufsymptomatik« fest, schreibt sie erst mal krank und verordnet täglich eine homöopathische Injektion, die sich Gudrun jeden Morgen in der Praxis geben lassen muss. »Der Wirkstoff dieser Spritze war mir ziemlich egal. Geholfen hat mir nur eins: Dass ich jeden Morgen zu ihr fahren und meine panische Angst, aus dem Haus zu gehen, überwinden musste. Ich habe Blut und Wasser geschwitzt. Der Weg dauerte hin und zurück zwei Stunden, danach war ich wie ausgelöscht.« Oft steht Gudrun mitten auf dem Gehsteig und kann nicht mehr weiter. »Ausgerechnet ich, von der immer alle Leute gesagt haben: Die Gudrun, die alles kann, die alles sofort überblickt!« In dieser Zeit lernt sie etwas, was sie nie konnte: andere Menschen um Hilfe zu bitten. Sie fragt nach dem Weg, lässt sich über die Straße führen oder ein Taxi rufen.

Inzwischen bemerken auch ihre Mitbewohner, dass es nicht gut um sie steht. Gudrun wohnt zu diesem Zeitpunkt noch in einer Wohngemeinschaft. »Meine Mitbewohner teilten mir beim Essen mit, dass sie sich Sorgen um mich machten, mir jedoch nicht helfen könnten. Aber sie boten mir an, abends mit ihnen fernzusehen.« Aber auch Fernsehen kann Gudrun nicht mehr ertragen, sie hat keine seelische Distanz zu den in den

Filmen gezeigten Spannungen und Emotionen. Sie verbringt die Tage in ihrem Zimmer.

Nach etwa zwei Wochen weiß Gudrun nicht mehr weiter, sie ruft um sechs Uhr morgens ein Taxi und bittet den Fahrer: »Fahren Sie mich in die Psychiatrie.« Der Taxifahrer fragt sie verwundert, was sie dort wolle. Sie sagt ihm den Grund und fragt ihn, was er davon halte. Er antwortet, die Klinik sei sehr gut, einem Freund sei dort in der Tagesklinik sehr geholfen worden.

In der Klinik wird Gudrun zunächst in eine geschlossene Abteilung gebracht. Sie soll dort auf eine Untersuchung warten. »Dafür bin ich sehr dankbar, denn dadurch habe ich gemerkt, dass ich dort gar nichts zu suchen hatte. Die Patienten hatten im Gegensatz zu mir keinen Realitätsbezug mehr. Außerdem war die Nacht zuvor Vollmond gewesen. In der Klinik war Hochbetrieb.« Gudrun sitzt in einer Flurnische auf einem Stuhl und wartet geduldig. Einer Schwester, die sie nach Hause schicken will, erklärt sie: »Ich gehe erst wieder, wenn mir geholfen worden ist.« Sie berichtet der Frau unter Tränen, dass sie einen Nervenzusammenbruch hatte, dass sie nicht mehr weiter weiß. Die Schwester drückt ihr einen Zettel mit der Anschrift einer psychologischen Beratungsstelle in die Hand. Um die Mittagszeit erscheint eine junge Ärztin. Auch sie meint, dass Gudrun kein Fall für die Klinik sei. Da sie aber sehr erregt ist, soll sie *Melleril®* (ein Neuroleptikum, siehe Seite 208) nehmen, um zur Ruhe zu kommen. Freunde nehmen sie über das Wochenende mit an die Nordsee. Dort schläft sie zwei Tage lang, nur zu den Mahlzeiten wird sie geweckt.

Am selben Abend berichtet die Wohngemeinschaft einem befreundeten Psychiater, der zum Abendessen gekommen ist, dass Gudrun durchgedreht sei. Der Arzt fragt nach den Symptomen und lässt ihr ausrichten, sie solle ihn anrufen. »Montag rief ich an, Mittwoch hatte ich einen Beratungstermin in der Verhaltenstherapie-Ambulanz des Uniklinikums Eppendorf, und Donnerstag begann die Therapie.«

Die Intensivphase der Verhaltenstherapie dauert zwei Wochen, täglich sechs Stunden, hauptsächlich Übungen, am Wochenende Pause. Am ersten Tag fahren zwei Therapeuten mit Gudrun U-Bahn. Erst eine Station, dann zwei, dann drei, dann fährt sie alleine und bekommt kleine Aufgaben, die sie ausführen muss. Am zweiten Tag geht es zu den Rolltreppen im U-Bahnhof Messehallen. Die Station liegt tief unter der Erde, man kann das Ende der Rolltreppen nicht sehen. Gudrun steht unten vor der Treppe und weint hemmungslos. »Mir kam wirklich alles hoch, das jahrelange Hoffen auf die Zuneigung meines Freundes, die Einsamkeit, die Enttäuschungen, die Trennung. Und der Therapeut sagt immer wieder: ›Ich möchte gerne, dass Sie da hoch gehen.‹« Schließlich fährt sie zusammen mit ihm und dann alleine.

In den nächsten Tagen suchen die Therapeuten zusammen mit ihr alle Angstsituationen für Agoraphobiker in Hamburg auf: Elbtunnel, Elbbrücken, breite Straßen, weite Plätze, Bahnhöfe, Hallen, Kaufhäuser ... Den alten Elbtunnel zum Beispiel findet Gudrun gar nicht schlimm. Dafür kann sie den darüberliegenden Maschinenraum kaum aushalten. Oder der Rathausmarkt, ein großer, freier Platz in der Stadtmitte: Sie soll ihn überqueren, die Therapeuten fragen, wie sie das anstellen will. Sie antwortet: »Ich suche mir eine Linie und gehe darauf.« Die Therapeuten bitten sie, es ohne zu versuchen. Wenn sie das Gefühl habe, umzukippen, soll sie stehen bleiben, und nach oben schauen zu dem Hanseschiff, das auf einem hohen Pfahl vor dem Rathaus steht. »Es war wirklich ein Härtetest, aber ich habe das alles geschafft.«

In diesen Wochen lernt Gudrun einen neuen Umgang mit der Angst: »Wenn ich mich unsicher fühle, erstens sofort stehen bleiben und das Gefühl aushalten. Zweitens fragen, was bedroht mich. Und drittens sofort Realitätsbezug herstellen und andere Menschen ansprechen. Mir würde es heute überhaupt nichts ausmachen, einen Fremden auf der Straße zu fragen: ›Darf ich mich mal einen Moment bei Ihnen einhängen? Mir ist gerade nicht gut.‹«

Schon kurz nach der vierzehntägigen Intensivphase fährt Gudrun ganz alleine wieder mit dem Nachtzug zu Freunden in die Schweiz. Dennoch dauert es etwa ein Jahr, bis sie wirklich beschwerdefrei ist. »Immer wenn ich das Gefühl hatte, die Angst könnte zurückkehren, bin ich in den Hauptbahnhof gefahren und habe das Programm geübt: Rolltreppen fahren, über die Fußgängerbrücken gehen ...«

Während der Therapie wird Gudrun auch klar, dass alles schon lange vor ihrem Zusammenbruch begonnen hat. »Die Angst ist systematisch in mir gewachsen.« Gudruns Vater hatte im Krieg Fürchterliches erlebt. Er schrie nachts im Schlaf vor Angst und brachte seiner kleinen Tochter im Spaß bei, im Tunnel den Kopf einzuziehen, als wäre sie im Schützengraben. Auch die Mutter war ängstlich und verbot Gudrun aus Furcht vor einem Unfall das Fahrradfahren. Später, während ihres Studiums in Münster, treten erstmals Angstsymptome auf, die Gudrun aber nicht als solche erkennt.

»Immer wenn ich am Wochenende mit dem Auto nach Hause fuhr, passierte es: Kaum war ich auf der Ausfallstraße und das weite Land tat sich vor mir auf, saß ich am Straßenrand und heulte. Das war damals schon eine ähnliche Situation wie später in Hamburg. Die gleiche Landschaft, die gleiche Isolation.« Damals findet Gudrun aber einen »vernünftigen« Ausweg: Sie fährt meistens mit dem Zug. Das geht schneller und ist obendrein noch billiger. Heute sind ihr die Gründe für die damalige Angst klar: Ihr Freund war in eine andere Stadt gezogen, ließ nur noch selten von sich hören, sie hatte Angst, ihn zu verlieren, und fühlte sich in Münster sehr einsam. Außerdem hätte sie viel lieber ein anderes Fach studiert. Die Ausbildung zur Studienrätin macht sie nur ihrer Familie und ihrem Freund zuliebe.

Doch körperliche Beschwerden bekommt Gudrun erst Jahre später. Zuerst in Essen, wo sie während der Referendarzeit einige Monate lang mit ihrem Freund zusammenlebt, bis der urplötzlich wieder in eine andere Stadt zieht. Kurz nach seinem Auszug wacht sie nachts mit Herzrasen und Todesangst auf. Eine Untersuchung beim Herzspezialisten erbringt keinen Befund. »Ich habe mir damals nicht eingestanden, dass die Schmerzen und die Angst daher kamen, weil ich wieder mit meinem Freund zusammenleben wollte. Stattdessen dachte ich, ich hätte den Tod meines Vaters noch nicht verarbeitet.« Nach der Untersuchung beim Arzt reagiert der Freund abweisend: »Stell dich nicht so an, du hast doch gar nichts.« Und er rät ihr, in eine Selbsterfahrungsgruppe zu gehen. Zum Schluss sagt er noch: »Mädchen, du gehörst auf das rote Sofa beim Psychiater.« Gudrun ist völlig allein, genauso wie später nach der Trennung in Hamburg, als die Angst kommt.

Zu Beginn der Therapie fragt Gudrun oft ihre Therapeuten, ob es überhaupt eine Heilungschance für sie gebe. Sie antworten, sie solle mehr auf die Signale ihres Körpers achten. Langsam lernt sie, sich nicht ständig zu überfordern. Denn das hat sie all die Jahre vorher getan. »Ich war immer ein Mensch, der gefallen wollte, der alles möglichst gut machen wollte, und das gelang mir ja auch. Aber ich habe mich selber ganz weit zurückgestellt.«

Heute nimmt Gudrun die Signale ihres Körpers wirklich ernst. Und sie weiß, dass sie sehr empfindsam ist, ständige Hetzerei nicht verträgt. »Wenn sich die Dinge verdichten und meine Kräfte übersteigen, ziehe ich mich sofort zurück. Und selbst wenn ich dann einen Tag im Bett liege und lese, sehe ich zu, dass ich wieder ›von der Palme‹ runterkomme. Ich sehe einfach nicht mehr ein, dass ich mich immer so überfordern soll.« So muss Gudrun zum Beispiel an manchen Tagen zwischen zwei Schulen pendeln, wozu sie nur wenig Zeit hat. Statt sich der Hetzerei mit dem Auto auszusetzen, fährt sie mit dem Bus, liest in Ruhe ihre Unterlagen für die nächsten zwei Unterrichtsstunden und kommt ausgeglichen an.

Inzwischen denkt sie auch an einen beruflichen Wechsel: »Jetzt habe ich fast zwanzig Jahre lang funktioniert. Dass ich an eine Privatschule gegangen bin, war meine erste eigene Entscheidung. Aber ob ich nun immer Lehrerin sein muss, das weiß ich noch nicht genau.« Das will sie jetzt herausfinden. »Wohin mich der Weg führen wird, kann ich noch nicht sagen, aber ich habe keine Angst davor.« Und noch etwas wird ihr langsam klarer: »Schon als Kind, ich war ein Einzelkind, hatte ich immer Angst vor dem Alleinsein. Ich stellte mir immer eine richtig große Familie mit vielen Geschwistern vor, die ich in der Familie meines Freundes auch fand. Heute scheint es mir so, als sei das Alleinsein wirklich das Thema, mit dem ich mich auseinander setzen muss. Eine Freundin hat mir mal gesagt: ›Da, wo die Angst ist, geht es lang.‹ Ich glaube, sie hat Recht: Man kann vor sich und seinen Schwächen nicht weglaufen.«

Katrin Bauer, 35 Jahre alt, Bankangestellte

»Dieses Gefühl, dass der Tag heute dein letzter ist, weil du irgendwann keine Kraft mehr hast, gegen diesen Kloß im Hals anzukämpfen, weil du deine plötzlichen Attacken von Schwindel, Herzklopfen, Todesangst vor anderen nicht mehr verbergen kannst, weil du nicht mehr fertig wirst mit der Angst vor dem Leben und der noch größeren Angst vor dem Sterben. *Leben* nennst du diesen Zustand schon lange nicht mehr. Wie lange schon wird dein Aktionsradius täglich kleiner, schränkst du deine Bewegungsfreiheit immer mehr ein – bis auf ein Minimum. Zuerst Angst vor dem Fahrstuhl: Na ja, denkst du, das haben viele. Panik bei einem medizinischen Vortrag: Es ist so stickig heiß im Raum. Herzrasen im Kino: Wohl zu sehr mit dem Hauptdarsteller identifiziert... Todesangst im Kaufhaus: immer diese Hektik... Dann plötzliche Anfälle im Büro, beim Gespräch mit Freunden, Angst vor dem Alleinsein, Angst vor dem Zusammensein, Angst vor der Angst!«

Mit dieser dramatischen Schilderung beginnt der Brief, den Katrin Bauer an die Redaktion der Zeitschrift *Eltern* schickte. Katrin ist 19 Jahre alt, als zwei Todesfälle – erst starb ihre Großmutter, dann einige Tage später ihre Tante – ihre ersten Angstanfälle auslösten. Vor der Beerdigung, daran erinnert sich Katrin heute noch genau, geht sie durch die Aussegnungshalle und steht plötzlich vor lauter offenen Särgen: »Es war wie ein Horrorfilm: überall Leichen, alte, junge, Unfallopfer.« In der folgenden Nacht wacht Katrin plötzlich schweißgebadet auf, in panischer Angst durchfährt sie der Gedanke: »Die Nächste bist du! Nur nicht einschlafen, sonst wachst du nie wieder auf!« Es bleibt nicht bei diesem Angstanfall, immer öfter überfällt sie plötzliche Panik, Herzrasen, Schwindelgefühle. Die Ursache ist

Katrin schleierhaft. Bis dahin ist sie mit ihrem Leben sehr zufrieden gewesen. Alles ist bisher wie geplant gelaufen: Ihre Arbeit am Bankschalter gefällt ihr, in einigen Monaten will sie heiraten und ist eifrig mit den Vorbereitungen für die Hochzeit beschäftigt. So schieben Katrin Bauer und ihre Verwandten die Schuld für die Angstanfälle auf den Stress und die Todesfälle. Einige Wochen später als geplant heiratet Katrin – und ist vier Wochen später schwanger. Katrin: »Während der Schwangerschaft ging es mir vergleichsweise gut. Bei den Angstanfällen hatte ich ja immer den Tod vor Augen gehabt – jetzt dachte ich mir: Wo Leben in mir wächst, darf ich nicht sterben. Ich werde gebraucht!«

Mit der Geburt ihrer Tochter Tanja beginnt eine anstrengende Zeit für Katrin: Sie arbeitet halbtags, während ihre Mutter Tanja versorgt. Ihr Mann bringt jeden Abend auf dem Bau zu. »Ich wollte eigentlich dieses Haus nicht bauen, denn ich hatte Bedenken, dass wir uns so bald nach der Hochzeit so hoch verschuldeten. Dadurch sah ich auch meine Freiheit in Gefahr, die ich – so dachte ich – gerade erst durch die Heirat gewonnen hatte, nach dem bisherigen Leben im Elternhaus und mit einem sehr autoritären Vater.« Die Angst tritt in dieser Zeit für Katrin eher in den Hintergrund. »Wir konnten ja sowieso kaum ausgehen, und in meiner vertrauten Umgebung fühlte ich mich relativ sicher. Übrigens hatte bis dahin noch nicht einmal mein Mann etwas von meinen Ängsten gemerkt, ausgenommen die paar Male, in denen ich schnell irgendeine Versammlung verlassen musste. Da fiel es ihm natürlich schon auf, dass mir plötzlich anscheinend schlecht wurde. Aber ich wollte ihn nicht auch noch beunruhigen und gab Kreislaufprobleme vor, an die ich manchmal sogar selbst glaubte.«

Mit der Geburt ihrer zweiten Tochter Regina gibt Katrin Bauer ihren Beruf endgültig auf. Sie will ihre Kinder selbst erziehen und freut sich auf diese Aufgabe. Einige Monate nach der Geburt beginnen die Angstzustände wieder, dieses Mal noch stärker: Zur bekannten Panik kommt Appetitlosigkeit, ein Gefühl der Sinnlosigkeit, mangelnder Antrieb, depressive Gefühle, die sie schon morgens beim Aufwachen befallen: »Jeden Morgen aufs Neue dachte ich: Wie soll ich nur diesen Tag wieder durchstehen mit den beiden Kindern? Dabei fühlte ich mich nur einseitig überfordert, andererseits fehlten mir Kontakte und geistige Anforderungen.« Sie geht zu ihrem Hausarzt. Der zeigt sich verständnisvoll: »Das ist ja auch zu viel, der Haushalt, zwei Kinder, dann der Hausbau und überhaupt, der ganze Stress: Nehmen Sie doch mal eine Zeit lang Beruhigungsmittel!«

Katrin versuchte es in ihrer Verzweiflung tatsächlich mit verschiedenen Medikamenten, unter anderen *Librium®* (einem Benzodiazepin, siehe Seite 197). Das Ergebnis: »Von den Tabletten wurde ich nur müde, die Angst aber steigerte sich noch, weil ich damit auch zu müde war, um mich noch gegen die Panik wehren zu können!« Schnell hört sie auf, die Tabletten zu nehmen – aber eine positive Wirkung haben sie trotzdem: Wie viele Menschen mit Angstattacken hat Katrin die Tabletten noch jahrelang ständig bei sich – sie geben ihr Halt, obwohl sie weiß, dass sie ihr eigentlich nicht helfen können. Jedesmal macht sie es sich bewusst und ist stolz, wenn sie eine schwierige Situation ohne Tabletten übersteht. Weiter auf der Suche nach einer körperlichen Ursache für die Panik sucht Katrin den nächsten Arzt auf, einen Endokrinologen, der ihre Schilddrüse untersuchen soll. Katrin weiß, dass auch Schilddrüsenüberfunktion ähnliche Symptome auslösen kann, sie hatte selbst schon einmal Schilddrüsenbeschwerden gehabt. Der Endokrinologe nimmt sie offensichtlich nicht ganz ernst: »Sie wurden doch schon mal an der Schilddrüse operiert. Da müssen Sie doch wissen, dass Sie etwas nervös sind. Finden Sie sich damit ab, dass aus Ihnen niemals ein Gemütsmensch wird!«

Nun hatten Katrins Ängste tatsächlich etwas Hysterisches: »Ich dachte bei jeder kleinsten körperlichen Beschwerde sofort an eine tödliche Krankheit, ich hatte Angst, ich würde eines Tages, einfach aus einem Impuls heraus, meine Kinder umbringen. Und gleichzeitig fürchtete ich, verrückt zu werden.« So stark sind Katrins Ängste, dass sie noch nicht einmal wagt, diese Befürchtungen in einem Tagebuch festzuhalten: »Ich dachte mir: Wenn jemand aus meiner Familie das liest, dann lassen sie mich gleich einweisen.« Typisch außerdem für Katrins hypochondrische Ängste: Wenn sie tatsächlich einmal ihr Heimatdorf, in dem sie wohnt, verlassen muss, sorgt sie immer dafür, dass sie weiß, wo der nächste Arzt ist und wie man ihn erreichen kann.

Glücklicherweise nimmt ihr Hausarzt sie mit ihren Befürchtungen auch weiterhin ernst, untersucht sie gründlich und bringt die Geduld auf, ihr zu erklären, dass Atemlosigkeit nach Treppensteigen völlig normal für einen untrainierten Menschen sei und kein Zeichen von Asthma. »Mit dem Gedanken ›du bist gesund‹ hielt ich mich einige Wochen über Wasser, bis die nächste Katastrophe kam.«

Katrin wird in dieser belasteten Situation zum dritten Mal schwanger – obwohl sie sich wenige Monate zuvor eine Spirale hatte legen lassen. Einiges spricht dafür, das Kind auszutragen. Schließlich haben die Bauers mehrere Kinder geplant, mehr als zwei jedenfalls, und sie sind aus Glaubensgründen gegen Schwangerschaftsabbruch. So ist es kein Wunder, dass Michael Bauer sich erst einmal freut, als er die Nachricht hört. Katrin: »Aber diese Schwangerschaft war ja keine Frage des Wollens, sondern des Könnens. Ich hatte bis auf 42 Kilogramm abgenommen und konnte kaum essen, hatte gerade einige Röntgenuntersuchungen hinter mir und lebte morgens von Aufputsch-, abends von Beruhigungsmitteln.

In diesem Zustand war ich allein mit den beiden Kindern, die schon da waren, vollkommen überfordert.« Das sieht Michael Bauer ein – und überlässt in seiner Hilflosigkeit einfach seiner Frau die Entscheidung mit den Worten: »Wenn du meinst, dass es nicht geht ... mir geht es ja vor allem um dich.« Mit der festen Überzeugung, für ein weiteres Kind keine Kraft mehr zu haben, geht Katrin zu ihrer Frauenärztin. Die rät ihr recht deutlich zum Abbruch: »Das kann ich in dieser Situation weder für Sie noch für das Kind verantworten. Und was ist mit den beiden schon vorhandenen Kindern?«

In der siebten Schwangerschaftswoche lässt Katrin die Spirale entfernen und gleich eine Ausschabung machen. Katrin: »In meinen Ängsten gefangen, war mir ganz klar, dass ich dabei ja sowieso sterben würde.«

Katrin stirbt nicht – sie wacht aus der Narkose wieder auf, aber mit einem gewaltigen Kloß im Hals. »Ich dachte, ich müsste mich nur einmal kräftig übergeben, dann müsste der Kloß weg sein ...« Aber der Kloß bleibt. Katrin ist am Ende: »Ich war einige Monate lang einfach völlig fertig. Nach allem, was ich durchgemacht hatte, wusste ich: Jetzt muss ich mich entscheiden zu leben oder zu sterben. Schließlich hatte ich mich ja schon für meine beiden Kinder und in dieser Situation gegen ein drittes entschieden! Also beschloss ich zu leben.

Dieser Entschluss zu leben ist Katrins erster Schritt auf dem Weg aus der Angst – so meint sie heute. Ihr Hausarzt bietet ihr an, einen Kurs für autogenes Training zu belegen. Katrin folgt seinem Rat. »Damit hatte ich ein schnell wirkendes Mittel in der Hand, das es mir möglich machte, mich auch während schlimmerer Angstzustände zu entspannen. Aber damit kurierte ich natürlich nur an den Symptomen. Und ich merkte, ich musste weitergehen, bis an die Wurzeln.« Zu den Wurzeln – das heißt für Katrin, über ihre Lebensgeschichte nachzudenken. »Mir wurde sehr schnell klar, dass ich mich eigentlich immer nur angepasst hatte, ich hatte immer nur gemacht, was die anderen von mir erwartet hatten.«

Schon in ihren ersten Lebensjahren hatte Katrin unter Neurodermitis gelitten, einer teilweise seelisch bedingten, mit quälendem Juckreiz verbundenen Hautkrankheit. Außerdem hatte sie Asthma. Beide Eltern erzählten ihr oft die »Mühen und Umstände«, die ihre Leiden verursachten. »Sei immer schön lieb, dann kommst du am besten zurecht«, das gab ihr die Mutter immer wieder mit auf den Weg. Dieses »Immer-lieb-Sein«, so Katrin heute, diente ihr auch dazu, ihre Krankheit »wieder gutzumachen«, denn sie litt darunter, den Eltern so viel Kummer verursacht zu haben.

Mit knapp vier Jahren machte Katrin dann eine Leidenszeit durch, die sie für ihr Leben prägte: »Da ich aufgrund meiner Krankheit nicht gegen Pocken geimpft war, steckte ich mich im Kindergarten mit Kuhpocken an. Ich wurde in die Heidelberger Kinderklinik gebracht, wo man mich – so sagen meine Eltern heute – als erstes drei Tage in einen dunklen Raum sperrte. Nur zum Füttern kam ein Mensch zu mir.« Danach wurde sie für ein Vierteljahr in ein normales Krankenbett gelegt, oft mit angebundenen Händen, damit sie sich ihre quälend juckende Haut nicht blutig kratzte. Ihre Eltern durften sie nicht besuchen, nur von jenseits der Glasscheibe Blicke auf sie werfen. Zufällig bemerkte Katrin ihre Eltern doch einmal. Aber die Krankenschwester redete ihr ein, das müsse sie geträumt haben. Als Katrin schließlich entlassen worden war, plagten sie schreckliche Verlassensängste. Monatelang schrie und weinte sie jeden Abend, wenn ihre Mutter sie zu Bett gebracht hatte. Bis ihr Vater sie eines Abends vor lauter Hilflosigkeit in den Kohlenkeller sperrte, mit der Drohung, sie erst wieder herauszulassen, wenn sie still wäre. Von da an war sie still. Während sie diese Phase ihrer Kindheit in Gedanken noch einmal durchlebt, kommt Katrin der Gedanke, eine Psychotherapie zu machen. Durch ihre um anderthalb Jahre jüngere Schwester, die Sozialpädagogik studiert, lernt sie viele Bücher über Therapieformen kennen. Warum also nicht?

»In dieser Zeit fürchtete ich die Tendenz, durch die Erkenntnisse in der Therapie die Verantwortung für die eigenen Schwierigkeiten abzugeben und einfach den anderen die Schuld zuzuweisen. Außerdem gab es damals, in den siebziger Jahren, den Trend, alle Bindungen über Bord zu werfen. Ich hatte einfach Angst, dass mich eine Therapie in dieser Richtung beeinflussen würde – und das wollte ich nicht. Ich wollte frei von äußerer Beeinflussung meine eigenen Werte finden.« Katrin beschließt aber, nie wieder Psycho-Medikamente zu nehmen – auch nicht im Notfall. Sie will sich selbst wieder spüren, will sie selbst sein.

Dabei wird der Bereich, in dem sie sich angstfrei bewegen kann, immer kleiner. Einen Urlaub auf Gran Canaria müssen die Bauers absagen, dafür kaufen sie ein Haus im Elsass, in das auch Katrin mitfahren kann – dort ist ein Arzt in erreichbarer Nähe. Nebenbei betreibt sie »Selbsttherapie«, wie sie es nennt – per Buch: Sie liest Tilmann Moser, um sich mit ihrem katholischen Glauben auseinander zu setzen. Sie liest Erich Fromm, und ketzerische Gedanken kommen ihr: »Wie würde ich mein Leben gestalten, wenn ich mich nicht für eine Familie entschieden hätte? Was, wenn ich mich nicht aus der Abhängigkeit von den Eltern in die Abhängigkeit vom Mann begeben hätte?« Je mehr sie über ihre Ehe nachdenkt, desto mehr kommt sie zu dem Schluss, dass sie den falschen Mann geheiratet hat. »Unsere Ehe war so eingespielt wie die meiner Eltern: Mein Mann traf die Entscheidungen. Als ich den Wunsch nach einem eigenen Auto äußerte, stand eines Tages der Wagen vor der Tür. Das hört sich zwar sehr großzügig an, aber er hatte mich ja noch nicht einmal gefragt, welche Farbe ich wollte!« Dabei ist ihr Mann kein Tyrann – er versteht nur nicht, worum es Katrin eigentlich geht. Und ihrer Angst steht er hilflos gegenüber. »Er bemühte sich, mein Verhalten zu verstehen, schlug zum Beispiel vor: ›Sag doch, was du willst, wenn du arbeiten willst, unterstütze ich dich‹, aber die Angst verstand er nicht. Und manchmal, wenn ich gar nicht mehr ansprechbar war, fragte er dann noch: ›Sag mal, bist du hysterisch?!‹« In dieser ganzen Zeit aber spielt Katrin ihre Rolle so gut, dass die übrige Umgebung noch weniger als ihr Mann merkt, wie schlecht es ihr geht. »Erst viel später habe ich meinem Hausarzt erzählt, wie dreckig es mir damals wirklich gegangen ist – er fiel aus allen Wolken!«

Ein Jahr später schreibt Katrin in ihr Tagebuch: »Ich muss meinen eigenen Weg finden.« Katrin: »Ich spürte, dass hinter allen Konventionen, die ich übernommen hatte, echte Werte stehen, die gesucht und gefunden werden wollten; Werte, die ich selber suchen und finden musste, ohne mich verstellen zu müssen. Ich merkte, dass meine Probleme in mir lagen und dass sie auch bleiben würden, wäre mein Mann nicht mehr da. Also beschloss ich, die Probleme in mir zu lösen – und es war mein Mann, der mir dabei gewaltig den Rücken stärkte. Er spornte mich immer wieder an, meine eigenen Interessen zu pflegen.« Wesentliche Unterstützung bot ihr außerdem die Leiterin des örtlichen Kindergartens, eine handfeste Nonne, die auch Seelsorge übte. »Mit ihr habe ich damals viele Gespräche geführt. Und dabei merkte ich auch, dass das schlechte Gewissen, die irrationalen Schuldgefühle, die mich immer packten, wenn ich nicht perfekt war, ja gar nicht berechtigt waren! Das heißt: Ich konnte sie loswerden! Ich hatte das Recht, Fehler zu machen und daraus zu lernen!«

Schritt für Schritt wird Katrin freier – und die Angstzustände werden seltener. Vorsichtig tastet sie sich von Herausforderung zu Herausforderung: Betriebsausflug, tanzen gehen und schließlich eine Urlaubsreise nach Südfrankreich. »Bei den ersten Malen habe ich mich selbst beobachtet – wie in einem Film. Immer nur der eine Gedanke: Hoffentlich kommt die Panik nicht.«

Nun gelingt es ihr auch, die Todesängste nicht mehr so absolut zu sehen. »Ich dachte mir: Bisher bin ich nicht gestorben, also wird es jetzt auch nicht passieren. Und wenn ich mal umkippe, was soll's, das passiert anderen Leuten auch! Außerdem: Je mehr ich unternahm, desto weniger fand ich Zeit, mich mit mir und mit meiner Angst zu beschäftigen, und umso freier, angstfreier, wurde ich; und umso mehr Aufgaben fand ich, die das Leben für mich, nur für mich, bereithält.«

Katrin nutzt den neuen Freiraum in vollen Zügen: Sie wird Elternbeiratsvorsitzende, schließt sich einer Laienspielgruppe an, und sie bekommt ihre dritte Tochter. Ihr erster Auftritt mit der Laienspielgruppe ist eine weitere Bewährungsprobe: »Als das Licht im Zuschauerraum ausging, fing bei mir das Zähneklappern an. Wenn ich nun auf der Bühne umkippen würde! Aber die anderen meinten, das wäre ganz normales Lampenfieber, und brachten mir ein Glas Sekt. Dann fiel mir ein, dass ich ja das Chaos um mich herum gar nicht mehr bemerken würde, wenn ich umkippte, und das beruhigte mich so sehr, dass ich auftreten konnte.«

Ein weiterer Beweis ihrer neuen Freiheit: Katrin beginnt, hin und wieder für ein paar Tage zu verreisen, um Museen oder Ausstellungen zu besuchen – ganz allein, ohne Mann und Kinder. Das tut sie auch heute noch, acht Jahre nach dieser Zeit. Noch ein Zitat aus dem Brief, den Katrin an die Redaktion *Eltern* schrieb, um, wie sie sagte, anderen Frauen Hoffnung zu geben: »Inzwischen bin ich 35, Mutter von vier Kindern und Noch-Hausfrau. Ich denke, in wenigen Jahren, wenn mich meine Kinder nicht mehr so stark brauchen, wird sich das ändern. Bis dahin genügt es mir, dass ich einen großen Bekanntenkreis habe, wo auch eine geistige Auseinandersetzung stattfindet und es viele Möglichkeiten für mich gibt, meine Interessen zu vervollkommnen. Ich denke, dass ich vor der Angst keine Angst haben muss, denn ich weiß heute damit umzugehen. Sobald die ersten Anzeichen auftreten, ist es an der Zeit, ›Seelenhygiene‹ zu betreiben, die ich im Alltagsgefecht doch hin und wieder vernachlässige.«

Und sie platzt beinahe vor Tatendrang, wenn sie sich die Zukunft ausmalt: »Heute denke ich, dass ich noch fünf Leben leben könnte, so viel, wie ich möchte und vorhabe!« Im Nachhinein sieht sie einen Sinn in ihrer Angst: »Ohne die Panikattacken wäre ich wahrscheinlich mit 40 eine alte Frau gewesen, so wie viele hier in unserem Dorf. Vielleicht ist solch eine Krise oft der einzige Weg, der in ein befreiteres Leben führt, denn ohne den Leidensdruck hätte ich bestimmt keinen Anlass für den beschwerlichen und leidvollen Reifungsprozess gesehen.«

Eva Wikowski, 36 Jahre alt, Kinderpflegerin

Ein kleiner Kurort am Bodensee, etwa 2100 Einwohner. Hier wurde die gelernte Kinderpflegerin Eva Wikowski geboren. Hier hat sich langsam, aber umso brutaler die Angst in ihr Leben eingeschlichen. Und diese Angst hat auch einiges mit dem kleinen Ort zu tun.

Zuerst aber erkennt Eva ihre Leiden gar nicht als Angst. Was sie wahrnimmt, ist bleierne Müdigkeit. Die überfällt sie jeden Morgen, wenn sie ihre jüngste Tochter in den Kindergarten in der Mitte des Dorfes bringt. »Immer beim selben Haus wurde ich schlagartig so müde, dass ich mich nur noch mit Mühe weiterschleppen konnte.« Nach einigen Tagen kommt Schwindel dazu. Eva beschließt, ihren Hausarzt um Rat zu fragen. Der ist mit der Diagnose schnell zur Hand: niedriger Blutdruck, Therapie: viel Bewegung. Aber die Bewegung hilft nichts – Eva schleppt sich weiterhin täglich nur mühsam bis zur Dorfmitte und zurück. Inzwischen leidet sie dabei auch schon unter Übelkeit.

In ihrer Verzweiflung meint Eva bald, den Auslöser für ihr Leiden selbst entdeckt zu haben: Brustkrebs! »Sobald ich mich unbeobachtet fühlte, tastete ich meine Brust ab, unzählige Male am Tag. Und natürlich fand ich auch bald einen Knoten. Dann untersuchte mein Mann, dessen erste Frau an Brustkrebs gestorben war, die Brust und entlarvte den ›Knoten‹, den ich fühlte, als Teil des Brustkorbs. Aber mich beruhigte das nicht im Geringsten. Ich suchte weiter meine Brust ab, denn ich meinte, schon ganz deutlich die Schmerzen zu spüren. Nicht einmal mein Frauenarzt konnte mir die Angst nehmen – für mich war klar, dass er den Knoten übersehen hatte.« Obwohl sich Evas Leiden, die Angst, die Schwindel- und Übelkeitsgefühle, noch verschlimmern, wagt Eva bald nicht mehr, zu ihrem Hausarzt zu gehen: Sie schämt sich.

Bis zu dem Junimorgen, an dem sie ihr Leiden nicht mehr länger verbergen kann. »Ich hatte meine Tochter wie immer in den Kindergarten gebracht und war allein zu Hause. Plötzlich überfiel mich Todesangst. Ich meinte, ohnmächtig zu werden, bekam keine Luft mehr, der Schweiß brach mir aus, alles drehte sich. In meiner Verzweiflung rief ich meine Mutter an, die sofort kam, mir erst mal einen Cognac einflößte und mich dann zum Hausarzt fuhr. Diesmal stellte er die richtige Diagnose: ›Die körperlichen Symptome sind seelisch bedingt.‹ Er verpasste mir eine Valiumspritze und schickte mich unter der Obhut meiner Mutter nach Hause.« Am nächsten Tag besucht der Arzt Eva zu Hause und verschreibt ihr *Adumbran*® (ein Benzodiazepin, siehe Seite 197). Wirkliche Hilfe bringen die Tabletten nicht: Sie verhindern kaum die Panik, und alles in Eva sträubt sich gegen Psychopharmaka.

So beginnt eine schlimme Zeit für sie: Vor allem tagsüber, wenn ihr Mann nicht zu Hause ist, wird Eva von Panikattacken gequält. Die ersten zwei Wochen steht ihre Mutter ihr bei, bis Eva sie nach Hause schickt, sie will ihre Angst allein bekämpfen. Aber dieser Kampf wird unvorstellbar schwer. Eva: »Das Haus konnte ich nicht verlassen, arbeiten konnte ich auch nicht, und am wenigsten konnte ich Ruhe verkraften. Also rannte ich in den ersten Tagen fast pausenlos durch unser Haus. Dabei konnte ich noch nicht einmal das Radio zur Ablenkung einschalten, denn ich empfand jeden Laut als schmerzhaft. Aber in dieser Stille hörte ich dann mich selbst und fühlte die quälende Leere in meinem Kopf.«

Auf ihren Wanderungen im Haus trägt Eva immer eine Plastiktüte bei sich. Ihr Hausarzt hat ihr nämlich beigebracht, wie sie mit dem Atmen in eine Plastiktüte Hyperventilationskrämpfe verhindern kann.

So verlieren zumindest die Krämpfe durch angstvolles Atmen ihren Schrecken. Besonders quälend ist es für Eva, dass sie das Haus nun endgültig nicht mehr verlassen kann: »Die Kinder zur Schule und in den Kindergarten bringen, einkaufen – bei diesen Dingen mussten mein Mann und meine Mutter einspringen. Oft konnte ich noch nicht einmal Holz für den Kachelofen holen – dazu hätte ich nämlich außen ums Haus herum gehen müssen.« Auch die Nächte werden für Eva zur Qual, denn oft wacht sie aus dem Schlaf ganz plötzlich auf und meint, vor Angst den Verstand zu verlieren. Besucher stellen sie vor besondere Probleme: Eva will ihre Angst um keinen Preis zeigen – und umso quälender wird sie. Doch nach einiger Zeit beginnt ihr Kampf gegen die Angst Erfolg zu zeigen: Sie kann schon ohne große Angst wieder allein zu Hause sein, und wenn ihr Mann draußen im Auto wartet, kann sie sich sogar in Geschäfte wagen. Trotzdem bleibt Evas Leben stark eingeschränkt.

Als ihr Kegelklub einen Ausflug plant, entwickelt sie einen ausgeklügelten Plan, um weder mitfahren zu müssen noch ihre Krankheit zu offenbaren: »Ich kaufte mir eine Fahrkarte, etwas Neues zum Anziehen und machte mit den anderen schöne Pläne für den Ausflug. Dabei wusste ich genau, dass ich nicht mitfahren konnte. Nur meine Schwester weihte ich ein. Am Morgen der Reise sagte ich dann wegen einer plötzlichen Grippe ab, und der Mann meiner Schwester nahm meinen Platz ein.« Etwa zu dieser Zeit beschließt sie auch, Leidensgenossinnen zu suchen, und gibt in der Zeitung der Kreisstadt eine Kleinanzeige auf: »Wer macht Mut und berichtet mir über erlebte Ängste und Depressionen?« Zwanzig Frauen melden sich, aber nicht jede Zuschrift macht ihr Mut: »Als Erstes las ich einen Brief, in dem eine Frau ohne Punkt und Komma ihr entsetzliches Leiden schilderte. Ihre Angst war noch schlimmer als meine. Aber so sehr ich mir Kontakt wünschte: Dieser Frau konnte ich einfach nicht antworten.«

Andere Kontakte helfen ihr dagegen sehr: »Ich merkte, dass ich mit meinen Gefühlen nicht allein auf der Welt war. Und nach Gesprächen am Telefon fühlte ich mich richtig stark. Da brauchte ich nicht Versteck zu spielen, brauchte nicht fröhlich zu tun. Denn eigentlich ist man mit der Angst ja dauernd unehrlich, weil man meint, sie verbergen zu müssen...« Als die Angst im November wieder schlimmer wird, geht Eva schließlich zu einem Nervenarzt. Die regelmäßigen Gespräche mit ihm tun ihr wohl, sie fühlt sich von dem Arzt verstanden und ernst genommen. Außerdem spornen sie die Besuche bei ihm an, mehr zu wagen: »Schließlich wollte ich beim nächsten Termin bei ihm etwas zu berichten haben!« Bis der Nervenarzt eines Tages lapidar feststellt: »Sie heilen sich selbst«, und die Gespräche beendet.

Eva: »Ich glaubte es ihm, oder besser: Ich wollte es glauben.« Und obwohl dadurch der Ansporn zu größeren Unternehmungen wegfällt, schafft Eva immer mehr. Sie kann es sich erlauben, auch allein im Haus mal zur Ruhe zu kommen und mit ihrem Mann kleine Spaziergänge zu machen, allerdings nur im Schutz der abendlichen Dunkelheit. Denn ihre schlimmste Angstfantasie ist die Vorstellung, mitten auf der Straße einen Angstanfall zu bekommen und vor aller Augen zusammenzubrechen.

In den folgenden Monaten geht es ihr tatsächlich immer besser. Sie schafft es wieder in der Kreisstadt einzukaufen, wenn ihr Mann sie mit dem Auto hinbringt, sie kann ihn auf eine Geschäftsreise mit dem Auto begleiten. Für die Umwelt kann sie ihre Ängste so gut verbergen, dass nur einige Personen überhaupt Notiz davon nehmen: ihr Mann natürlich, eine Freundin und eine verständnisvolle Cousine. Ihre Mutter dagegen bekommt nach den ersten Anfällen nichts mehr mit, auch vor ihrer Familie schafft es Eva, ihr Leiden zu verbergen.

»Ich habe erst gar nicht versucht, denen klar zu machen, was mit mir los ist. Wie sollten die es verstehen, wenn ich es selbst ja noch nicht mal verstand!« Natürlich versucht Eva auch, ihre drei Kinder Tobias (zwölf), Kerstin (acht) und Marie (fünf) nicht unter ihrer Angst leiden zu lassen. Manchmal ist das fast unmöglich. »Vor allem in der ersten Zeit überkamen mich oft furchtbare Gedanken. Dann dachte ich, jetzt dreh' ich gleich durch und tu' der Kleinen was an. Ich hatte schreckliche Angst, die Kontrolle zu verlieren. An solchen Tagen habe ich Marie morgens immer ganz schnell angezogen und sie wie von Furien gehetzt der herbeigerufenen Mutter ins Auto gesetzt, und so wurde die Kleine in den Kindergarten gebracht.« Aber auch die beiden Großen sehen, dass es ihrer Mutter nicht gut geht. Gesprochen haben sie bis heute darüber nicht. »Ich habe immer Mittagsruhe gehalten, die mir vor allem dazu diente, mich richtig auszuweinen.«

Eines bleibt merkwürdig: Obwohl sich Evas Zustand zusehends bessert, bleibt es ihr doch unmöglich, die 700 Meter bis in die Mitte ihres Dorfes zu gehen. »Schon die Vorstellung, diesen Weg allein gehen zu müssen, versetzte mich in Panik. Höchstens im Schutz der Dunkelheit brachte ich manchmal einen Teil der Strecke hinter mich.« Erst ein Jahr später, als sie sich entschließt, bei einem Neurologen und Psychotherapeuten im Nachbarort eine Psychotherapie zu beginnen, wird ihr ein Teil der Ursache für diese Aversion gegen den einen ganz bestimmten Weg klar: »In der Ortsmitte wohnen meine Eltern, sie haben dort ein größeres Hotel. Ich bin das Jüngste von drei Geschwistern, für die beiden Älteren hatte meine Mutter wegen der Arbeit nie Zeit gehabt. Umso mehr hing sie an mir, mit einer wahren Affenliebe. Noch als Erwachsene beherrschte mich bei allem, was ich tat, der Gedanke: Du darfst deine Mutter nicht verletzen, nie! Eigentlich war ich ganz unfrei, denn bei allem, was ich außer der Reihe tat, entwickelte ich sofort ein schlechtes Gewissen: Was wird die Mutter dazu sagen? – Komisch, ohne Therapie wäre ich auf das alles nie gekommen!« Leider zieht der Therapeut nach einem haben Jahr um, und Eva hat keine Lust, einen neuen zu suchen. Aber offensichtlich hat diese Behandlungszeit ausgereicht, um Eva erkennen zu lassen, dass ihre Angst, in die Ortsmitte zu gehen, eigentlich eine Folge ihrer inneren Unfreiheit ist. »Ohne die Angst hätte ich nie angefangen, mich von meiner Mutter abzunabeln. Aber mit der Angst hatte ich auf einmal etwas, was mir allein gehörte, ein Problem, mit dem ich allein fertig werden muss.«

Eva zieht die Konsequenzen: Schritt für Schritt fängt sie an, sich bewusst von diesem inneren Zwang zu befreien. »Ich versuche auch heute noch, das Wort ›muss‹ in meinen Gedanken nicht vorkommen zu lassen. Ich gönne mir – ohne schlechtes Gewissen – Erholung, wenn ich sie brauche. Und ich versuche, *mein* Leben mit *meiner* Familie zu führen, nicht mehr für andere irgendwelche ungeschriebenen Gesetze zu erfüllen. Ein Beispiel: Bei uns ist es absolut unüblich, in der Fastnachtszeit wegzufahren: ›Da bleibt man doch daheim!‹, sagt auch meine Mutter. Trotzdem bin ich im letzten Jahr mit meiner Familie gerade zu dieser Zeit weggefahren – früher hätte ich mich so etwas nie getraut!«

Auch Evas Umgang mit Angstanfällen hat sich verändert: »Früher habe ich alle Situationen vermieden, in denen ich auch nur einmal eine Panikattacke bekommen habe. Jetzt habe ich wieder Mut, es notfalls mehrmals zu versuchen. Aber ich gebe nicht mehr auf!«

Völlig aufgelöst haben sich Evas Ängste allerdings noch nicht, ihr Alltag ist ein zäher Kleinkrieg mit der Panik: Die Ortsmitte macht ihr immer noch Schwierigkeiten, dafür kann sie aber allein einen Einkaufsbummel in der Kreisstadt machen – und fährt mit einem Taxi zurück. Zum Zahnarzt hat sie es neulich geschafft, mit Problemen verbunden ist dagegen noch der Besuch beim Friseur. Eva quält dort das Gefühl, festzusitzen und nicht mehr weg zu können, wenn sie es möchte. Geblieben ist Eva außerdem eine ausgeprägte Krankheitsangst: Schon bei den geringsten körperlichen Missempfindungen kann es ihr passieren, dass die Todesangst sie wieder packt. Für solche Situationen hat sich Eva einen kleinen Trick zurechtgemacht: »Ich stelle mir meinen Körper ganz genau von Kopf bis Fuß vor und sehe in Gedanken, wie gesund er ist – das hilft tatsächlich.«

Trotz all der Schwierigkeiten sieht Eva noch einen positiven Aspekt in ihrer Angst: »Ich bin insgesamt offener geworden, kann besser auf andere Menschen zugehen. Früher war ich nämlich ziemlich schüchtern. Und stärker fühle ich mich jetzt, viel stärker!«

Am Ende des Gesprächs fährt Eva plötzlich mit einer Hand in die Jackentasche, lächelt und holt einen Zettel hervor. »Ich genieße die Stunden, die vor mir liegen« steht drauf. »In einer Zeitschrift stand vor einiger Zeit was über positives Denken. Und dabei war auch der Tipp, Zettel mit ermutigenden Sprüchen mit sich zu nehmen, die man schnell hervorholen kann, wenn es einem nicht gut geht. Auf einem anderen Zettel steht zum Beispiel ›Ich bin voll Energie und Lebensfreude‹. Und ob

Sie es glauben oder nicht: Wenn ich heute noch mal ein Tief habe, dann helfen mir diese Sprüche, mich wieder daraus zu befreien.«

Gerd Schumacher, 39 Jahre alt, Großhandelskaufmann

»Seitdem ich in der Selbsthilfegruppe bin, geht es bei mir endlich bergauf. Manchmal denke ich, das ist jetzt wirklich mein zweites Leben.« Gerd Schumacher sprüht vor Ideen und Energie. Das war nicht immer so. Noch vor einem Jahr hätte Gerd fast vor der Angst kapituliert. Er wollte auf ein eigenständiges Leben verzichten und wieder zu seinen Eltern zurückkehren, um sich dort vor der Welt und den Menschen zu verstecken.

Fast 20 Jahre lang haben ihn Angst und Hoffnungslosigkeit gequält. Doch keiner der vielen Therapeuten und Ärzte, bei denen Gerd Rat suchte, fand heraus, dass es Angst war, die hinter den vielfältigen körperlichen Beschwerden steckte. Psychotherapeuten probierten die verschiedensten Verfahren. Schließlich war Gerd sogar zu Experimenten bereit, mit dem Ergebnis, dass die Angst erst richtig durchbrach. Ärzte verschrieben in großen Mengen stark wirksame Medikamente. Im Laufe der Jahre lernte Gerd die ganze Palette der Beruhigungsmittel, Antidepressiva und Neuroleptika kennen. Zum Schluss spülte er die Tabletten mit Bier herunter. Erst eine Psychologin, zu der ihn seine Krankenkasse wegen seines Alkohol- und Medikamentenmissbrauchs geschickt hatte, fand die richtige Spur.

»Ich musste wohl erst die vielen Schläge auf den Kopf bekommen, um aufzuwachen«, meint Gerd heute zu seiner langen Leidensgeschichte. Denn die Angst war nicht mit einem

Mal in sein Leben gekommen, sie hatte sich über Jahre entwickelt. Sie hatte sich zwar stets bemerkbar gemacht, nur Gerd hatte ihre Zeichen nicht erkannt.

Aufgewachsen in einer streng religiösen Familie im Schwäbischen, besucht Gerd die Hauptschule und macht anschließend eine Ausbildung zum Großhandelskaufmann. Währenddessen geht seine ältere Schwester aufs Gymnasium. Auch Gerd hätte gerne Abitur gemacht, doch eine Lese- und Schreibschwäche zu Beginn seiner Schulzeit, die inzwischen aber überwunden war, hatte den Besuch einer weiterführenden Schule verhindert. Gegenüber seiner Schwester kommt er sich minderwertig vor: »Sie erfüllte die Ansprüche meines Vaters, ich nicht.«

Gerd arbeitet noch eine Weile in seinem Beruf, beginnt aber dann, auf dem zweiten Bildungsweg das Abitur nachzumachen. Dazu muss er verschiedene Schulen und Kurse besuchen. Zweimal bricht er nach wenigen Wochen ab, weil er sich den Anforderungen nicht gewachsen fühlt. »Dabei bin ich niemals auch nur durch eine Prüfung gesaust. Ich habe immer vorher aufgegeben, weil ich dachte, das schaffe ich sowieso nicht.« Doch Gerd kämpft: In Abendkursen füllt er seine Wissenslücken zum Beispiel in Englisch und meldet sich wieder an der Berufsaufbauschule an. Diesmal klappt es. Mit 24 Jahren macht er an einem Wirtschaftsgymnasium das Abitur und entscheidet sich, Wirtschaftspädagogik zu studieren. »Ich hatte immer Spaß daran, mit anderen Menschen zusammenzuarbeiten, ihnen etwas beizubringen. Während der Lehre war ich ja auch schon Jugendscharführer gewesen. Da lag der Lehrerberuf nahe.«

Gerd meldet sich an der Uni Tübingen an und zieht zum ersten Mal von zu Hause weg. In Tübingen ist er aber nur unter der Woche während des Semesters. An den Wochenenden fährt er stets nach Hause: »Ich musste doch mit der Mannschaft

Handball spielen.« In den Ferien jobbt er. »So ein richtiges Studentenleben mit Ausgehen und Kneipe habe ich nie geführt, obwohl ich es gerne getan hätte. Ich war nicht so unbeschwert, vielleicht lag das daran, dass ich mir das Studium so sehr erkämpfen musste. Außerdem war ich sehr schüchtern.« Gerd lernt sehr viel, manchmal ganze Nächte hindurch, bis er Magenschmerzen bekommt. Er geht zum Arzt, der kann nichts finden, tippt auf seelische Ursachen und verschreibt ihm zum ersten Mal Beruhigungsmittel.

Nach drei Jahren entscheidet sich Gerd, die Uni zu wechseln. »Ich wollte mich von zu Hause abnabeln. Außerdem wechselt man ja wenigstens einmal die Uni, das ist eine ungeschriebene Regel.« Seine Wahl fällt auf die Uni Göttingen. »Die liegt im Norden, wo hochdeutsch gesprochen wird. Ich dachte, dort kann ich auch meinen schwäbischen Dialekt loswerden.« Doch in Göttingen kommt Gerd gar nicht mehr zurecht. Er spürt eine große Sehnsucht, mit Menschen zusammen zu sein. Aber er kennt keinen, seine wenigen Freunde sind im Süden geblieben. Gerd versucht, neue Kontakte zu knüpfen, doch es klappt nicht. Schon im letzten Semester in Tübingen hatte er nicht mehr viel studiert, sondern seine Tage in der Uni-Cafeteria verbracht. Das setzt er in Göttingen fort. In der Uni ist er aber nur noch ganz selten zu finden, dafür streift er durch die Fußgängerzone der Stadt, besucht Cafés und Kaufhäuser. Doch sobald sich ein Gespräch anzubahnen beginnt, bekommt er Angst vor der eigenen Courage, kann kaum ein Wort herausbringen und flieht. »So blieb ich allein unter Menschen.« Gerd versucht es mit einem Volkshochschulkurs in Selbstbehauptung. Doch auch der bringt nicht den gewünschten Erfolg. Eine Bekannte aus seinem Heimatort rät ihm zu einer Psychotherapie und gibt ihm die Adresse eines Therapiezentrums auf dem Lande in der Nähe von München. Er nimmt ein Urlaubssemester und begibt sich in Therapie: »Das war eine Primärtherapie nach Janov.«

In der Therapie wird ihm vieles aus seiner Kindheit bewusst: »Als kleiner Junge hatte ich zum Beispiel furchtbare Angst davor, es könnte mir eine Atombombe auf den Kopf fallen. Jedesmal, wenn ein Düsenjäger über unseren Schulhof brauste, rannte ich in panischer Angst davon. Die anderen Kinder haben mich natürlich ausgelacht.« Wahrscheinlich, so erklärt es sich Gerd heute, hat er damals aus Erwachsenengesprächen etwas von der Atombombe mitbekommen. Er traut sich aber nicht, seine Eltern zu fragen, und macht seine Angst allein mit sich aus. Auch der Grund für seine Scheu vor Frauen wird ihm klarer: Er ist gerade vierzehn, als seine ältere Schwester nach einem Rendezvous mit ihrem Freund abends zu spät nach Hause kommt. »Der Vater beschimpfte sie als Flittchen und wollte sie nicht ins Haus lassen. Daraufhin drohte sie, ins Wasser zu gehen. Das hat mir so viel Angst gemacht, dass ich danach mit dem anderen Geschlecht gar nichts mehr zu tun haben wollte. Ich dachte, das bringt nur Ärger, und wollte es aus meinem Leben streichen.«

Gerd mietet sich in der Nähe des Therapiezentrums ein Zimmer. In der Gemeinschaft mit den Menschen im Zentrum geht es ihm gut, er hat auch eine Freundin. Aber außerhalb des schützenden Raumes fühlt er sich so verloren wie immer. Die vielen Einzel- und Gruppensitzungen können seine Schüchternheit und Gehemmtheit nur wenig lindern. Nach einem halben Jahr entscheidet er sich, erst mal nicht nach Göttingen zurückzukehren, sondern in der Nähe des Zentrums zu bleiben. Seine Eltern unterstützen ihn dabei zunächst noch finanziell.

Zwei Jahre später zieht Gerd nach München. Er wohnt bei

einem Ehepaar, das er während der Therapie kennen gelernt hat, und findet auch schnell Arbeit. Die nächsten eineinhalb Jahre fühlt er sich so wohl wie nie zuvor. Er hat Freunde, fährt in Urlaub, die Arbeit macht ihm Freude. Auch das Studium ist noch nicht zu den Akten gelegt, er will, sobald er sich wirklich sicher fühlt, weitermachen. Doch dazu kommt es nicht mehr.

Im Urlaub verliebt er sich in eine junge Frau. »Obwohl gar nichts zwischen uns gewesen ist, plante ich schon eine gemeinsame Zukunft.« Die Frau ist völlig überrascht und zieht sich zurück. Dann zieht das Ehepaar, bei dem er wohnt, aufs Land. Gerd ist sehr traurig, er vermisst die Geborgenheit seiner Ersatzfamilie. »Kurz nachdem sie ausgezogen waren, fiel ich in ein Loch. Hoffnungslosigkeit machte sich breit. Ich war meines Schutzes beraubt, mit den fremden Wohnungsnachfolgern verbanden mich keine intensiven Gefühle.« Im Beruf hat Gerd bislang keine großen Probleme gehabt, er ist anerkannt, seine Vorgesetzten wissen seine Kreativität und sein Engagement zu schätzen. Doch nun wird Gerd krank und fehlt, Magenbeschwerden. Schließlich verliert Gerd seine Arbeitsstelle und ist ein ganzes Jahr arbeitslos. In dieser Zeit treten die erste Depression und Zukunftsängste auf. Ein Neurologe verschreibt ihm deswegen ein Antidepressivum.

Doch Gerd gibt die Hoffnung noch nicht auf. Er ist sich sicher, dass er mit der richtigen Therapie den Knoten in sich lösen kann. Da die bisherigen Versuche nicht viel genutzt haben, versucht er es »mit Gewalt«. Freunde aus dem Therapiezentrum haben ihm von LSD-Versuchen erzählt, die bei »therapieresistenten Menschen wie mir« geholfen hätten. Gerd lässt sich zu einer »LSD-Therapie« überreden, er will damit seine Abwehr knacken. Beim ersten Mal, ein Freund ist bei ihm, passiert überhaupt nichts. Beim zweiten Mal ist er allein. »Nach kurzer Zeit war ich völlig außer mir. Es war der reinste Horror.« Gerd erlebt eine mehrstündige Panikattacke. Verzweifelt versucht er die Orientierung zu behalten, kämpft darum, nichts Unkontrolliertes zu tun. Er nimmt von seinen Beruhigungsmitteln, nach drei Stunden ist der Angstanfall überstanden.

Doch die Anfälle kommen wieder, ohne Droge. Zum ersten Mal eine Woche später, dann in kürzeren Abständen. Innerhalb weniger Minuten gerät Gerd in höchste Erregung, sein Puls rast, er zittert und bebt und empfindet panische Angst, verrückt zu werden und die Kontrolle zu verlieren. »Die Droge hatte den Damm brechen lassen. Die ganze Angst, die sich in mir jahrelang aufgestaut hatte, kam jetzt heraus. Aber es hätte auch ein anderer Anlass sein können, die Droge war nur der Mittler, ein Katalysator. Aber genau das hatte ich ja auch so gewollt.« Die Anfälle kommen urplötzlich, er kann sie nicht voraussehen: anfangs hauptsächlich zu Hause, manchmal sogar im Schlaf, dann beim Autofahren, in den Pausen des Lehrgangs, den Gerd gerade besucht. Er hat trotz Panikattacken inzwischen wieder angefangen zu arbeiten.

Später gibt es Situationen, in denen sie immer auftreten. Zum Beispiel, wenn er seine Eltern besuchen will. »Den Albaufstieg am Aichelberg, ein sehr kurvenreiches und steiles Autobahnstück, habe ich nie ohne Panikzustand überstanden.«

Gerd geht wieder zum Neurologen, der verschreibt ihm nun Neuroleptika. »Ich überstand keinen Anfall mehr ohne Tabletten. Ich klammerte mich an sie. Sobald ich spürte, dass es wieder so weit war, nahm ich eine oder zwei. Trotzdem dauerten die Zustände meistens eine Stunde, manchmal sogar länger.« Er zieht sich zurück, geht kaum noch aus, trifft sich nicht mehr mit Freunden. »Ich wusste ja nicht, wann der nächste Anfall kommt.« In der Firma engagiert sich Gerd fast bis zum Umfallen. Es ist ein kleiner Betrieb, stets am Rande des Konkurses. Gerd fühlt sich verantwortlich, arbeitet auch an den Wochenenden bis spät in die Nacht und bekommt trotzdem langsam Versagensangst. Während dieser Zeit trinkt er viel Alkohol, er fürchtet, abhängig zu werden. Nach einigen Monaten kann er die Arbeit kaum noch aushalten, schon der morgendliche Weg dorthin ist ihm eine Qual. Gerd fehlt erneut im Betrieb, kündigt und verbringt die Tage meist zu Hause. Inzwischen hat er eine eigene kleine Wohnung für sich allein und fühlt sich völlig hoffnungslos. Seine Eltern zeigen Verständnis: »Von Angst wollten sie zwar nichts hören, aber Depressionen kennt ja jeder; meine Mutter hatte manchmal auch damit zu kämpfen.«

Einige Monate später sucht er sich wieder eine Arbeit: »Ich hatte gemerkt, dass ich ohne Arbeit nicht mehr aus dem Loch komme. Gleichzeitig hatte ich aber fürchterliche Angst zu versagen. Die ersten beiden Stunden morgens waren schlimm. Schaffe ich es heute, oder kommt der nächste Anfall? Mir war schlecht vor Angst. Ich konnte nichts mehr essen, mein Magen revoltierte.« Der Neurologe verschreibt ihm weiter Beruhigungsmittel und Neuroleptika.

Eines Tages sitzt er vormittags auf einer Palette in der Firma: »Ich bekam überhaupt nichts mehr geregelt. Schon vorher war mir aufgefallen, dass etwas mit meiner Wahrnehmung nicht mehr stimmte. Manchmal sah ich mich beim Straßenüberqueren noch an der Bordsteinkante stehen. Tatsächlich war ich aber schon mitten auf der Fahrbahn. Waren das die vielen Tabletten? An diesem Tag zum Beispiel hatte ich morgens zwei Tabletten Taxilan® 100 – das ist ein Neuroleptikum – genommen.« Der Chef fährt ihn zum Neurologen. Der überweist ihn für sechs Wochen in eine psychosomatische Klinik, Gerd muss jedoch vier Wochen auf einen Platz warten. Die Ärztin, bei der

Gerd inzwischen auf Rat des Neurologen eine Psychoanalyse begonnen hat, ist dagegen: »Sie wollte mich allein heilen.« Er fährt trotzdem. Aus den sechs Wochen werden schließlich elf.

»Die ersten Tage in der Klinik waren schlimm. Sie setzten alle Medikamente ab. Außerdem fürchtete ich mich vor dem nächsten Panikzustand. Ich sagte das aber gleich bei der Aufnahme. Die Therapeuten boten mir an, im Fall des Falles nachts zu ihnen zu kommen. Das tat ich auch.« Mit der Zeit verschwindet seine Angst vor den anderen Patienten. Auch die Bewegungs- und vor allem die Gestaltungstherapie machen ihm Spaß. »Ich fand eine neue Möglichkeit, mich auszudrücken. Ein Bild sollte ein Erlebnis aus unserer Kindheit darstellen. Alle anderen malten bunte Bilder, meins war als einziges schwarzweiß.«

Im Winter kommt Gerd wieder nach München zurück. »Ich dachte, jetzt fängt mein zweites Leben an. Ich fühlte mich so wohl wie lange nicht.« Er findet wieder eine neue Arbeit – die alte Firma hatte ihm gekündigt –, trifft sich auch manchmal mit Kollegen in der Freizeit. Doch schon bald plagen ihn Sorgen, ob er den Anforderungen auch wirklich gewachsen ist. Die Psychoanalyse gibt er schließlich auf. Zwar hatte er noch eine Gruppentherapie begonnen, die auch seine Scheu vor Menschen linderte, aber mit der Therapeutin kommt er einfach nicht mehr zurecht. Er geht zu seinem Neurologen und bekommt vorbeugend wieder Beruhigungsmittel und später Antidepressiva. Innerhalb weniger Monate ist der alte Zustand wieder hergestellt. Zwar werden die Panikanfälle seltener, sie hören schließlich ganz auf, dafür treten die Magenbeschwerden und die Hoffnungslosigkeit in den Vordergrund. Gerd wird gekündigt, er bleibt eine Weile zu Hause, sucht eine neue Arbeit, wird wieder gekündigt. »Am 1. Juli habe ich dann das letzte

Mal gearbeitet. Ich hatte an diesem Tag wieder in der Firma angefangen, bei der ich ganz am Anfang gewesen war. Alle waren mit mir zufrieden und freuten sich. Doch schon am zweiten Tag konnte ich nicht mehr hingehen.«

Von nun an verbringt Gerd die Tage hauptsächlich im Bett. Er ist inzwischen 37 Jahre alt. Die Welt holt er sich mit dem Fernseher ins Haus, in die Wohnung lässt er keinen Menschen mehr. Sein Alkoholkonsum steigt, bisweilen spült er die Tabletten mit Bier herunter und isst fast nichts mehr. Wenig später bricht er morgens nach dem Aufstehen zusammen, er fällt einfach um. Gerd trinkt zur Beruhigung zwei Flaschen Bier. Er fällt wieder um, dann noch einmal. »Jetzt ist es aus«, denkt er und will schnell zum Neurologen. Auch auf dem Weg dorthin fällt Gerd erneut hin, verletzt sich im Gesicht. Der Neurologe ist in Urlaub, eine junge Ärztin vertritt ihn und ist entsetzt. Sie will Gerd sofort wegen Alkohol- und Medikamentenmissbrauch in die Psychiatrie einweisen. Er weigert sich. Seine Eltern sollen erst kommen, denn er hat Angst, dass man ihn in der Klinik behalten könnte. Die Eltern reisen sofort an, wenige Tage später geht Gerd freiwillig in die Klinik. Er bleibt drei Wochen. »Danach war ich mit Tabletten sehr vorsichtig.« Heute fasst er keine mehr an. Die Ärzte raten dringend zu einer Suchttherapie. Gerd lehnte ab, er möchte wegen seiner Angst behandelt werden. Seine Krankenkasse zeigt sich skeptisch, vermittelt ihm jedoch eine Psychologin, um die Diagnose abzuklären. Diese Therapeutin ist die Erste, die ihm wirklich helfen kann.

Gerd beginnt mit einer Gesprächstherapie, zunächst mit wöchentlichen Sitzungen, später werden die Abstände zwischen den Sitzungen länger. Zu Anfang der fast einjährigen Therapie spürt Gerd plötzlich agoraphobische Ängste. Auf der Straße überfallen ihn Schwindelgefühle, er fürchtet, gleich zusammenzubrechen. »Die hatte ich früher bestimmt auch, nur habe ich sie wegen der Tabletten nicht bemerkt.« Panikzustände treten jedoch nicht mehr auf. Mit Hilfe der Therapeutin lernt Gerd, diese Gefühle auszuhalten. Nach drei Monaten verschwinden sie langsam.

Im Laufe der Therapie erkennt Gerd die Botschaft seiner Angst: Er hat sich ständig überfordert, weil er dachte, wenn er seine Arbeit gut mache, würde er auch als Mensch akzeptiert und könne Zuneigung erfahren. »Mein Vater hat mich immer ganz klein gehalten und eigentlich nie wachsen lassen. Er hat stets Ergebnisse von mir verlangt, mir aber nie den Weg dorthin gezeigt. Außerdem hatte ich zu Hause nie die Möglichkeit, über das zu sprechen, was mich gerade bewegte.« So flüchtete sich Gerd in körperliche Beschwerden, vor allem die Magenbeschwerden, anstatt danach zu suchen, was ihm und seinen Interessen entsprach. »Ich bin einfach nicht erwachsen geworden und habe die Verantwortung für mich nicht übernommen. Auch mein Tablettenkonsum gehört dazu: Tabletten waren meine Ersatzbezugsobjekte, meine Ersatzeltern und Ersatzfreunde. Sie ersetzten meine fehlende innere Sicherheit. Deswegen musste ich immer wieder in diese Löcher fallen, um zu verstehen, was Leben überhaupt heißt. Langsam löse ich mein Eltern-Ich in mir auf und komme näher zu meinem eigenen Ich.«

Dabei hilft ihm auch die Selbsthilfegruppe. Gerd rief sie selber ins Leben. Denn nach Abschluss der Therapie steht er vor der Wahl: »Entweder gehe ich wieder nach Hause zurück zu meinen Eltern und führe dort ein geschütztes Dasein, oder ich mache einen allerletzten Versuch des Neubeginns.« Er entscheidet sich für den Neubeginn, sucht per Zeitungsanzeigen Leidensgenossen. Nach einiger Zeit finden sie einen Raum im örtlichen Selbsthilfezentrum, wo sie sich wöchentlich treffen. Inzwischen gibt es bereits drei Gruppen. Derzeit planen sie eine kleine Informationsbroschüre für Angstpatienten und Agoraphobiker.

Wieder engagiert sich Gerd sehr stark, organisiert Fahrdienste für Mitglieder, macht Hausbesuche bei Interessenten, die sich noch nicht aus dem Haus trauen. Außerdem hat er einen Aushilfsjob als Fahrer. Aber es ist anders als früher. Wenn er merkt, dass ihm etwas zu viel wird, er zu hohe Ansprüche an sich stellt, wieder von Termin zu Termin hetzt, sich seine Gedanken überschlagen, dann schaltet er einen Gang zurück. In letzter Zeit klingelte zum Beispiel bei ihm ständig das Telefon, er kam kaum noch zur Ruhe. Doch diese nimmt er sich jetzt: Er meldete sich eine Woche ab und fuhr zu seinen Eltern, um auszuspannen. Die Eltern beginnen, ihren Sohn langsam wirklich zu verstehen. Als er kürzlich von der Selbsthilfegruppe erzählte, sagte sein Vater zu ihm: »Mach weiter so.«

Elisabeth Rennert, 37 Jahre alt, selbstständige Steuerberaterin

An ihre erste Panikattacke kann sich Elisabeth Rennert noch ziemlich genau erinnern. Nur: dass das eine Panikattacke war, hat sie damals noch nicht gewusst.

»Es war Anfang Dezember in Frankfurt«, erzählt sie. »Ich saß abends in der Straßenbahn und wollte Freunde am anderen Ende der Stadt besuchen. Mit der Straßenbahn fuhr ich immer gerne, das war für mich wie eine Stadtrundfahrt. Außerdem fand ich es immer sehr spannend, die Menschen zu beobachten und mir anhand ihrer Gesichter ›ihre Geschichte‹ auszudenken. Aber an diesem Abend war alles anders als sonst.« Die Bahn ist noch keine zwei Stationen gefahren, da wird Elisabeth ganz merkwürdig: »Ich konnte kaum noch schlucken und atmen, begann zu schwitzen und fühlte mich furchtbar nervös. Zunächst dachte ich an Kreislaufstörungen. Doch die, die ich kannte, waren immer anders gewesen. Ich konzentrierte mich dann auf die Werbeplakate in der Bahn, wurde aber das seltsame Gefühl nicht los, dass zwischen mir und dem Rest der Welt plötzlich eine Glaswand war. Ich war da, aber auch wieder nicht, irgendwie richtig außerirdisch. Und plötzlich bekam ich panische Angst.«

Elisabeth hält es mit eiserner Energie noch bis zur Haltestelle Opernplatz aus, wo sie sowieso umsteigen muss. Nachdem sie sich einen Moment lang auf einer Bank ausgeruht hat, ist alles wieder ganz normal. Sie macht sich erst mal keine weiteren Gedanken. Doch die merkwürdigen Zustände kommen wieder. In der Straßenbahn, dann beim Einkaufen, auf dem Fußweg zur Uni und zur Arbeit und dann auch zu Hause am Schreibtisch.

»Inzwischen war ich aber überzeugt, dass es sich doch um Kreislaufstörungen handelte. Ich saß ja fast den ganzen Tag von frühmorgens bis spät nachts am Schreibtisch, weil ich gerade für das Examen in Betriebswirtschaftslehre lernte. Und auch in der Bank, in der ich seit Jahren dreimal in der Woche jobbte, saß und saß ich. Außerdem rauchte ich wie ein Schlot und hatte durch die Aufregung um den Tod meiner Mutter ein Jahr zuvor ziemlich viel abgenommen.« Elisabeth geht zum Arzt. Da sie schon mit der fertigen Diagnose kommt, dauert der Besuch nicht lange: Ihr Blutdruck ist wirklich im Keller, und auch ihre Eisenwerte sind schlecht. Versorgt mit Kreislauftropfen und Eisenpillen macht sich Elisabeth auf den Nachhauseweg. Und tatsächlich: Die merkwürdigen Zustände verschwinden.

Aber nicht lange: »Später ist mir dann auch klar geworden, dass es zwei Ereignisse waren, die mir den Rest gegeben hatten. Das erste war eine Art Gerichtsverhandlung beim städtischen Rechtsamt. Ich hatte in den letzten Jahren Wohngeld von der Stadt bekommen, das man mir nach dem Tod meiner Mutter gestrichen hatte. Schon über die Begründung habe ich mich wahnsinnig aufgeregt: Nun sei ja wieder Platz im Hause, ich könne entweder dort wohnen, oder mein Vater könne ein Zimmer vermieten und mir das Geld geben. Nur wenn ich nachweisen könne, dass mir das unzumutbar sei, bekäme ich weiter Wohngeld. Und genau das wollte ich auch, denn ich bin bei meiner Großmutter aufgewachsen und hatte mit meinem Vater aus vielerlei Gründen nichts zu tun.«

Elisabeth legt Widerspruch gegen den Bescheid ein und muss daraufhin vor einem Ausschuss erscheinen, um Rede und Antwort zu stehen. Die Fragen sind jedoch so persönlich, dass ihr die Nerven durchgehen: »Ich habe getobt und geschrien, bis ich einen Weinkrampf bekam. Das Wohngeld wurde übrigens genehmigt. Und nicht nur das: Der Vorsitzende des Ausschusses besuchte mich wenig später, um nachzusehen, ob es mir besser geht. Das fand ich wirklich sehr nett. Er tat mir irgendwie leid, er hatte ja keine Ahnung, was los war.«

Kurz darauf muss Elisabeth von der Uni aus für zehn Tage mit einer kleinen Studentengruppe in die Stahlregionen Frankreichs und Belgiens fahren. Sie hat zwar keine Lust dazu, braucht aber die Bestätigung für das Examen. Doch so schlimm scheint es gar nicht zu sein: »Die Fahrt war ganz interessant. Während der oft stundenlangen Fahrten von einem Stahlwerk zum anderen schaute ich aus dem Fenster und dachte nach. Wie die Landschaft vorbeiflog, rauschten auch die Gedanken durch meinen Kopf, vor allem über das vergangene Jahr. Das fiel auch zwei anderen Teilnehmern auf. Ich kannte sie nicht, sie mich auch nicht, was sie aber nicht daran hinderte, mich zu analysieren. Das war damals ja ziemlich in Mode. Ich habe nur noch einen Satz von ihnen im Gedächtnis, aber der hatte mir schon gereicht: ›Wenn ich nicht ab und zu so herzhaft lachen würde, könnte man denken, ich sei arrogant und hätte ziemliche Probleme mit anderen Leuten.‹ Dabei wollte ich nur endlich mal meine Ruhe haben.«

Wenig später in einem Café kommt die erste neue Panikattacke. Elisabeth flieht aus dem Raum, was sonst aber niemandem auffällt. »Glücklicherweise war das schon auf der Rückfahrt.« Von da an kommen die Anfälle immer häufiger, manchmal sogar zweimal am Tag. Innerhalb kürzester Zeit sind Straßen- und U-Bahn, Kaufhäuser, Kino, Kneipen für Elisabeth unerreichbar. Seminare übersteht sie nur noch mit intensivem Stricken in der hintersten Reihe bei geöffnetem Fenster: »Vom Stoff habe ich überhaupt nichts mehr mitbekommen.« Auch in der Bank geht es nicht mehr, jedes Geräusch, jeder Kunde versetzt Elisabeth in Panik. Schließlich geht sie zu ihrem Chef und nimmt drei Monate unbezahlten Urlaub »wegen Examens«. Aus den drei Monaten werden schließlich fast zwei Jahre.

»Von dem Tag an, an dem ich in der Bank aufhörte, ging ich so gut wie überhaupt nicht mehr aus dem Haus. Höchstens gegen Abend, wenn es schon dunkel wurde, schlich ich mich die 200 Meter zu dem türkischen Gemüsehändler an der Ecke und kaufte halb ohnmächtig vor Angst ein. Oft habe ich nur die Hälfte von dem kaufen können, was ich eigentlich wollte.«

Zu Hause in der Wohngemeinschaft fällt Elisabeths Zustand zunächst gar nicht auf. Ihre Mitbewohner sind mit ihren eigenen Problemen beschäftigt. Dem einen ist gerade die Freundin weggelaufen, die andere brütet über ihrer Examensarbeit. Später stehen die Mitbewohner ziemlich ratlos vor Elisabeths Problemen. Außerdem kommt sie ja innerhalb des Hauses ganz gut klar: Ihr Freund wohnt in der Nachbarwohngemeinschaft. »Wir saßen oft alle zusammen und spielten Karten oder Gitarre. Dass die Beziehung zu meinem Freund eine einzige Katastrophe war, konnte ich mir damals nicht eingestehen. Wir hatten uns eigentlich nichts zu sagen.«

Der Kontakt zu den meisten anderen Freunden geht verloren, sie büffeln mittlerweile alle für das Examen. Elisabeth aber hat die Bücher erst mal wieder zugeklappt. »Aber nicht etwa deswegen, weil ich Angst vor der Prüfung selbst gehabt hätte, die traute ich mir komischerweise immer zu. Ich wusste nur nicht, was ich in diesem Zustand danach machen sollte.«

Als Nächstes fängt Elisabeth an zu trinken. Innerhalb weniger Wochen braucht sie pro Abend mindestens eine Flasche Wein, später mehr. Unter Vorwänden schafft sie es immer, dass ihr die Mitbewohner einen Vorrat mitbringen. Inzwischen aber geht ihr Geld zu Ende. »Heute denke ich, das war meine große Chance. Ich hielt mich zwar mittlerweile für mindestens schwer depressiv, wenn nicht schon leicht geisteskrank, aber ich wollte noch nicht aufgeben. Ich war immer eine Kämpfernatur gewesen, etwas war noch davon übrig geblieben.«

Elisabeth beginnt in Heimarbeit zu tippen. Erst schreibt sie Examensarbeiten ins Reine, später verfasst sie auch Referate und Vorträge gegen Honorar. Das spricht sich natürlich schnell herum, sie hat viele Aufträge. »Nach einiger Zeit hatte ich mich mit dieser Situation gut eingerichtet. Riefen Auftraggeber an, um einen Termin zu vereinbaren, bat ich sie gleich, mir dies und das aus der Stadt mitzubringen. Es fiel weiter nicht auf: Ich hatte halt viel zu viel zu tun und kam daher nicht zum Einkaufen.«

Eines Tages erscheint ein Student, den Elisabeth noch von der Uni her kennt und immer ganz sympathisch gefunden hatte. Sie kommen ins Gespräch. Mit der Zeit fasst sie Vertrauen zu ihm, auch weil sie weiß, dass seine Freundin Psychologin ist, er also nicht gleich abwehrend auf ihre Probleme reagieren wird. Das stimmt auch. »Ich weiß zwar nicht mehr genau wie, aber er machte mir klar, dass mein Zustand so ungewöhnlich gar nicht war und ich es doch einmal mit einer Psychotherapie versuchen sollte.«

Aus dem Stadtmagazin sucht sie sich die Anschrift eines Psychologen, ruft an und schildert ihren Fall. Der Therapeut erscheint ihr auch vertrauenswürdig, er besteht jedoch darauf, dass sie sich vorher von einem Nervenarzt untersuchen lässt. Aber genau das will sie auf keinen Fall: »Ich hatte nämlich Angst davor, dass ich in den Akten der Krankenkasse als geistig verwirrt geführt werden würde und mir das später Probleme machen könnte.« Eine Zeit später ruft der Psychologe an, fragt, ob sie schon beim Arzt gewesen sei. Elisabeth verneint dies, erklärt ihm dann aber ihre Gründe dafür. »Er erzählte mir, dass viele Menschen im Laufe ihres Lebens auch mal zum Nervenarzt müssen, für die Krankenkasse sei das etwas völlig Normales.« Daraufhin lässt sich Elisabeth vom Studentenarzt, den sie schon lange nicht mehr aufgesucht hat, zu einer Nervenärztin überweisen. Sie ist verblüfft, denn es scheint für ihn eine Selbstverständlichkeit zu sein, er fragt gar nicht, warum.

Der Weg zur Nervenärztin ist sehr schlimm, Elisabeth muss fast eine halbe Stunde mit der Straßenbahn fahren und murmelt die ganze Zeit: »Ich muss es schaffen, ich muss es schaffen.« Nachdem sie der Ärztin, die beim ersten Gespräch nicht viel Zeit hat, die Situation geschildert hat und auch erwähnt, dass sie das Examen verschoben hat, ist die Diagnose klar: »Prüfungsangst.« Sie erhält ein Rezept für ein Beruhigungsmittel, das sie aber nicht einlöst. Allerdings bestellt die Ärztin sie wieder zu sich.

Beim nächsten Mal muss Elisabeth sehr lange warten. Neben ihr sitzt eine Frau, die ihrer Mutter sehr ähnelt, mit ihrer Tochter, etwa in ihrem Alter. »Je länger ich dort saß, desto mehr stellte ich mir vor, die beiden könnten wirklich meine Mutter und ich sein. Ich war völlig fertig. Als ich endlich ins Sprechzimmer kam, bekam ich gleich einen Weinkrampf. Plötzlich hatte ich das Gefühl, dass mich die Ärztin nun ernster nahm. Diesmal schrieb sie eifrig in das Krankenblatt. Als ich ihr berichtete, dass ich zum Beispiel früher gerne in Kaufhäuser gegangen war, jetzt aber keinen Schritt mehr hinein wagte, nickte sie und meinte, diese Angst könne sie sich gut vorstellen. Auch das Wort Angst, an das ich selbst nie gedacht hatte, kam mir wie eine Erleuchtung vor.«

Bei diesem Besuch erklärt ihr die Ärztin auch den Therapieplan. Zunächst soll Elisabeth *Tolvin*® (ein trizyklisches Antidepressivum, siehe Seite 189) einnehmen. Die Dosis soll langsam gesteigert werden, bis die merkwürdigen Zustände, die Nervenärztin nennt sie Angstanfälle, aufhören. Danach soll Elisabeth mit der Psychotherapie beginnen, aber gleichzeitig regelmäßig zu ihr zur Kontrolle kommen.

Nach vier Wochen fühlt sich Elisabeth besser und beginnt bei dem Psychologen mit einer klientzentrierten Gesprächstherapie. Schon bei der Auswahl des Therapeuten hat sie darauf geachtet, dass er in ihrer Nähe praktiziert und sie zu Fuß hingehen kann. Am Anfang einigen sie sich darauf, dass sie abends kommt. Es ist inzwischen wieder Winter geworden, und in der Dunkelheit fühlt sich Elisabeth einfach sicherer. Später kommt sie dann auch nachmittags und zum Schluss, nachdem sie wieder in der Bank angefangen hat, in der Mittagspause. »Wie viele Stunden ich hatte, weiß ich gar nicht mehr genau, aber es waren über vierzig.« In den ersten Wochen hat Elisabeth zwei bis drei Sitzungen pro Woche, später nur noch eine. Insgesamt dauert die Therapie ein halbes Jahr.

»Nachdem ich meine Scheu vor dem mitlaufenden Tonband überwunden hatte (der Therapeut brauchte es für seine Supervision), redete ich stundenlang wie ein Wasserfall. Das ging mindestens drei Wochen lang so. Ich habe diesem fremden Mann Dinge erzählt, die ich vorher noch keinem Menschen anvertraut hatte: meine Kindheit, meine Schuldgefühle nach dem Tod meiner Mutter, ewig scheiternde Beziehungen zu Männern. Nachdem ich all das, was sich in den Jahren angesammelt hatte, erst mal sozusagen ausgespuckt hatte, machte ich tatsächlich eine kleine Pause. Bis dahin hatte der Therapeut außer ›Hm …‹ und ›Das kann ich verstehen‹ nichts gesagt, er konnte nichts sagen, weil ich ja ständig geredet hatte. Jetzt aber hakte er ein und forderte mich auf, mir selbst doch etwas mehr Zeit zu geben, in mich hineinzuhorchen, wie es mir denn jetzt gehe. Das war eigentlich die Wende.«

In den folgenden Sitzungen erkennt Elisabeth, dass eigentlich schon seit Jahren eine riesengroße Traurigkeit in ihr ist: »Ich war traurig über meine lieblose Kindheit, ich war traurig darüber, dass viele Menschen, denen ich vertraut hatte, ihr Wort nicht gehalten hatten. Und ich fühlte mich auch seelisch und geistig völlig heimatlos. Der Tod meiner Mutter hatte mir das noch einmal deutlich vor Augen geführt, aber ich wollte es nicht wahrhaben. Ich hüpfte weiter als etwas exzentrische Person, die aber für jeden anderen Verständnis hat, durch die Welt.«

Obwohl Elisabeth von da in den Therapiestunden meistens

schon die Tränen in den Augen stehen, bringt sie es aber nicht über sich, auch dort zu weinen. Sie schluckt wie immer die Tränen herunter. Aber zu Hause bricht alles durch. »Über Wochen habe ich mich nächtelang in den Schlaf geweint, bis irgendwann alles heraus war.« Gleichzeitig lernt Elisabeth, dass sie einfach besser auf sich aufpassen und sich von anderen Menschen und ihren Ansprüchen abgrenzen muss. Jahrelang nämlich ist sie auch stets der »seelische Mülleimer« ihrer Freundinnen und Freunde gewesen. »Nur, wie es mir ging, danach hat keiner gefragt, und ich hatte auch selbst nie darüber gesprochen. Als es mir dann wirklich schlecht ging, konnte ich das erst recht nicht.«

Nach fünf Monaten fühlt sich Elisabeth den Anforderungen des Alltags wieder halbwegs gewachsen. Sie geht wieder einkaufen, auch schon mal ins Kino, in die Kneipe, nur um die Straßenbahn und die U-Bahn macht sie immer noch einen großen Bogen. Bald meldet sie sich auch für das Examen an, das sie nach einem weiteren halben Jahr ohne jegliche Schwierigkeiten besteht. Das Trinken hat sie inzwischen längst wieder aufgegeben. Besagter Studienkollege erklärte ihr nämlich, Alkohol verhindere, dass erlernter Stoff vom Kurz- in das Langzeitgedächtnis wandert. »Jedenfalls sagte er das so, ich weiß nicht, ob das stimmt, aber es hat mich sehr beeindruckt.« Auch beschließt Elisabeth in Absprache mit ihrer Ärztin, die Medikamente abzusetzen. Das funktioniert ohne Probleme.

Doch nach dem Examen wird die Frage aktuell, die sie lange hinausgeschoben hat: »Und was jetzt?« Sie entscheidet sich zunächst einmal, eine Feuerprobe zu machen: »Ich wollte sehen, ob ich es wirklich allein schaffe.« Dazu meldet sie sich zu einem vierwöchigen Fortbildungskurs 500 Kilometer von Frankfurt entfernt an. Die lange Bahnfahrt verläuft ohne Probleme:

»Ich fühlte mich frei und unbeschwert, wie schon lange nicht mehr.« Auch das Seminar mit lauter fremden Menschen übersteht sie bestens, bis auf eine kleine Ausnahme: »Jeden Mittag, nach dem Mittagessen, beschlich mich zu Beginn der Nachmittagssitzung wieder ein leicht merkwürdiger Zustand. Allerdings bei weitem nicht so stark wie früher, eher ein leichtes Unwohlsein. Mit intensivem Kaugummikauen war es bald gut zu ertragen. Außerdem hatte diese Erscheinung für mich nun eine andere Bedeutung. Ich interpretierte sie als freundschaftliche Mahnung meiner Seele, auf sie zu hören.«

Dieser freundschaftliche Fingerzeig bleibt ihr auch noch in den folgenden vier Jahren erhalten. Elisabeth hat inzwischen eine Weiterbildung zur Steuerberaterin in einer großen Kanzlei begonnen. »Nachdem ich die Fahrt zum Seminar gemeistert hatte, fühlte ich mich auch der täglichen Straßenbahnfahrt zur Kanzlei gewachsen. Nur zweimal hatte ich am Anfang leichte Panikattacken. Ich blieb aber sitzen und fühlte mich danach gelöst und richtig unangreifbar.«

Fast jeden Nachmittag fühlt sich Elisabeth noch immer eine halbe Stunde lang unwohl. Erst als sie schon lange ihre Ausbildung abgeschlossen hat und daran denkt, sich als Steuerberaterin selbstständig zu machen, erkennt sie den Grund dafür: »Es war einfach ein ganz normales körperliches Tief nach dem Mittagessen, wie es wohl jeder Mensch hat. Doch ich sah aufgrund meiner Erfahrung eben eine ganz, ganz kleine Panikattacke. Dieses Missverständnis hatte für mich übrigens gute Folgen. Ohne den täglichen Fingerzeig hätte ich mich so schnell niemals selbstständig gemacht. So aber dachte ich, dass meine Seele das ständige Arbeiten in untergeordneter Stellung ohne Eigenverantwortung nicht verträgt und kündigte.«

Auch sonst hat sich Elisabeths Leben sehr geändert. Sie hat

neue Freunde gefunden, die ihr wirklich nahe sind, auch wenn sie sie nicht jeden Tag sieht. »Ich genieße das Alleinsein, weil ich nie einsam bin. Ich lese viel, kümmere mich um meinen Garten und den Ausbau meines kleinen Hauses.«

Ein Erlebnis möchte sie noch unbedingt loswerden: »Straßenbahn- und U-Bahn-Fahren war ja immer noch mit einem ganz kleinen mulmigen Gefühl im Kopf verbunden, deswegen trug ich gerne eine Sonnenbrille. Eines Tages vor fünf Jahren fuhr ich die Rolltreppe zur U-Bahn an der Frankfurter Hauptwache hinunter. Als ich die B-Ebene erreichte, nahm ich unwillkürlich die Sonnenbrille ab, weil ich besser sehen wollte. Plötzlich wurde mir das bewusst, und ich wusste: Ich habe es wirklich geschafft.«

Uschi Fäller, 29 Jahre alt, Hausfrau

Freitagabend auf der Landstraße zwischen Ansbach und Bamberg. Uschi Fäller, Hausfrau, 29, ist mit ihren beiden Söhnen Rainer (fünf) und Michael (zwei) auf dem Weg von ihrer Freundin, die sie in Kitzingen besucht hat, zu ihrer Mutter in Erlangen. Auch ihr Mann wartet dort auf sie. Damit sie die Kinder dann gleich ins Bett bringen kann, hat sie sie schon vor der Abfahrt bettfertig gemacht, sie sitzen in Schlafanzügen auf dem Rücksitz. Ganz plötzlich wird Uschi von einer unerklärlichen Angst gepackt. Ihre Hände und Lippen beginnen sich zu verkrampfen, nur mit Mühe kann sie noch die Straße vor sich sehen. Ihr Herz rast, sie zittert am ganzen Leib, meint, einen Herzanfall zu erleiden und sterben zu müssen. Mit größter Mühe schafft sie es noch bis in den nächsten Ort, wo sie mehr zufällig die Praxis einer Ärztin findet. »Die Ärztin wusste mit mir offensichtlich nicht viel anzufangen. Sie fragte mich, ob ich Drogen genommen hatte, schloss mich samt den Kindern im Wartezimmer ein und kam nach einiger Zeit mit einem Glas Limonade und einer trockenen Semmel wieder. Da ich immer noch völlig außer mir war und hemmungslos weinte, gab sie mir eine Beruhigungstablette. Schließlich war ich wieder so weit bei Sinnen, dass ich die Ärztin bitten konnte, mir ein Taxi zu rufen, das die Kinder und mich nach Erlangen fuhr.« Die Tablette wirkt stark: Uschi will nur noch schlafen, und da sie am Samstag die zweite Tablette nimmt, die die Ärztin ihr mitgegeben hat, setzt sich der Dämmerzustand bis zum Sonntag fort. Als ihr Kopf wieder klarer wird, kommt der nächste Angstanfall. »Da dachte ich mir schon, dass das Ganze seelische Ursachen haben müsste, und schlug meiner Mutter voller Verzweiflung vor, mich in die Nervenklinik zu bringen. Aber sie rief lieber den ärztlichen Notdienst an.« Der Notarzt fackelt nicht lange, drückt Uschi eine Packung *Lexotanil®* (ein Benzodiazepin, siehe Seite 197) in die Hand und meint: »So was haben viele Frauen in Ihrem Alter. Nehmen Sie diese hier, dann wird's schon wieder.«

Nach zwei Tagen liest Uschi den Beipackzettel, der unter anderem vor Medikamentensucht warnt, und bekommt es mit der Angst zu tun. So setzt sie das *Lexotanil®* ab. Prompt kommen die Angstanfälle wieder. Sie dauern zwar jeweils nur ein paar Minuten, aber Herzrasen, Krämpfe, Zittern, Kälteschauer und die Angst, verrückt zu werden oder zu sterben, quälen Uschi schrecklich. Der Alltag mit den beiden Kindern zu Hause – Rainer hat noch keinen Kindergartenplatz bekommen – ist für Uschi kaum noch erträglich: »Ich meinte, unter der Last der Verantwortung zu ersticken. Dazu kam noch, dass ich die Kinder ja von meiner Angst nichts merken lassen wollte. Aber es wurde immer schlimmer. Denn mit jedem neuen Anfall steigerte sich noch meine Angst vor dem nächsten.«

Uschi geht zu ihrem Hausarzt. Der bestätigt ihren Verdacht, dass die Anfälle seelische Ursachen haben müssen, und verschreibt ihr Tranquilizer, damit sie – wie er sagt – »erst mal weiterleben kann«. Außerdem schlägt er ihr eine Psychotherapie vor. Uschi hält das für unmöglich, denn sie meint, dass sie in ihrer kleinen Stadt keinen Therapeuten findet. Und nach München fahren – das ist nicht mehr drin. Autofahren hat sie schon nach dem ersten Anfall aufgegeben. In die S-Bahn traut sie sich auch nicht, weil sie Panik kriegt, sobald sich die automatischen Türen schließen. Innerhalb von sechs Wochen hat sich Uschis Bewegungsradius bis auf Haus und Garten reduziert. Einkaufen im Supermarkt ist ihr nur noch unter Qualen möglich. Einziger Lichtblick in dieser Zeit: der Spielkreis, den Uschi mit ihren beiden Söhnen besucht. Der Weg dorthin fällt ihr nicht schwer, und nach den wöchentlichen Treffen geht es ihr kurzzeitig besser.

Hier tut sie schließlich auch den ersten Schritt aus ihrer Angst heraus. »Bei einem Treffen bekam ich einen richtigen Heulkrampf, als die Leiterin den Raum betrat. Ich konnte einfach nicht mehr, ich wollte, dass die Leiterin mich sieht und auch merkt, wie schlecht es mir geht.« Die Leiterin nimmt Uschi mit ins Nebenzimmer, tröstet sie und vereinbart mit ihr regelmäßige Gespräche. »Es war keine Psychotherapie im klassischen Sinne«, sagt Uschi heute, »es waren mehr Gespräche von Frau zu Frau.« Schon nach einigen Stunden weiß Uschi, dass ihre Angstanfälle nicht »aus heiterem Himmel« und ohne Grund gekommen sind.

Etwa ein Jahr vor der ersten Panikattacke war ihr Vater gestorben. Außerdem sind ihr Mann und sie gerade erst umgezogen in eine größere Wohnung in einer Kleinstadt bei München. Für Uschi ist das das Ende ihrer Hoffnungen gewesen, in ihre Heimatstadt Erlangen zurückzukehren, an der sie sehr hängt. Vom Zeitpunkt des Umzugs an war, wie Uschi sagt, die Vergangenheit über sie hergefallen. Sie kam ins Grübeln, machte sich dauernd Vorwürfe, dass sie ihr Leben falsch angepackt hatte. Sie hatte Erlangen verlassen, war nach München gegangen, hatte dort ihren Mann kennen gelernt, sich seinetwegen von ihrem Erlangener Freund getrennt – all das war ihr plötzlich verkehrt erschienen. Und deshalb war sie zu ihrer Freundin nach Kitzingen gefahren, der sie zum ersten Mal all diese Gedanken schilderte. Auf dem Rückweg war die Angst gekommen. Noch etwas wird Uschi durch die Gespräche klar: Ihre Angst vor dem Autofahren hat eine tiefere Ursache als den Wunsch, nicht noch einmal solch einen Anfall zu erleben. Das Auto ist für sie auch ein Symbol für den Wunsch, aus ihrem Leben, von ihrer Familie wegzufahren – und davor hat sie gleichzeitig Angst. Zwar tut es Uschi gut, diese Zusammenhänge zu erkennen und über sie zu sprechen, aber ihre Angst wird dadurch noch nicht viel weniger.

Es kommt der August, die Sommerferien beginnen, kein Spielkreis und keine Gespräche mehr. Uschi fühlt sich nur noch leer, gleichgültig, trostlos. »Wenn mein Mann mich abends im Bett streichelte, liefen mir still die Tränen in Strömen über die Wangen. Dabei war er sehr teilnahmsvoll und fürsorglich. Er behandelte mich geradezu wie ein rohes Ei und war dabei sehr verunsichert. Eine körperliche Ursache wäre ihm wahrscheinlich auch lieber gewesen. Ich kam mir jedenfalls nur noch hohl und hässlich vor. Mein Leben, so meinte ich, sei gelaufen.« Im September kommt Rainer endlich in den Kindergarten. Aber das ist für Uschi keine Entlastung, im Gegenteil: Jetzt geht die

Angst erst richtig los. Immer beim Abholen aus dem Kindergarten wird Uschi von Panik gepackt. »Ich rannte zum Kindergarten, zog Rainer hastig an und tobte wieder nach Hause. Nur so konnte ich den Weg überhaupt machen!«

In ihrer Verzweiflung versteigt sich Uschi in den Gedanken, ihr Leiden müsste doch körperlich bedingt sein. Erste Station ihrer Ärzte-Odyssee: ein Internist. Der untersucht sie von Kopf bis Fuß und meint dann: »Wie schön für Sie – Sie sind kerngesund.« Auf Uschis Frage, ob die Beschwerden seelische Ursachen haben könnten, lacht er nur.

Zweite Station: Ein Nervenarzt, denn Uschi hat den Verdacht, an einem Gehirntumor zu leiden, so wie ihr Vater, der daran starb. Merkwürdigerweise ängstigt Uschi diese Vorstellung noch nicht einmal so sehr, denn, so denkt sie sich: Dagegen könnte man wenigstens noch etwas unternehmen! Aber auch der Nervenarzt bestätigt ihr völlige körperliche Gesundheit, gibt ihr allerdings eine neue Packung Tranquilizer mit dem Hinweis: »Wenn Sie die nehmen, wird's besser, wenn nicht, kann die Angst chronisch werden!« Uschi geht mit den Beruhigungsmitteln allerdings äußerst sparsam um, nicht nur aus Angst vor der Sucht, sondern auch, weil sie ihre Gedanken und Gefühle nicht damit übertünchen will.

Dritte Station: eine Frauenärztin. Sie widerspricht Uschis Verdacht, dass die Beschwerden von der gelegten Spirale herrühren. Uschi lässt sich durch all diese Diagnosen nicht beruhigen. Eines Tages wacht sie in Panik auf mit der Überzeugung: »Ich habe Multiple Sklerose.« Immer wieder überprüft sie, ob sie noch alle Körperteile bewegen kann, ob sie noch ein Gefühl in Händen und Füßen hat.

Schließlich geht Uschi doch wieder zu ihrem Hausarzt und bittet ihn, ihr eine Psychotherapie zu verschreiben, und das ist die Wende in Uschis Leidensweg. »Der Arzt vermittelte mich an eine Psychologin in der Frauenberatungsstelle der Caritas. Ich weiß noch, wie ich zur ersten Stunde kam und erst einmal sagte: ›Sie denken sicher, ich bin verrückt.‹ Tatsächlich hatte ich den Verdacht selbst. Die Therapeutin war entsetzlich schweigsam. So fing ich an zu reden, erzählte alles durcheinander, Stunde um Stunde in den ersten Wochen. Erst allmählich kam eine Reihenfolge in meine Schilderungen, und ich merkte schnell: Das Weggehen aus Erlangen, meine Partnerwahl, mein jetziges Leben waren kein Zufall.«

Uschi stellt auch fest, dass sie unter dem eigenen Anspruch, perfekt zu sein, fast erstickt wäre. »Ich wollte ein bestimmtes Idealbild erfüllen: als verheiratete Frau mit zwei gelungenen Kindern, die Frau, die alles mühelos wegsteckt und nie unbeherrscht ist, immer fröhlich, ihr Haushalt tiptop.«

Diesmal bringen die Gespräche schnell eine Besserung, und Uschi lebt nur noch von einem wöchentlichen Termin zum anderen. Ihr wird leichter ums Herz, und Stück für Stück fängt sie an, ihren Bewegungsspielraum wieder zu erweitern.

Bis die Vorweihnachtszeit kommt. Uschis Mutter und Schwester haben sich für die Feiertage angesagt – für Uschi eine albtraumartige Vorstellung, denn sie will, dass vor ihrer Familie alles ganz normal aussehen soll. Aber so weit ist sie noch lange nicht. Sie beschließt, mehr auf Medikamente als auf sich zu vertrauen, und geht wieder zum Nervenarzt. Der verordnet ihr wieder Tranquilizer, diesmal allerdings in Spritzenform, einmal wöchentlich von der Arzthelferin verabreicht. Der Erfolg: Unter dem Weihnachtsbaum bricht Uschi zusammen, bekommt Panik, weint hemmungslos, kann die ganzen Feiertage über nichts essen. Wieder geht sie zu ihrem Hausarzt, diesmal bittet sie ihn um die Zustimmung zu einer psychosomatischen

Kur. Zwei Erlebnisse aus dieser Kur sind ihr bis heute deutlich in Erinnerung: »Obwohl es mir im Februar, als ich die Kur antreten konnte, schon wieder recht gut ging, verordnete mir der Oberarzt als erstes *Truxal*® (ein Neuroleptikum, siehe Seite 208). Davon bekam ich solche Bewegungsstörungen, dass ich es schnell wieder absetzte. Und eine gute Erfahrung machte ich: Als (platonischen!) Kurschatten lernte ich den tollsten Mann in der Kurklinik kennen. Wir hatten so viel Spaß miteinander, alle haben mich beneidet – es war herrlich! Plötzlich fühlte ich mich gar nicht mehr hässlich und alt, sondern richtig begehrenswert!«

Danach folgt nur noch – so berichtet Uschi – ein großer Angstanfall: »Es war im folgenden Mai, meine Kitzinger Freundin war zu Besuch. Da bekam ich den letzten großen Panikanfall, mit Zittern, Heulen und allem Drum und Dran. Zum Glück hatte meine Therapeutin sofort Zeit. Ich fuhr hin, heulte wie ein Schlosshund – was sie eigentlich genau gesagt hat, weiß ich heute gar nicht mehr. Aber als ich aus dem Zimmer kam, wusste ich plötzlich genau:»So, jetzt ist es gut.« Trotzdem geht Uschi noch eine Weile zu der Therapeutin: »Diese Stütze brauchte ich einfach noch.« Nebenbei fängt sie an, angstbesetzte Situationen zu üben, Stück für Stück: S-Bahn-Fahren, ins Auto steigen ... Plötzlich findet sie Gefallen daran, Herausforderungen anzunehmen, etwas zu wagen. Und schließlich wird es für Uschi wieder zur Routine, den Alltag mutig in Angriff zu nehmen.

Aber noch etwas anderes macht es Uschi leichter, mit dem Alltag umzugehen. In der Therapie hat sie nicht nur gelernt, mit dem Unveränderbaren aus der Vergangenheit zu leben, sondern auch mit dem, was sie wirklich kann, nicht mit dem ständigen Anspruch auf Perfektion in allen Gebieten.

Uschi ist auch kämpferischer geworden. Sie lässt es nicht mehr zu, dass ihr Mann, der gerne alles »stimmig« will, jedem Konflikt um der Harmonie willen ausweicht. »Ich will reden – da kämpfen wir jetzt oft drum.«

Ein knappes Jahr nach dem letzten großen Angstanfall fängt Uschi an, halbtags in der Verwaltung zu arbeiten. Ihr Job ist anspruchsvoll, sie hat mit vielen Menschen zu tun und muss im Außendienst viel mit dem Auto fahren. Aber das ist jetzt keine Schwierigkeit mehr.

Therapien – oder: Wie man lernen kann, mit der Angst richtig umzugehen

Weshalb immer noch so viele Ärzte hilflos vor der Angst stehen

»Und dann bin ich zu meinem Hausarzt gegangen, weil ich mir dachte, vielleicht ist es ja irgendetwas Körperliches.« Kaum ein Bericht von Angstbetroffenen, in dem dieser Satz nicht vorkommt. Der Haus- oder Notarzt ist meist der erste Fachmann, bei dem Menschen mit Panikattacken Hilfe suchen. Doch leider finden sie noch viel zu häufig weder bei diesen, noch bei den vielen anderen Ärzten, die sie dann konsultieren, tatsächlich Hilfe. Obwohl in den vergangenen Jahren fast jede Fachzeitschrift für den Hausarzt einen oder mehrere Fachbeiträge zum »Beratungsproblem Angst« veröffentlichte, erkennen immer noch viel zu wenig Ärzte auf Anhieb, was sich hinter dem scheinbaren Herzanfall des 25-jährigen Freizeitfußballers oder den ständigen Kreislaufzusammenbrüchen der 32-jährigen Marketingfachfrau wirklich verbirgt. Innerhalb der letzten zwölf Jahre ist die Zeitspanne, bis Panikpatienten endlich erfahren, woran sie wirklich leiden, nur von sieben auf durchschnittlich fünf Jahre gesunken. Und selbst wenn dann endlich ein Arzt die richtige Diagnose stellt – das sei hier schon vorausgeschickt –, heißt das noch lange nicht, dass dann auch gleich die richtige Therapie erfolgt.

Dabei bräuchten Ärzte eigentlich ja nur ihren gesunden Menschenverstand bemühen, um die richtige Diagnose zu finden. Zwar erkennen die Betroffenen meist selbst noch nicht, dass ihr Leiden seelische Ursachen hat, aber das Wissen darüber, dass Seele und Körper bei der Entstehung von Krankheiten zumindest zusammenwirken, ist so alt wie die Heilkunde. Und die Schätzungen, wie viele der Leiden, deretwegen Menschen einen Arzt aufsuchen, seelisch bedingt sind, liegen zwischen 40 und 50 Prozent. Der Volksmund kennt eine Menge Bilder, die das Gefühl der Angst mit ihren körperlichen Ausdrücken verbinden: Ein Mensch hat »Fracksausen« oder »Schiss«, er »schwitzt Blut und Wasser«, es »schnürt ihm die Kehle zu«, er hat »einen Kloß im Hals« und »das Herz schlägt ihm bis zum Halse«. Überdies stammt das Wort Angst vom Lateinischen »Angina« = Enge, was jeder Medizinstudent bereits im ersten Semester im medizinischen Terminologiekurs lernt.

Könnte ein Arzt danach nicht zumindest vermuten, dass ein anfallartiges Auftreten von Atemnot und Herzrasen, Schweißausbrüchen und Ohnmachtsgefühl von plötzlicher, sehr starker Angst verursacht sein könnte? Offenbar nicht, denn viel zu viele Ärzte wählen immer noch einen der folgenden Wege:

- Sie drehen die Patienten so lange durch die Diagnosemühle, bis sie tatsächlich eine körperliche Fehlfunktion finden, die sie dann für die vermeintliche Ursache halten. Und wundern sich dann, wenn die Therapie nichts ausrichtet.
- Sie finden einen klangvollen Namen für die Beschwerden, in dem gerne die Wörter »vegetativ« oder »funktionell« vorkommen: »vegetatives Syndrom«, »psychovegetative Labilität«, »funktionelle Störung« oder »vegetative Dystonie« etwa. Abgesehen davon, so teilen die Ärzte dann ihren Patienten frohgemut mit, seien sie kerngesund und sollten doch froh sein. Vielleicht geben sie ihnen zusätzlich ein kaum wirksames Kreislaufmittel mit oder neuerdings auch etwas »Pflanzliches« fürs Nervenkostüm.

- Die Ärzte merken, dass die Beschwerden keine körperliche Ursache haben können, behandeln sie aber trotzdem mit hochwirksamen Medikamenten für organisch verursachte Beschwerden, zum Beispiel Asthmaspray gegen Erstickungsgefühle, Beta-Blocker gegen nervöses Herzklopfen.
- Der letzte Weg, den leider zu viele Mediziner beschreiten, ist für die Betroffenen besonders fatal: Der Arzt erkennt zwar, dass das Leiden seelischer Natur ist, macht sich die Behandlung allerdings allzu einfach. Er verschreibt Psychopharmaka, ohne sich um die psychotherapeutische Einbettung der Behandlung, also um Gespräche zu kümmern. So behandelte Patienten geraten leicht in eine Medikamentenabhängigkeit, die oft weder von der Betroffenen, noch von ihrer Umgebung und manchmal noch nicht einmal vom Arzt selbst erkannt wird.

Warum sind so viele Ärzte unfähig, hinter den genannten vielfältigen Symptomen das Grundleiden Angst zu erkennen? Da kommt ein ganzes Bündel von Faktoren zusammen:
- Der Notarzt sieht seine Aufgabe darin, den Notfall zu behandeln, für eine längere Therapie ist er nicht zuständig.
- Der Allgemeinarzt ist dafür zuständig, er steht aber zunehmend unter Zeitdruck. Die Honorare sinken – will er profitabel arbeiten, bleibt für lange Gespräche keine Zeit.
- Natürlich gibt es auch immer noch Ärzte, die rein körperzentriert arbeiten – seelische Ursachen kommen für sie einfach nicht vor. Oft ist diese Haltung auch noch mit einer gewissen Frauenfeindlichkeit verbunden: Die Frau, die unter Panikattacken leidet, ist für ihn nicht eine Patientin mit einer ernst zu nehmenden, aber gut behandelbaren seelischen Störung, sondern einfach hysterisch.

- Aber auch die Patienten sind nicht immer unschuldig an solchen Fehldiagnosen. Manche Betroffene wollen die Diagnose »Seelische Ursachen« nicht hören, weil sie sich dann nicht ernst genommen fühlen. Andere meinen, ein Arzt sei nur dann gut, wenn er viele Geräte zur Diagnose verwendet und zahlreiche Arzneien verschreibt. Für sie ist ein Gespräch keine »richtige« Behandlung, denn dann hat der Arzt »ja nur geredet«. Was dann passiert, beschreibt Prof. Felix Labhardt, Leiter der Basler Universitätsklinik für Psychiatrie: Wenn beide, Arzt und Patient, Angst vor dem Psychischen haben, weichen sie auf die somatische (körperliche) Ebene in Diagnose und Therapie aus, wobei der Hintergrund des Krankheitsgeschehens nicht erkannt werden kann und soll.

Was also sollte ein Arzt tun, wenn ein Patient, eine Patientin mit zunächst unerklärlichen Symptomen zu ihm kommt? Vor allem sollte er erst einmal aufmerksam zuhören und sich für den Menschen, der ihm gegenüber sitzt, Zeit nehmen. Das klingt banal, ist aber eine Mindestanforderung, die immer noch nicht alle Ärzte erfüllen. Dann sollte er selbstverständlich alle möglichen körperlichen Ursachen zuerst ausschließen, ehe er eine seelische Ursache diagnostiziert. Und bei der genauen Diagnose wird es ihm niemand verdenken, wenn er notwendige und nützliche Technik verwendet, denn dafür ist sie da.

Schließlich sollte er in der Lage sein, seelische und körperliche Faktoren bei einer Erkrankung nicht nur getrennt, sondern als miteinander verwoben zu sehen.

Hält er es für notwendig, Psychopharmaka zu verordnen, so sollte er dies nur für begrenzte Zeit tun und für die Dauer dieser Behandlung den Zustand der Patientin nicht aus den Augen verlieren. Was nie passieren darf, aber doch immer wieder vorkommt, und zwar dann, wenn die Sprechstundenhilfe nur noch das wöchentliche Rezept für Beruhigungsmittel weiterreicht und kein ärztliches Gespräch mehr stattfindet. Zuletzt sollte der Arzt sich hüten, seine psychotherapeutischen Möglichkeiten zu überschätzen. Es wird Situationen geben, in denen er selbst am besten helfen kann – gesetzt den Fall, er hat eine entsprechende Zusatzausbildung –, und es wird Situationen geben, in denen er den Patienten besser an einen Psychotherapeuten weitervermittelt.

Wie sich ein Arzt auf keinen Fall verhalten soll, das beschreibt Prof. Dr. Rainer Tölle von der Klinik für Psychiatrie in Münster sehr eindringlich in einem Leitartikel für das *Deutsche Ärzteblatt*: »Der Arzt soll im Allgemeinen davon Abstand nehmen, schulterklopfend zu ermutigen, bagatellisierend zu trösten, unbedacht mit dem Schicksal anderer Patienten oder gar mit eigenen Erfahrungen zu argumentieren, vorschnell Ratschläge zu geben, noch bevor er den Patienten und seine Lebenssituation richtig kennen gelernt hat. Solche Reaktionen hat der Patient bereits mehrfach erfahren, vom Arzt erwartet er mehr.«

Und das mit Recht. Deshalb sollte keine Patientin und kein Patient einen borniertren, uninteressierten oder an der Krankheit vorbei behandelnden Arzt als Schicksal hinnehmen, sondern so lange den Arzt wechseln, bis sie den gefunden haben, in dessen Obhut sie sich wohl fühlen und der sie ernst nimmt – denn selbstverständlich gibt es auch solche Mediziner. Dies ist nicht nur das Recht eines jeden Patienten, es ist auch eine Notwendigkeit, denn nur in einem guten Arzt-Patienten-Verhältnis kann eine Behandlung erfolgreich sein.

Psychopharmaka:
Medikamente gegen die Angst?

Die meistgebrauchte Angst lösende Substanz (Anxiolytikum) ist der Alkohol. Wahrscheinlich haben sich die Menschen schon so lange »Mut angetrunken«, wie sie den Alkohol überhaupt kennen. Aber so lange, wie der Mensch die Wirkung des Alkohols kennt, so lange sind auch schon seine Nebenwirkungen bekannt: Alkohol verwirrt die Sinne, bei längerem Gebrauch, ob in größeren oder geringeren Dosen, führt er zu körperlichem, seelischem und geistigem Verfall. Und vor allem macht er süchtig. Kein Psychopharmakon (auf die Seele wirkendes Mittel) mit einem solchen Nebenwirkungsprofil würde heute eine Zulassung als Arzneimittel bekommen – so war kürzlich in einem neurologischen Fachbeitrag zu lesen.

In den letzten Jahrzehnten haben Forscher andere Substanzen gefunden, die krankhafte Ängste lindern und sogar zum Verschwinden bringen können. Doch an diesen Psychopharmaka scheiden sich die Geister. Manche Menschen lehnen sie völlig ab, weil sie Angst vor Nebenwirkungen haben und fürchten, süchtig zu werden oder einfach nur »nicht mehr sie selbst zu sein«. Andere wiederum erhoffen sich von Tabletten eine schnelle und einfache Heilung. Sie werden dabei häufig von Ärzten unterstützt, die meinen, nur Psychopharmaka seien geeignet, seelische Beschwerden zu behandeln. Auch viele Menschen mit Panikattacken stehen Psychopharmaka skeptisch gegenüber, haben aber in ihrer Not schon zu diesen Medikamenten gegriffen. Auch wenn sie schnell wieder die Finger davon ließen, trugen sie die Tablettenschachtel oft noch jahrelang »zur Sicherheit« oder »für den Notfall« mit sich herum, ohne sie je wieder anzurühren.

Nach heutigem Wissensstand ist es falsch, Psychopharmaka zum alleinigen Mittel der Wahl bei Panikattacken zu erklären. Aber genauso falsch ist es, sie in Bausch und Bogen zu verurteilen. Dieses Kapitel soll ein realistisches Bild davon vermitteln, wann und vor allem welche Psychopharmaka bei Panikattacken eingesetzt werden sollten.

Neue Wirkstoffe sorgen für ständigen Wandel in der Therapie
In den zwölf Jahren seit dem ersten Erscheinen dieses Buches hat sich die medikamentöse Behandlung von Angststörungen und Panikattacken stark verändert. Grund dafür sind neue Entwicklungen auf dem Gebiet der Arzneimittelforschung, die wesentlich nebenwirkungsärmere Substanzen zur medikamentösen Angsttherapie hervorgebracht haben. Anlass dafür waren zum einem das hohe Suchtpotenzial der *Benzodiazepine* (siehe Seite 197ff.), die Tausende Angstpatienten in die Medikamentenabhängigkeit führt/e und damit nicht nur schwer wiegende gesundheitliche Schäden anrichtet/e, sondern auch immense ökonomische Kosten verursacht/e. Zum anderen eröffneten die neuen neurobiologischen Erkenntnisse über die Rolle bestimmter Transmittersubstanzen (Überträgerstoffe) und Rezeptoren am Entstehen unangemessener Ängste der Pharmaforschung die Möglichkeit, gezielt neue Wirkstoffe zu entwickeln.

Standen 1990 noch die *trizyklischen Antidepressiva* an erster Stelle der Empfehlungsliste zur Behandlung von Panikattacken, so rangieren sie heute nur noch auf Platz zwei. Nummer eins und damit Mittel der Wahl sind inzwischen die *selektiven Serotonin-Wiederaufnahme-Hemmer* (**S**elective **S**erontin-**R**euptake-

Inhibitors, kurz SSRI). Sie galten vor zwölf Jahren als absolute Neuerung in der Angsttherapie und wurden damals von Ärzten sowie Patienten gleichermaßen noch recht argwöhnisch betrachtet. Und auf Platz drei folgt heute bereits eine neue Generation von Wirkstoffen, die zum Teil eine Weiterentwicklung der SSRI darstellen und diese möglicherweise in der Zukunft ablösen werden.

In den folgenden Abschnitten werden wir Ihnen diese Substanzgruppen, ihre Wirkungsmechanismen, Gegenanzeigen und Nebenwirkungen ausführlich darstellen. Genauso werden wir die übrigen Mittel einschließlich der Benzodiazepine detailliert besprechen. Und schließlich werden wir auch pflanzliche Mittel wie Johanniskraut- und Kava-Kava-Präparate, die in den vergangenen Jahren häufiger als Alternative zur »chemischen« Angsttherapie angepriesen wurden, besprechen und aufzeigen, ob, und wann sie wirklich eine Alternative oder Ergänzung sein können.

Doch bevor wir in die Details der medikamentösen Therapie der Panikattacken gehen, möchten wir Ihnen hier bereits eine Übersicht geben, welche Psychopharmaka bei welchen Angststörungen empfohlen werden. Denn gar nicht so selten leiden Panikbetroffene auch noch unter anderen Ängsten, zum Beispiel einer *Generalisierten Angststörung* oder einer *Sozialen Phobie*, die sich mitunter aus der Panikerkrankung entwickelt hat oder ihr auch zugrunde liegt. Auch bei *Zwangsstörungen* oder *Posttraumatischen Belastungsstörungen*, die auch mit Panikattacken, anderen Angstzuständen und Verzweiflungsgefühlen einhergehen können, ist häufig eine medikamentöse Therapie mit Psychopharmaka sinnvoll und hilfreich. Die Daten für diese Tabelle wie auch für die noch folgenden Tabellen zur medikamentösen Therapie von Angststörungen wurden uns freundli-

Psychopharmaka bei Angststörungen

Erkrankung	1. Wahl		2. Wahl *Wirkstoffklasse/Freiname*		3. Wahl		4. Wahl	
Panikstörung/ Agoraphobie	SSRI	Paroxetin Fluvoxamin Fluoxetin Sertralin Citalopram	TCA	Imipramin Clomipramin	SNRI RIMA DSA MAOI	Venlafaxin Moclobemid Nefazodon Tranylcypromin	BDZ	Aprazolam
Generalisierte Angststörung	SSRI SNRI	Paroxetin Fluvoxamin Fluoxetin Sertralin Citalopram Venlafaxin	TCA	Imipramin	Anxiolytika	Buspiron	BDZ	Aprazolam
Soziale Phobie	SSRI RIMA	Paroxetin Fluvoxamin Fluoxetin Sertralin Citalopram Moclobemid	MAOI	Tranylcypromin	BZD	Aprazolam Clonazepam	—	
Zwangsstörung	SSRI	Paroxetin Fluvoxamin Fluoxetin Sertralin Citalopram	TCA	Clomipramin	MAOI	Tranylcypromin	—	
Posttraumatische Belastungsstörung	SSRI	Paroxetin Fluvoxamin Fluoxetin Sertralin Citalopram	MAOI TCA	Tranylcypromin Imipramin Amitryptilin	DSA SNRI NaSSA	Nefazodon Venlafaxin Mirtazapin	—	

SSRI: Selektive Serotonin-Wiederaufnahme-Hemmer; **SNRI:** Serotonin-Noradrenalin-Wiederaufnahme-Hemmer; **TCA:** Trizyklische Antidepressiva; **BDZ:** Benzodiazepine; **MAOI:** Monoaminooxidase-Hemmer (MAO-Hemmer/Inhibitor); **RIMA:** MAO-Hemmer Typ A; **DSA:** Duale Serotonin-Hemmer

© PD Dr. Michael Kellner, Hamburg

cherweise von Privatdozent Dr. med. Michael Kellner, Arzt für Psychiatrie und Psychotherapie aus Hamburg zur Verfügung gestellt, wofür wir uns sehr bedanken. Sie basieren auf dem Stand der aktuellen internationalen Forschung sowie eigenen Erfahrungswerten, die Dr. Kellner als Leiter der Angstambulanz am Max-Planck-Institut für Psychiatrie in München und jetzt als Oberarzt an der Klinik und Poliklinik für Psychiatrie und Psychotherapie am Universitätsklinikum Hamburg Eppendorf sammelte.

Schreckgespenst Nebenwirkungen:
eine wichtige Information
Noch etwas möchten wir bereits an dieser Stelle betonen: In der gesamten Medizin gibt es praktisch kein Arzneimittel (bestimmte homöopathische Mittel vielleicht einmal ausgenommen), das völlig frei von Nebenwirkungen ist. Der menschliche Körper und sein Stoffwechsel sind ein hoch komplexes biologisches System, ein lebendes Netzwerk aus vielen tausend kleinen Netzeinheiten, die miteinander in komplizierten Verbindungen stehen. Arzneilich wirksame Substanzen greifen in dieses Netzwerk ein und verändern einzelne Verbindungen. Bestimmte Veränderungen sind erwünscht, weil sie Beschwerden lindern oder sogar völlig zum Verschwinden bringen. Andere Veränderungen sind unerwünscht, weil sie neue Beschwerden hervorbringen. Und genau darin besteht das Dilemma der Arzneimitteltherapie: Weil eben unser Körper solch ein hoch komplexes Netzwerk ist, geht das eine gewöhnlich nicht ohne das andere. Aber dieses Netzwerk ist auch ungeheuer anpassungsfähig und kann sich mit der Zeit in bestimmten Dimensionen selbst regulieren. Das bedeutet: Es kann sich auf ein neues Gleichgewicht einstellen, in dem die erwünschten Wirkungen

des Arzneimittels voll zur Geltung kommen – und die unerwünschten Nebenwirkungen kaum mehr zu spüren sind.

Genau das passiert auch bei der Einnahme von Psychopharmaka, ganz besonders bei der Einnahme von Antidepressiva, wozu neben den trizyklischen Antidepressiva wie *Imipramin* und *Clomiprami* auch die selektiven Serotonin-Wiederaufnahme-Hemmer (SSRI) und ihre Fortentwicklungen, die Serotonin-Noradrenalin-Wiederaufnahme-Hemmer (SNRI), und Verwandte gehören. Das biologische Netzwerk des menschlichen Körpers braucht wie gesagt Zeit, sich auf ein neues Gleichgewicht einzupendeln. Auf dem Weg dorthin kommt es zu unerwünschten Nebenwirkungen wie zum Beispiel Tagesmüdigkeit, Mundtrockenheit und Übelkeit. Um diese Anpassungsprobleme möglichst gering zu halten, werden Antidepressiva einschleichend dosiert. Die Dosis wird langsam gesteigert, sodass das biologische System sich schrittweise anpassen kann, bis die therapeutisch optimale Dosis erreicht ist.

Wenn Sie sich also zusammen mit Ihrem Arzt für eine Therapie mit Antidepressiva entschieden haben, zum Beispiel, weil Sie wegen starker Ängste gar nicht mehr Ihre Wohnung verlassen können, dann brechen Sie bitte die Einnahme der Mittel nicht gleich bei der ersten leichten Übelkeit wieder ab. *Halten Sie bitte durch:* Versuchen Sie diese Übelkeit als Ausdruck dafür zu sehen, dass sich Ihr ganz persönliches biologisches Netzwerk gerade auf ein neues Gleichgewicht einstellt. Ein neues Gleichgewicht, das vielleicht Ihre »eingefahrenen Spurrillen im Gehirn« ausgleicht oder seine »automatischen Schaltkreise« abstellt und Ihnen damit ermöglicht, sich mit Ihren Ängsten im Rahmen einer Verhaltens- oder anderen Therapie aktiv auseinander zu setzen, um sie und die Angst vor der Angst endgültig zu überwinden.

Antidepressiva: Mittel der Wahl bei Panikattacken

Die Gruppe der Antidepressiva umfasst eine Vielzahl von Wirkstoffen mit unterschiedlichsten Wirkprinzipien. Zu ihnen gehören die verschiedenen *Serotonin-Wiederaufnahme-Hemmer*, die *trizyklischen Antidepressiva* und die *MAO-Hemmer*. Sie nehmen auch die ersten drei Plätze der Empfehlungsliste für die medikamentöse Panikattackenbehandlung ein.

Die Serotonin-Wiederaufnahme-Hemmer

Das pharmakologische Prinzip dieser mit 20 Jahren noch recht jungen Substanzgruppe steckt schon in ihrem Namen: *Selektive Serotonin-Wiederaufnahme-Hemmer* (SSRI) verhindern, dass der Neurotransmitter *Serotonin* von den Synapsen der Nerven »zurückgenommen« und damit inaktiviert wird. Dabei besagt der Begriff »selektiv«, dass wirklich nur die Wiederaufnahme von Serotonin blockiert wird, alle anderen Neurotransmitter wie zum Beispiel Noradrenalin, Dopamin, Adrenalin, Acetylcholin und GABA werden nicht erfasst.

Etwas anders ist das bei der neuen Generation der *Serotonin-Noradrenalin-Wiederaufnahme-Hemmer* (SNRI). Sie können auch die »Rücknahme« anderer Neurotransmitter verhindern. So hemmen die SNRI auch die Wiederaufnahme von Noradrenalin, was vermutlich eine ausgleichende Wirkung auf Nervenschaltkreise hat, die vom *Locus coeruleus* ausgehen und damit übersteigerte Ängste verringern können (siehe Seite 99f.). Möglicherweise werden in Zukunft noch weitere kombinierte Serotonin-Wiederaufnahme-Hemmer entwickelt.

Bis die Serotonin-Wiederaufnahme-Hemmer ihre volle Wirkung entfalten, dauert es zwei bis vier Wochen, in denen ansteigend dosiert wird. Die volle Gabe der empfohlenen Erhaltungsdosis gleich zu Anfang beschleunigt den Wirkungseintritt nicht, sondern verzögert die Anpassungsreaktion bei stärkeren Nebenwirkungen.

Die SSRI und SNRI stehen heute vor allem deswegen auf Platz eins der Empfehlungsliste, weil sie weniger Nebenwirkungen haben, vor allem auf Herz und Kreislauf. Auch Sehstörungen, Mundtrockenheit und Gewichtszunahme, die unter den trizyklischen Antidepressiva auftreten können, zählen bei den SSRI und SNRI eher zu seltenen Erscheinungen. Und nicht zuletzt sind sie bei Überdosierung im Vergleich zu den trizyklischen Antidepressiva wesentlich sicherer.

Für die einfachen SSRI stehen heute eine ganze Reihe von Wirkstoffen zur Verfügung, die alle bei Panikattacken helfen können. Als besonders empfehlenswert gilt der Wirkstoff *Paroxetin* (siehe Tabelle auf der nächsten Seite), weil er eine relativ kurze Halbwertszeit hat. Dies ist bei etwaiger Unverträglichkeit sehr vorteilhaft, weil das Medikamente bzw. seine wirksamen Bestandteile dann schneller vor allem von der Leber abgebaut werden. Unverträglichkeiten kann es immer mal geben. Der eine Patient verträgt diesen Wirkstoff einfach besser, der andere den anderen. Sollten auch Sie mit dem einen Wirkstoff überhaupt nicht zurechtkommen, kann Ihnen meist ein anderer aus der Gruppe des SSRI helfen. Als Serotonin-Noradrenalin-Wiederaufnahme-Hemmer ist bislang mit *Venlafaxin* ein Wirkstoff auf dem deutschen Markt.

So wirken Serotonin-Wiederaufnahme-Hemmer
Um sich das vorstellen zu können, muss man wissen, wie *Neurotransmitter* funktionieren. Neurotransmitter sind Botenstoffe

Serotonin-Wiederaufnahme-Hemmer im Überblick

Freiname	Präparate-name	Halbwertszeit Substanz	Aktiver Metabolit	Tagesdosis (Milligramm)
Paroxetin	Seroxat® Tagonis®	7–65 Std.		20–60
Fluvoxamin	Fevarin®	15–22 Std.		100–300
Fluoxetin	Fluctin® Prozac®	1–3 Tage	7–15 Tage	10–60
Sertalin	Zoloft® Gladem®	23 Std.	66–90 Std.	50–200
Citalopram	Cipramil® Sepram®	33 Std.	33 Std.	20–60

Quelle: Daten nach Dr. Kellner und den Fachinformationen der Hersteller

oder Informationsüberträger des Nervensystems. Sie sind kleine Eiweißkörper, bestehend aus einer bestimmten Anzahl von Aminosäuren, den kleinsten Baueinheiten der Eiweiße (Proteine). Jeder Neurotransmitter hat seine eigene Aminosäurenkombination. Und wo übertragen Neurotransmitter nun die Information? Zwischen den einzelnen Nervenfasern bzw. zwischen Nerven und dem Organ, das eine Information erhalten soll, zum Beispiel ein Muskel. Diese Verbindungen nennt man *Synapsen* oder Umschaltstelle für Informationen. Am Ende der zuleitenden Nervenfaser befindet sich eine kolbenförmige Verdickung, die sich entweder an eine ähnliche Verdickung der nächsten Nervenfaser anschmiegt oder an eine Organ- oder Muskelzelle. Zwischen den Verdickungen liegt ein hauchdünner, nur im Elektronenmikroskop sichtbarer Spalt, der so genannte synaptische Spalt.

Entlang einer Nervenfaser werden die Informationen in Form elektrischer Impulse weitergeleitet. Das geht ungeheuer schnell. Von einer Nervenfaser zur anderen bzw. zum Erfolgsorgan müssen diese elektrischen Impulse in biochemische Reize umgewandelt werden. Dies geschieht im synaptischen Spalt mit Hilfe der Neurotransmitter. Sobald der elektrische Impuls das Ende der Nervenfaser erreicht hat, werden diese Neurotransmitter aus kleinen Bläschen in der Membran des Kölbchens freigesetzt und gelangen in den synaptischen Spalt. Dort wandern sie zur nächsten Nervenfaser oder zur Empfängerzelle und docken dort an einem ganz bestimmten Rezeptor an.

Dieses Anbinden vermittelt dem Empfänger eine Information, die er wiederum in einen elektrischen Impuls umwandelt und weiterleitet. Der Neurotransmitter hat seine Aufgabe erfüllt, löst sich vom Rezeptor und wandert durch den synaptischen Spalt wieder zurück zu seinem »Heimat«nerven. Dort wird er wieder in ein Vorratsbläschen aufgenommen, sozusagen recycelt, um bei der nächsten Gelegenheit wieder eine Information zu übertragen. Oder er wird abgebaut und in seine Einzelteile zerlegt. Solange er im Vorratsbläschen wartet, ist er inaktiv. Würde er dagegen im synaptischen Spalt bleiben, könnte er mehrfach an den Rezeptor andocken und immer wieder seine Information weitergeben. Und genau dies ist das Prinzip bei den Antidepressiva, die die Wiederaufnahme bzw. das Recycling bestimmter Botenstoffe hemmen.

Warum ausgerechnet Serotonin?
Weil *Serotonin* ein wichtiger Informationsüberträger für Informationen aus dem *limbischen System* ist, unserem Zentrum der Gefühle und Emotionen. Genauso wie Adrenalin als das »Stresshormon« bezeichnet wird, gilt Serotonin als das »Glückshor-

mon«. Das ist natürlich eine sehr vereinfachte Interpretation. Sie bezieht sich auf neurobiologische Forschungsergebnisse der siebziger und achtziger Jahre, die bewiesen, das der Serotonin-Spiegel im limbischen System bei Depressionen vermindert ist. Spätere Studien fanden diese erniedrigten Werte auch bei Angsterkrankungen, übersteigerter Aggressivität, Zwangsstörungen und eine Reihe anderer seelischer Erkrankungen. Dabei ist zu beachten: Die Serotonin-Spiegel sind nur im limbischen System bzw. in den synaptischen Spalträumen der dazugehörigen Nervenschaltkreise vermindert, *nicht* im Blut. Zwar kommt Serotonin auch im Blut vor, es hat hier aber andere Aufgaben. Niedrige Serotonin-Spiegel im Blut besagen also nicht, dass eventuell eine seelische Erkrankung vorliegen könnte.

Inzwischen hat die Medizin noch eine ganze Reihe anderer Funktionen von Serotonin entdeckt. Daher geht sie heute davon aus, dass Serotonin nur dann als Glückshormon fungiert, wenn es an einen bestimmten Rezeptor von Nerven bindet, die zu bestimmten Schaltkreisen des limbischen Systems gehören. Aber Serotonin kann noch viel mehr: Es wirkt als *Neuromodulator*, das heisst, es kann bestimmte Rezeptoren aktivieren und andere blockieren. Und darüber hinaus kann es auch andere Neurotransmitter in Gang setzen bzw. hemmen. Auf diese Weise steuert es die Übertragung von Nervenimpulsen und sorgt dafür, dass sich das biologische Netzwerk des menschlichen Körpers bei Änderungen der Grundbedingungen auf ein neues Gleichgewicht einpendelt. Und deswegen haben Serotonin-Wiederaufnahme-Hemmer ein so breites Wirkungsspektrum bei verschiedenen Angststörungen und anderen seelischen Erkrankungen. Denn solange Serotonin im synaptischen Spalt zur Verfügung steht, kann es an Rezeptoren binden und Informationen weitergeben, die zu einem neuen

Gleichgewicht führen, bei dem sich die Patienten wieder wohlfühlen.

Wer sollte Serotonin-Wiederaufnahme-Hemmer nicht nehmen?

Absolute Gegenanzeigen sind:
- Überempfindlichkeit gegen den Wirkstoff
- Gleichzeitige Anwendung von MAO-Hemmern
- Gleichzeitige Gabe von Tryptophan
- Stillzeit
- Alter unter 18 Jahren
- Auch in der Schwangerschaft wird eine sorgfältige Nutzen-Risiko-Abwägung empfohlen, da die SSRI-Gabe zu Frühgeburten und verringertem Geburtsgewicht des Neugeborenen führen kann. Auch wurde eine Zunahme kleinerer Fehlbildungen beobachtet.

Eine sorgfältige Überwachung der Patienten sollte erfolgen bei:
- Leberfunktionsstörungen
- Diabetes mellitus
- Epilepsie und andere Arten von Krampfanfällen
- Gleichzeitiger Depression
- Bipolarer affektiver Störung

Diese Nebenwirkungen kommen vor

Gerade zu Anfang der Behandlung können sich vielfältige Nebenwirklungen zeigen, die aber gewöhnlich nach einer Anpassungszeit von ein bis drei Wochen wieder verschwinden. Die Nebenwirkungen können sehr unterschiedlich sein, treten aber nicht alle gemeinsam auf. Zu den häufigsten zählen:

- Magen-Darm-Beschwerden wie Übelkeit, Appetitlosigkeit, Durchfall, Erbrechen, Schluckbeschwerden, Mundtrockenheit, Geschmacksveränderung
- Kopfschmerzen, Schlafstörungen, Müdigkeit und allgemeines Schwächegefühl
- Nervosität und Angstgefühle
- Schwindel, Benommenheit und Zittern
- Herzklopfen
- Verminderung der Libido
- Übermäßiges Schwitzen
- Schüttelfrost, Sehstörungen
- Juckreiz
- Als häufige Nebenwirkung gilt die Gewichtsabnahme.

Sehr selten kann es zu schwerwiegenden Komplikationen kommen:
- Allergische Leberentzündung
- Hautausschläge ohne erkennbar andere Ursache deuten auf eine Unverträglichkeit hin. Das Mittel sollte umgehend abgesetzt werden.

Wechselwirkungen mit anderen Mitteln
Allgemein gilt: Wer noch andere Mittel einnehmen muss, zum Beispiel als Diabetiker oder wegen Blutgerinnungsstörungen, sollte den verschreibenden Arzt darüber informieren und die entsprechenden Blutwerte regelmäßig kontrollieren lassen.
- Keine gemeinsame Gabe mit *MAO-Hemmern*
  Nach einer MAO-Hemmer-Therapie muss ein Abstand von mindestens 14 Tagen eingehalten werden, bevor eine SSRI-Gabe erfolgen darf.
  Nach einer SSRI-Therapie muss eine Wartezeit von bis zu fünf

Wochen (Wirkstoff: Flouxetin = Fluctin®, Prozac®) eingehalten werden, bevor MAO-Hemmer gegeben werden dürfen.
- Keine gleichzeitige Gabe mit Tryptophan
- Bei zusätzlicher Gabe von trizyklischen Antidepressiva, Neuroleptika, Lithium und Benzodiazepinen können sich erhöhte und toxische Wirkstoffspiegel bilden.
- Verstärkung von Warfarin-Wirkung (Marcumar®) mit Blutungsneigung.

Darauf sollten Sie besonders achten:
- Kein Alkohol während der Therapie
- Besonders zu Beginn der Behandlung kann die Verkehrstauglichkeit eingeschränkt sein.

Die Trizyklischen Antidepressiva

Diese Bezeichnung leitet sich ab von den drei (tri) Ringen (zyklisch) der chemischen Substanzen, die gegen (anti) Depressionen wirken. 1957 stellte der Schweizer Psychiater R. Kuhn fest, dass der Wirkstoff *Imipramin* stimmungsaufhellend wirkt und depressive Gehemmtheit lösen kann. Von den zahlreichen trizyklischen Antidepressiva haben sich besonders *Imipramin* und *Clomipramin* bei der Behandlung von Panikattacken bewährt. *Imipramin* ist unter dem Namen Tofranil®, Pryleugan® und Imipramin-neuraxpharm® auf dem Markt, *Clomipramin* unter Anafranil®, Hydiphen® und Clomipramin-neuraxpharm®.

So wirken Imipramin & Co.
Wie schon der Entdecker feststellte, wirkt *Imipramin* stimmungsaufhellend und löst Depressionen. Der amerikanische

Psychiater Donald F. Klein stellte dann Anfang der sechziger Jahre fest, dass *Imipramin* auch Panikattacken blockieren kann, die Betroffenen unter *Imipramin* also keine Panikattacken mehr haben. Dieser Effekt hält oft auch nach Absetzen des Medikaments über Jahre an. Und dies auch dann, wenn keine begleitende Psycho- oder Verhaltenstherapie erfolgte, wie eine 1999 veröffentliche Langzeitstudie in der Fachzeitschrift »Archives of General Psychiatry« belegt.

Seine Wirkung entfaltet *Imipramin* im Gehirn, wobei die antidepressiven und antipanischen Wirkungen wie bei den SSRI und SNRI erst mit einer Verzögerung von ein bis vier Wochen spürbar werden.

Wer sollte Imipramin nicht nehmen?
Absolute Gegenanzeigen sind:
- Überempfindlichkeit gegen den Wirkstoff
- Akutes Engwinkelglaukom (grüner Star)
- Harnverhalten
- Akute Vergiftung mit Alkohol, Schlaf- oder Schmerzmitteln oder Psychopharmaka

Eine sorgfältige Überwachung sollte erfolgen bei:
- Vergrößerung der Prostata
- Schweren Leber- und Nierenschäden
- Herz-Kreislauf-Erkrankungen
- Erhöhte Krampfbereitschaft
- Schwangerschaft (vor allem im ersten Drittel)

Diese Nebenwirkungen kommen vor
Trizyklische Antidepressiva können zahlreiche Nebenwirkungen mit sich bringen, vor allem zu Anfang der Behandlung. Sie

sind Ausdruck der Anpassungsreaktion und verlieren sich in der Regel innerhalb von ein bis drei Wochen. Die Nebenwirkungen unterscheiden sich von Patient zu Patient und können sogar vollkommen gegensätzlich sein.
- Müdigkeit oder Schlafstörungen
- Zu niedriger oder zu hoher Blutdruck
- Zu langsamer oder zu schneller Puls
- Durchfall oder Verstopfung
- Frösteln oder Hitzewallungen
- Schwitzen oder zu wenig Schweißproduktion
- Mundtrockenheit oder Speichelfluss
- Fieber oder Untertemperatur
- Hautrötung oder Blässe
- Schwierigkeiten beim Wasserlassen oder vermehrter Harndrang
- Pupillenerweiterung oder Pupillenverengung
- Kopfschmerzen (werden aber häufig auch gebessert), Übelkeit, Erbrechen und Schwindel
- Zittern
- Milchfluss bei Frauen und Hodenvergrößerung bei Männern
- Minderung der Libido
- Die häufigste Nebenwirkung ist eine Gewichtszunahme.

Schwere, aber äußerst seltene Komplikationen sind:
- Kollapszustände
- Darmverschluss
- Harnsperre
- Agranulozytose

Um mögliche Nebenwirkungen und Komplikationen schnell erkennen und behandeln zu können, sollten besonders zu Anfang der Behandlung mit trizyklischen Antidepressiva in regelmäßigen Abständen überprüft werden: Blutdruck, Puls, Blutbild, EKG, EEG, Kreatinin- und Harnstoffausscheidung.

Wechselwirkungen mit anderen Mitteln
Allgemein gilt: Wer noch andere Mittel einnehmen muss, zum Beispiel östrogenhaltige Hormonpräparate (Pille), Blutdrucksenker und Mittel gegen Herzrhythmusstörungen, sollte den verschreibenden Arzt darüber informieren und die entsprechenden Blutwerte regelmäßig kontrollieren lassen.
- Bei gleichzeitiger Gabe von Serotonin-Wiederaufnahme-Hemmern, Neuroleptika, Lithium und Benzodiazepine können sich erhöhte und toxische Wirkstoffspiegel bilden.
- Verstärkung der Wirkung von Nikotin

Darauf sollten Sie besonders achten:
- Kein Alkohol während der Therapie
- Besonders zu Beginn der Behandlung kann die Verkehrstauglichkeit eingeschränkt sein.

Die Monoaminoxydase-Hemmer (MAO-Hemmer)

Etwa gleichzeitig mit den trizyklischen Antidepressiva entdeckten amerikanische Psychiater weitere Substanzen, die sich zur Behandlung von Depressionen eignen: die *Monoaminoxydase-Hemmer* (gesprochen: Mono-amin-oxydase), kurz MAO-Hemmer genannt. Der Name bezieht sich auf die Eigenschaft der Wirkstoffe, das Enzym *Monoaminooxydase* zu blockieren. Dieses Enzym ist dafür zuständig, den Abbau bestimmte Neurotransmitter wie Adrenalin, Noradrenalin, Dopamin und Serotonin in Gang zu setzen. Die Botenstoffe werden dann in einem komplizierten Prozess wieder in die Aminosäuren zerlegt, aus denen sie ursprünglich zum Beispiel im Nebennierenmark zusammengesetzt worden waren.

Die daraus entwickelten, zunächst unselektiven irreversiblen MAO-Hemmer konnten sich allerdings in Europa nie gegen die trizyklischen Antidepressiva durchsetzen, weil sie starke Nebenwirkungen hatten und die Einhaltung einer streng tyraminfreien Ernährung erforderten, um Vergiftungserscheinungen und lebensgefährliche Blutdruck-Krisen zu verhindern (siehe Stichwort Nebenwirkungen, Seite 195). Inzwischen ist mit dem neuen Wirkstoff *Moclobemid* eine Substanz auf dem Markt, die spezifisch an die *Monoaminoxidase A* binden und sich auch wieder lösen kann, wodurch sie weniger Nebenwirkungen bewirkt.

Heute ist in der Bundesrepublik nur ein MAO-Hemmer der alten Generation mit dem Wirkstoff *Tranylcypromin* unter dem Präparatnamen Jatrosom® im Handel. *Moclobemid* ist unter dem Namen Aurorix® zugelassen. In der Wirkung verhält sich *Moclobemid* ähnlich wie die anderen MAO-Hemmer, allerdings ist das Risiko von lebensgefährlichen Blutdruck-Krisen wesentlich geringer. Nur Patienten mit ohnehin schon erhöhtem Blutdruck wird deshalb bei Einnahme von *Moclobemid* empfohlen, möglichst wenig tyraminreiche Speisen zu sich zu nehmen. Bei kreislaufgesunden Menschen ist eine tyraminfreie Diät oft nicht mehr notwendig.

Für das Vorgehen bei einer Behandlung mit MAO-Hemmern gegen Panikattacken gilt alles, was im vorherigen Abschnitt zu trizyklischen Antidepressiva steht. In der Praxis wird eine Behandlung mit MAO-Hemmern allerdings nur für Patienten in Frage kommen, die SSRI oder SNRI und trizyklische Antidepressiva nicht nehmen können, etwa wegen einer Überempfindlichkeit oder weil sie auf diese Mittel nicht ansprechen. Nur dann lohnt es sich, mit der tyraminfreien Diät zu leben, die das tägliche Leben doch enorm einschränkt.

So wirken MAO-Hemmer
MAO-Hemmer wirken Antriebs steigernd, lösen depressive Verstimmungen und können wie trizyklische Antidepressiva auch Panikattacken unterdrücken. Ihre Wirkung beruht darauf, dass sie den Abbau von Neurotransmittern hemmen. Insofern besteht eine gewisse Ähnlichkeit im Wirkprinzip mit den Serotonin-Wiederaufnahme-Hemmern. Ein Mangel an bestimmten Neurotransmittern wie zum Beispiel Noradrenalin steht im Verdacht, für übersteigerte Ängste zumindest mit verantwortlich zu sein (siehe Seite 94). Wie bereits im Abschnitt zu den Serotonin-Wiederaufnahme-Hemmern ausführlich erläutert, stehen die einzelnen Neurotransmitter in einem engen Informationsaustausch miteinander. Daher ist es denkbar, dass ein insgesamt niedriges Neurotransmitterniveau die Kompensationsfähigkeit des biologischen Netzwerkes schwächt und zu Fehlfunktionen wie übersteigerten Ängsten führt.

Wer sollte MAO-Hemmer nicht nehmen?
Absolute Gegenanzeigen sind:
- Schwere Leber- und Nierenschäden
- Schwere Herz- und Kreislaufstörungen
- Erhöhte Krampfbereitschaft
- Schwangerschaft
- Stillzeit

Grundsätzlich sollten neben MAO-Hemmern keine anderen Medikamente verordnet werden. Unverträglichkeiten wur-

den beobachtet, wenn MAO-Hemmer mit folgenden Substanzen eingenommen wurden:
- Narkotika
- Neuroleptika
- Schlafmittel
- Acetylsalicylsäure (Aspirin®)
- Gefäßverengende und harntreibende Mittel
- Methyldopa und Anticholinergika
- Chinin
- Amphetamin
- Ephedrin

MAO-Hemmer dürfen Sie nie auf eigene Faust nehmen.

Diese Nebenwirkungen kommen vor:
Die schlimmsten Nebenwirkungen, nämlich lebensgefährliche Anfälle von hohem Blutdruck, können vorkommen, wenn sich die Patienten nicht strikt an eine tyraminfreie Diät halten. Tyramin ist ein Abbauprodukt der Aminosäure Tyrosin, die praktisch in allen tierischen Eiweißprodukten vorkommt. In kleineren Mengen ist Tyramin unschädlich und wird im Verdauungstrakt auch gleich weiter zerlegt. In größeren Mengen wirkt es aber stark gefäßverengend, besonders auf die peripheren Gefäße und kann lebensgefährliche Blutdruck-Krisen verursachen, weil das Herz gegen den erhöhten Widerstand anpumpen muss.

MAO-Hemmer blockieren nicht nur den Abbau von Neurotransmittern, die ja aus Eiweiß bestehen (siehe Seite 183), sondern auch den weiteren Abbau des in der Nahrung enthaltenen Tyramins. Tyramin reichert sich im Blut an und bewirkt eben die gefürchtete Gefäßverengung mit nachfolgender Blutdrucksteigerung.

Tyramin ist in den folgenden Lebensmitteln enthalten:
- Gereifter Käse
- Eingelegter Fisch
- Pferdebohnen
- Hefe- und Fleischextrakte
- Salami und andere Dauerwürste
- Geflügelleber
- Schokolade
- Saure Sahne und Joghurt
- Alte oder getrocknete Früchte inkl. Rosinen
- Tiefkühlkost jeder Art
- Konserven jeder Art
- Alkohol mit Ausnahme von einem Viertelliter Bier pro Tag

Andere Nebenwirkungen treten vor allem zu Anfang der Behandlung auf:
- Unruhezustände mit Schlafstörungen
- Apathie
- Zittern
- Schweißausbrüche
- Niedriger Blutdruck
- Schwindel und Kopfschmerzen

Vor und während der MAO-Hemmer-Therapie sollte der Arzt die gleichen Blutuntersuchungen wie bei der Behandlung mit Serotonin-Wiederaufnahme-Hemmern oder trizyklischen Antidepressiva durchführen.

Darauf sollten Sie besonders achten:
- Kein Alkohol während der Therapie
- Besonders zu Beginn der Behandlung kann die Verkehrstauglichkeit eingeschränkt sein.

Die Benzodiazepine

Die *Benzodiazepine* (gesprochen: Benzo-dia-zepine) gehören zu den Beruhigungsmitteln (Tranquilizer). Wegen ihrer schnellen und zuverlässigen Wirkung fanden sie bei Patienten und Ärzten hohen Anklang und gehörten schon bald nach ihrer Entdeckung Ende der fünfziger Jahre zu den meistverkauften Arzneimitteln der Welt. Der Erfolg der Benzodiazepine wurde damals mit dem des Penicillins oder des Aspirins verglichen. Doch bald zeigte sich, dass dieses anscheinend ideale Mittel gegen übersteigerte Ängste, Nervosität und Schlafstörungen so ungefährlich nicht ist, wie es zuerst den Anschein hatte: Nach längerem Gebrauch litten die Patienten an schweren Entzugserscheinungen, und viele von ihnen wurden süchtig.

Trotz dieser negativen Wirkungen und obwohl die Weltgesundheitsorganisation WHO die Benzodiazepine bereits 1984 in das Verzeichnis der besonders zu überwachenden Medikamente aufnahm, gehören sie immer noch weltweit zu den am häufigsten verschriebenen Arzneimitteln. Allein im Jahr 1997 wurden in Deutschland von den beiden Marktführern Adumbran® und Diazepam-ratiopharm® 2,4 Millionen bzw. 2,3 Millionen Packungen verkauft, wie das Jahrbuch Sucht 99 schreibt. Zum weitaus größten Teil stammen die Benzodiazepin-Rezepte von Allgemeinärzten und Internisten.

So wirken Benzodiazepine
Die Benzodiazepine wirken direkt auf das zentrale Nervensystem. Je nach Höhe der Dosis lösen sie vorhandene Angst, entspannen, beruhigen, helfen beim Einschlafen und wirken krampflösend. Sie vermindern oder beseitigen psychovegetative Beschwerden, also zum Beispiel Herzklopfen, Zittern oder

Verkrampfungen, die seelische Ursachen haben. Entsprechend diesen Wirkungen werden sie von Ärzten vor allem eingesetzt bei allen möglichen Ängsten, Unruhe, Anspannung, Schlafstörungen, bei Krampfanfällen, vor Narkosen, aber eben auch bei körperlichen Beschwerden, die seelische Ursachen haben. Benzodiazepine wirken sicher, schnell, haben meist wenig spürbare unangenehme Nebenwirkungen und werden deshalb von den Patienten geradezu als erlösend empfunden.

Es gibt zahlreiche Abkömmlinge der chemischen Substanz Benzodiazepin. Ob sie allerdings tatsächlich unterschiedlich wirken, ist noch nicht sicher. Das gilt auch für den Abkömmling *Alprazolam*: Alprazolam soll stärker antidepressiv wirken und bei Panikattacken wirksamer sein als andere Benzodiazepine. Deshalb wird es von Praktikern gerne bei Panikattacken verschrieben.

Am ehesten kann man die einander sehr ähnlichen Benzodiazepine anhand ihrer Halbwertszeit unterscheiden. Die Halbwertszeit ist die Zeit, die der menschliche Körper braucht, um eine Substanz zur Hälfte auszuscheiden oder abzubauen. Bis sie vollständig aus dem Körper verschwunden ist, vergehen vier bis fünf Halbwertszeiten. Allerdings sind solche Halbwertszeiten nur ungenaue Anhaltspunkte, da sie stark von Alter, Geschlecht, Gewicht, Gesundheitszustand des Patienten und weiteren Faktoren abhängig sind.

Die Halbwertszeit eines Benzodiazepins ist in der Praxis deshalb so wichtig, weil sie darüber entscheidet, wie lange die Wirkung eines Medikaments anhält. Dabei gilt: Je kürzer die Halbwertszeit, desto kürzer auch die Wirkung.

Wer sollte Benzodiazepine nicht nehmen?
Absolute Gegenanzeigen sind:
- Bekannte Überempfindlichkeit gegen die Wirkstoffe
- Medikamenten-, Drogen oder Alkoholabhängigkeit
- Akutes Engwinkelglaukom (grüner Star)
- Kinder und Jugendliche
- Stillzeit

Eine sorgfältige ärztliche Überwachung sollte erfolgen bei:
- Muskelschwäche (Myasthenia gravis)
- Schwerem Leber- und Nierenschaden
- Spinaler oder zerebraler Ataxie
- Schlaf-Apnoe-Syndrom
- Schweren chronischen Atmungsstörungen
- Niedrigem Blutdruck (Hypotonie)

Auch in der Schwangerschaft sind Benzodiazepine nur mit äußerster Vorsicht anzuwenden, da sie dem Kind schaden können. So besteht der Verdacht (der bisher allerdings nicht eindeutig bestätigt wurde), dass Benzodiazepine im ersten Drittel der Schwangerschaft die Entstehung von Lippen-Kiefer-Gaumenspalten begünstigen können. Eine Dauerbehandlung in den letzten drei Schwangerschaftsmonaten oder einige hochdosierte kurzfristige Gaben kurz vor der Geburt können beim Neugeborenen zum so genannten *Floppy-Infant-Syndrom* führen. Das Baby ist dann besonders schlaff, hat Atemstörungen, sein Saugreflex ist schwach und die Regulation der Körpertemperatur gestört. Nach einer Dauerbehandlung kann das Neugeborene außerdem schwere Entzugserscheinungen bekommen.

Diese Nebenwirkungen kommen vor:
Wie schon am Anfang des Kapitels erwähnt, sind Benzodiazepine im Vergleich zu anderen Beruhigungsmitteln sehr gut verträglich. Am Anfang der Behandlung treten vorübergehend auf:
- Müdigkeit
- Konzentrationsschwäche
- Einschränkung der Aufmerksamkeit
- Antriebsschwäche

Besonders bei höherer Dosierung können
folgende Nebenwirkungen auftreten:
- Vorübergehende Gedächtnislücken (Anterograde Amnesie)
- Appetitzunahme
- Minderung der Libido
- Menstruationsstörungen

Bei einer akuten Überdosierung kann es zu
folgenden Symptomen kommen:
- Schwindel und Übelkeit
- Kopfschmerzen
- Doppelbilder und andere Sehstörungen
- Sprachstörungen
- Koordinationsstörungen und verlangsamte Bewegungen
- Muskelschwäche
- Apathie
- Schläfrigkeit
- Vorübergehende Gedächtnislücken (Anterograde Amnesie)

Bei längerer, hochdosierter Benzodiazepineinnahme wurden außerdem beobachtet:
- Verstimmungszustände
- Vergesslichkeit
- Leberschäden
- Extreme Muskelschwäche
- Erregungszustände
- Schlaflosigkeit
- Aggressives Verhalten
- Euphorie

Wechselwirkungen mit anderen Mitteln
Allgemein gilt: Wer noch andere Mittel einnehmen muss, zum Beispiel Blutdrucksenker und Mittel gegen Herzrhythmusstörungen, sollte den verschreibenden Arzt darüber informieren und die entsprechenden Blutwerte regelmäßig kontrollieren lassen.
- Verstärkung der Wirkung von Alkohol, Beruhigungs- und Schlafmitteln
- Verstärkung der Wirkung von Mitteln zur Muskelentspannung (Muskelrelaxanzien) und Schmerzmitteln
- Unvorhersehbare Wechselwirkungen mit Beta-Blockern, anderen Blutdrucksenkern und Blutgerinnungshemmern
- Verlängerung der Benzodiazepinwirkung bei gleichzeitiger Gabe von Cimetidin-Präparaten zur Blockade der Magensäurereproduktion bei Magenschleimhautentzündung und Magengeschwüren

Darauf sollten Sie besonders achten:
- Kein Alkohol
- Autofahrer, andere Verkehrsteilnehmer und Menschen, die

an Maschinen arbeiten, dürfen keine Benzodiazepine nehmen, da diese die Aufmerksamkeit stark einschränken können.

Die gefährlichste Nebenwirkung ist die Suchtgefahr
Benzodiazepine können süchtig machen, körperlich wie seelisch, in niedrigen wie in hohen Dosen. Man braucht gar nicht generell suchtgefährdet zu sein, um in eine Benzodiazepinabhängigkeit zu geraten. Es reicht, von Ängsten gequält zu werden. Benzodiazepine überdecken die höchst unangenehmen Gefühle erst einmal, ohne selbst offensichtliche Nebenwirkungen zu haben. Die Patienten gewöhnen sich an die Einnahme und nehmen das Benzodiazepinpräparat über Monate, eventuell sogar über Jahre. Sie kommen gar nicht auf den Gedanken, vielleicht süchtig zu sein, weil sie die Dosis nie steigern mussten. Die Abhängigkeit offenbart sich häufig erst, wenn die Nebenwirkungen zunehmen oder die Menschen versuchen, ohne das Präparat auszukommen. Häufige Entzugserscheinungen sind:
- Vermehrte Angst
- Innere Unruhe
- Verstimmungen
- Schlaflosigkeit
- Kopfschmerzen
- Muskelverspannungen
- Übelkeit und Erbrechen
- Zittern
- Herzrasen
- Schweißausbrüche

Bei etwa 20 Prozent der Patienten, die unter Entzugserscheinungen leiden, kommt es zusätzlich zu:
- Krampfanfällen
- Verwirrtheitszuständen
- Verzerrter Wahrnehmung
- Gesteigerter Empfindlichkeit auf Licht, Geräusche, Gerüche und Berührungen
- Gefühlen der Unwirklichkeit und der Selbstentfremdung
- Psychoseartigen Zustände mit Depressionen, ängstlichen Gefühlen und Halluzinationen

Diese Entzugserscheinungen können Tage bis Wochen dauern. Typisch für die Benzodiazepine ist, dass die Beschwerden, deretwegen man sie eingenommen hat, beim plötzlichen Absetzen verstärkt wieder einsetzen. Das Risiko, dass Entzugserscheinungen auftreten, steigt mit der
- Dauer der Einnahme
- Höhe der Dosis
- Kürze der Halbwertszeit

Daran können Sie erkennen, ob Sie abhängig sind:
Bei der Abhängigkeit von Benzodiazepinen muss man unterscheiden zwischen der Niedrigdosisabhängigkeit und der massiven Sucht nach hohen Dosen. Die Sucht nach hohen Dosen zeigt sich ganz deutlich an mehreren Verhaltensweisen: Die Betroffenen leiden unter den oben beschriebenen Symptomen der Überdosierung, sie versuchen sich um jeden Preis das Medikament zu beschaffen, eventuell mit Selbstmorddrohungen bei mehreren Ärzten. Sie schaffen es nicht mehr, ohne das Medikament auszukommen, verwahrlosen, nehmen ab und sind generell seelisch wie körperlich apathisch. Meist müssen sie die

Dosis zur Erhaltung der Wirkung immer weiter steigern. Solche massive Sucht ist meist mit der nach anderen Rauschmitteln, zum Beispiel Alkohol, verbunden.

Weniger auffällig, dafür aber wesentlich häufiger ist die Niedrigdosisabhängigkeit. Die Betroffenen nehmen über längere Zeit niedrige Dosen eines vom Arzt verschriebenen Benzodiazepins ein (so genannte therapeutische Dosen). Sie leiden wenig oder gar nicht unter Nebenwirkungen und denken häufig gar nicht daran, dass sie medikamentenabhängig sein könnten.

Wenn Sie länger als einen Monat Benzodiazepine –
oder ein Kombinationspräparat, das Benzodiazepine enthält –
einnehmen, sollten Sie sich folgende Fragen stellen:

- Kann ich ohne Tablette einschlafen?
- Achte ich immer darauf, dass ich genügend Tabletten dabei habe, wenn ich aus dem Haus oder auf Reisen gehe?
- An wie vielen Tagen in der vergangenen Woche habe ich keine Tablette genommen?
- Wie fühle ich mich bei dem Gedanken, ohne Tabletten auskommen zu müssen?
- Habe ich schon einmal vergeblich versucht, keine Tablette mehr zu nehmen?
- Habe ich dabei vermehrte Angst oder Entzugserscheinungen gespürt?

Was können Sie tun, wenn Sie schon abhängig sind?
Wenn Sie aufgrund der oben genannten Symptome oder Fragen feststellen, dass Sie vermutlich von Benzodiazepinen abhängig sind und nicht allein von ihnen loskommen, sollten Sie einen Arzt um Hilfe bitten. Das kann Ihr Hausarzt sein, aber auch ein Neurologe oder Psychiater. Wichtig ist, dass er Ihr An-

liegen ernst nimmt und bereit ist, Ihnen in der ersten schwierigen Zeit zur Seite zu stehen.

Um die Entzugserscheinungen in erträglichen Grenzen zu halten, werden Benzodiazepine nicht sofort abgesetzt, sondern ausschleichend: Dabei wird die Dosis über Wochen hinweg nach ärztlicher Anordnung schrittweise verringert. Wenn Sie sich solch einen ambulanten Entzug nicht zutrauen, scheuen Sie sich nicht und suchen Sie eine gute Klinik auf, zum Beispiel eine Universitätsklinik für Psychiatrie oder eine psychosomatische Klinik.

Benzodiazepine für den akuten Notfall
Benzodiazepine können Panikattacken nicht heilen und machen süchtig. Trotzdem gibt es zwei Situationen, in der Benzodiazepine auch für Menschen mit Panikattacken von Nutzen sein können. Da ist zum einen der akute Notfall. Wer je die Todesangst während einer Panikattacke erlebt hat, wird es als unmenschlich empfinden, dem Notarzt wegen Suchtgefahr zu verbieten, Benzodiazepin (meist Valium) zu geben. Allerdings gilt dies nur für die ersten Anfälle – nicht als Dauerlösung. Zum anderen können Benzodiazepine auch helfen, wenn die Angst so stark ist, dass eine Psychotherapie ohne Dämpfung der generellen Angst am Anfang unmöglich erscheint. Etwa weil es dem Betroffenen unmöglich ist, überhaupt das Haus zu verlassen. In diesem Fall gelten für die Behandlung zwei Grundsätze: Es sollte ein Benzodiazepin mit mittellanger Halbwertszeit gewählt werden, das möglichst niedrig dosiert wird. Und die Behandlung sollte nicht länger als drei bis vier Wochen dauern.

Was sonst noch gegen Panikattacken verschrieben wird

In Sonderfällen: Beta-Blocker

Wesentlich harmloser in ihrer Wirkung sind Beta-Blocker. Sie dienen eigentlich zur Behandlung von Angina Pectoris, Herzrhythmusstörungen und Bluthochdruck. Sie können aber auch die körperlichen Beschwerden bei psychischem Stress, etwa Herzklopfen, Schwitzen, Zittern oder Durchfall bei Prüfungen oder bei ähnlichen Angst auslösenden Situationen dämpfen. Betablocker machen in der richtigen Dosierung nicht müde und haben wenig Nebenwirkungen. Wenn, dann kann es zu Übelkeit, Erbrechen, Durchfall, Müdigkeit, Blutdruckabfall, Hautreaktionen oder vermindertem Tränenfluss kommen.

Sie dürfen nicht genommen werden in der Schwangerschaft, bei bestimmten Herzfunktionsstörungen, bei Diabetes und bei Lungenkrankheiten wie zum Beispiel Asthma.

Zur Behandlung von Panikattacken sind Betablocker nur bedingt geeignet. Zwar können sie die Symptome eines akuten Anfalls dämpfen, wenn sie vorbeugend genommen werden. Aber ihre Wirkung ist nicht stark genug, um Anfälle ganz zu unterdrücken. Und gegen die Angst vor der Angst richten sie nichts aus. Als Hauptanwendungsgebiet zur Angstlösung bleiben deshalb einige Situationen wie Prüfungen und andere Stresssituationen.

Bei generalisierter Angst: Buspiron

»Der Angstlöser, vor dem Sie keine Angst haben müssen« – Mit diesem Satz warb ein Pharmahersteller bei der Einführung des neuen Wirkstoff *Buspiron*, der unter dem Namen Busp® und Bespar® seit einigen Jahren auf dem Markt ist. Buspiron wirkt ähnlich wie die Benzodiazepine Angst lösend, ohne dass zumindest bislang eine Suchtgefährdung bekannt geworden ist. Allerdings ist die Substanz noch relativ neu, so dass die Hersteller nach dem Arzneimittelgesetz den zuständigen Bundesbehörden einen Erfahrungsbericht vorzulegen hat. »Experimentelle und klinische Studien gaben keinen Hinweis darauf, dass Bespar® die Gefahr einer Gewöhnung und Abhängigkeitsentwicklung mit sich bringt. Trotzdem sollte bis zum Vorliegen weiterer klinischer Erfahrungen die Anwendung entsprechend überwacht werden«, schreibt die Fachinformation für Ärzte und empfiehlt, die Behandlungsdauer nicht über vier Monate auszudehnen.

Ansonsten entspricht das Profil der möglichen Nebenwirkungen weitgehend dem der Serotonin-Wiederaufnahme-Hemmer, was eigentlich auch keine Überraschung ist. Denn auch Buspiron entfaltet wie die SSRI seine Wirkung an den Synapsen der Nervenfasern im zentralen Nervensystem. Hier aktiviert es den so genannten 5HT(1A)-Rezeptor und wirkt damit ähnlich wie ein natürlicher Neurotransmitter. Da es damit offenbar wie die SSRI einen Anpassungsprozess des neuralen Netzwerkes auslöst, ist auch der Wirkungseintritt um zwei bis vier Wochen verzögert. Außerdem wird Buspiron im Rahmen des normalen Abbauprozesses in der Leber zu verschiedenen Metaboliten (Abbaustufen) gespalten. Einer davon, der Metabolit 1PP, gilt als wirksamer α_2-Rezeptoren-Blocker des noradregenen Systems. Diese Blockade des Noradrenalin-Rezeptors durch 1PP ist nach Angaben des Herstellers für die Angst lösende und antidepressive Wirkung von Buspiron verantwortlich (siehe Seite 100).

Nicht nehmen darf man Buspiron bei schweren Leber- und Nierenfunktionsstörungen, Muskelschwäche, akutem Engwinkelglaukom, akuten Vergiftungen mit Schmerzmitteln, Schlafmitteln, Psychopharmaka oder Alkohol und bei Überempfindlichkeit gegen Buspiron. Auch in der Schwangerschaft und während der Stillzeit wird Buspiron nicht empfohlen.

Unter Buspiron können folgende Nebenwirkungen auftreten:
♦ Magenbeschwerden, Übelkeit, Durchfall, Kopfschmerzen, Schwindelgefühl, Nervosität und Erregung, Schlaflosigkeit, leichte Benommenheit, Schwächegefühl.

Ist Buspiron die Lösung für eine risikolose medikamentöse Behandlung von Angstzuständen? Die Fachleute, die wir für dieses Buch fragten, zeigten sich noch überwiegend zögerlich. Der Grund: Man weiß noch zu wenig über die neue Substanz, ihre möglichen Nebenwirkungen und Risiken. Auch Benzodiazepine galten zuerst als völlig problemlos. Zudem ist noch nicht ausreichend untersucht worden, wie Buspiron bei Panikattacken wirkt. Bei generalisierter Angst und damit auch bei anhaltender Angst vor der Angst wird Buspiron inzwischen jedoch als Alternative empfohlen, falls SSRI und trizylische Antidepressiva nicht vertragen werden oder nicht anschlagen.

Obwohl der Hersteller darauf verweist, dass bislang keine Hinweise auf eine Wechselwirkung von Buspiron und Alkohol vorliegen, sollten Sie auf Alkohol verzichten. Auch wenn er sich mit Buspiron vertragen sollte: Alkohol selbst ist ein Anxiolytikum, also ein Angstlöser, der bei längerer Einahme süchtig macht. Und schon bei einmaligem Gebrauch werden nach einer kurzen Angst lösenden Phase durchaus – bei im wahrsten Sinne des Wortes nüchterner Betrachtung – Ängste verstärkt.

Behandlungsfehler Neuroleptika
Neuroleptika sind hoch wirksame Medikamente, die erfolgreich in der Behandlung von Schizophrenie, Wahnvorstellungen

und anderen schweren Psychosen eingesetzt werden. Panikattacken sind keine Psychosen – deshalb haben auch Neuroleptika bei ihrer Behandlung nichts zu suchen. Das gilt umso mehr, als Neuroleptika schwere Nebenwirkungen haben können. Die häufigsten unerwünschten Wirkungen der Neuroleptika sind Bewegungsstörungen, die von Krämpfen der Gesichtsmuskulatur über Schüttellähmung reichen können bis hin zur äußerst quälenden Unfähigkeit, ruhig sitzen zu bleiben.

Besonders tückisch sind so genannte *Spätdyskinesien*, eine Nebenwirkung von Neuroleptika, die noch lange nach Absetzen des Medikaments auftreten kann. Bei diesen Spätdyskinesien handelt es sich um Bewegungen, die der Betroffene nicht kontrollieren kann, und die sich zum Teil rhythmisch wiederholen: Zuckungen, Krämpfe oder Schleuderbewegungen der Gesichtsmuskulatur oder der Arme und Beine. Diese Bewegungen können unauffällig, aber auch sehr heftig sein. Das Auftreten solcher Spätdyskinesien ist wahrscheinlich kaum abhängig von dem eingenommenen speziellen Neuroleptikum und von der Dosis. Die Beschwerden sind nur sehr schwer zu behandeln.

Trotz dieser Risiken und obwohl der Einsatz von Neuroleptika sorgfältig abgewogen werden muss, setzen manche niedergelassene Ärzte sie routinemäßig gegen Panikattacken ein. Das hat vor allem zwei Gründe: Zum einen machen Neuroleptika nicht abhängig und werden deshalb von manchen Ärzten als Alternative zu Benzodiazepinen gesehen. Zum anderen werden manche Neuroleptika in der Werbung als generell Angst lösend angepriesen. Sie sind auch tatsächlich Angst lösend – aber vor allem bei psychotischen Ängsten, die mit Panikattacken nichts zu tun haben. Deswegen ist zum Beispiel die wöchentliche *Imap®-Spritze* bei Panikattacken ein Behandlungsfehler.

Naturheilmittel: eine Alternative zu synthetischen Psychopharmaka?

Bei den langen Listen möglicher Nebenwirkungen, Suchtgefahren und Wechselwirkungen mit anderen Mittel ist es mehr als verständlich, wenn viele Angstbetroffene einen Bogen um synthetische Psychopharmaka machen und Hilfe bei so genannten natürlichen Heilmitteln suchen. Im Mittelpunkt der Hoffnungen stehen dabei das Johanniskraut und die Kava-Kava-Wurzel. Für beide Heilpflanzen wird vor allem in Frauenzeitschriften heftig die Werbetrommel gerührt. Aber können diese Mittel wirklich halten, was die Berichte versprechen?

Johanniskraut – *ein natürliches Antidepressivum*
Das gelb blühende Johanniskraut (botanischer Name: Hypericum perforatum) gilt in der Volksheilkunde seit Jahrhunderten als vielseitiges Mittel, wobei manche seiner angeblichen Wirkungen in den Bereich des Fantastischen gehören. Seine antidepressive Wirkung zählt aber nicht dazu, sie gilt als erwiesen und wurde auch von der Kommission E des Bundesamtes für Arzneimittel anerkannt. Johanniskraut erhielt eine so genannte »positive Monographie«, das heißt eine positive Bewertung und ist damit als Arzneimittel anerkannt.

Johanniskraut enthält zwei wichtige Wirkstoffe: Der erste ist *Hypericin*, eine Substanz, die nachgewiesermaßen antidepressive Eigenschaften hat. Beim zweiten wichtigen Wirkstoff handelt es sich um die Gruppe der *Xanthone*, die in allen Enziangewächsen vorkommen, zu denen ja auch das Johanniskraut zählt. Xanthone sind gelbe Pflanzenfarbstoffe, die in hohen Dosen wie ein starker MAO-Hemmer wirken. Allerdings lassen sich solche hohen Dosen bei der Herstellung von natürlichen

Johanniskrautauszügen nicht erreichen. Seit einiger Zeit werden auch die *Hyperforine*, die nur in den gelben Blüten des Johanniskrauts vorkommen und chemisch sehr instabil sind, als weitere mögliche Quelle für die antidepressive Wirkung des Johanniskrauts untersucht. Die Kommission E empfiehlt Johanniskraut daher bei:

♦ Psychovegetativen Störungen
♦ Leichten depressiven Verstimmungszuständen
♦ Angst und nervöser Unruhe

Damit wird auch deutlich, dass Johanniskraut im Allgemeinen keine Panikattacken verhindern kann, denn dazu ist es einfach nicht stark genug. Es kann aber, und darüber berichten auch immer wieder viele Patienten, die Angst vor der Angst lindern und Stimmungs aufhellend wirken. Insofern kann Johanniskraut durchaus eine Alternative zu synthetischen Angstlösern und Antidepressiva sein und beispielsweise eine Verhaltenstherapie unterstützen. Wichtig ist allerdings, dass es in ausreichender Dosis genommen wird. Johanniskraut-Präparate, wie sie heute schon in Super- oder Discount-Märkten angeboten werden, sind in der Regel zu gering dosiert. Die empfohlene Tagesdosis liegt bei zwei Mal 300 mg Johanniskraut-Gesamtauszug. Daher sollten Sie sich nur auf Präparate verlassen, die Sie als Arzneimittel in der Apotheke erhalten, denn diese müssen die strengen Vorschriften des Deutschen Arzneibuches erfüllen. Damit gehen Sie übrigens auch sicher, dass die verwendeten Heilpflanzen rückstandskontrolliert sind und nicht etwa Schwermetalle enthalten, weil die Pflanzen am Rande von Industriegebieten oder viel befahrenen Straßen gezogen wurden. Zu bewährten Präparaten zählen *Neuroplant® 300* Filmtabletten, *Jarsin® 300* Dragees, *Esbericum®* Kapseln forte und *Laif® 600*.

Bis die antidepressive Wirkung von Johanniskraut spürbar wird, können wie auch bei den synthetischen Antidepressiva mehrere Wochen vergehen. Wenn Sie zum Beispiel an Winterdepressionen leiden, sollten Sie rechtzeitig im September mit der Einnahme beginnen, bevor die Tage deutlich kürzer werden.

Diese Nebenwirkungen kommen vor:
Johanniskraut ist zwar ein natürliches Heilmittel, hat aber auch Nebenwirkungen. Die wichtigste sind die *Lichtdermatosen*: Johanniskraut erhöht die Fotosensibilität der Haut, was zu einer erhöhten Empfindlichkeit gegenüber der natürlichen UV-Strahlung des Sonnenlichtes führt: Sonnenbrandartige Ausschläge und juckende, brennende Bläschen sind die Folge. Wer Johanniskraut-Präparate einnimmt, sollte daher längeren Aufenthalt in der prallen Sonne meiden. Daneben kann es, wenn auch selten zu Magenbeschwerden sowie Müdigkeit oder Unruhe gerade zu Beginn der Behandlung mit Johanniskraut-Präparaten kommen.

Absolute Gegenanzeigen sind:
- Bekannte Überempfindlichkeit gegen Johanniskraut und seine Inhaltsstoffe
- Alter unter zwölf Jahren
- Schwangerschaft und Stillzeit

Wechselwirkungen mit anderen Mitteln
Johanniskraut ist ein potentes Arzneimittel und verträgt sich nicht mit bestimmten synthetischen Mitteln bzw. kann deren Wirkungen abschwächen oder verstärken. So schwächt Johanniskraut die Wirkung ab von:

- Cycosporin (Immunsuppressiva)
- Cumarinen und Warfarin (Blutgerinnungshemmer)
- Digoxin
- Theophyllin
- Indinavir
- Hormonpräparaten (Pille)

Johanniskraut kann aber auch die Wirkung von synthetischen Mitteln verstärken. Dies ist besonders der Fall bei:
- Trizyklischen Antidepressiva
- Serotonin-Wiederaufnahme-Hemmern
- Serotonin-Noradrenalin-Wiederaufnahme-Hemmern

Genauso wie bei synthetischen Mittel gilt auch bei Johanniskraut:
- Kein Alkohol während der Therapie
- Besonders zu Beginn der Behandlung kann die Verkehrstauglichkeit durch Müdigkeit eingeschränkt sein.

Kava-Kava *– ein natürlicher Angstlöser in der Kritik*
Um die *Kava-Kava-Wurzel* gab es Ende 2001 wegen einer möglichen Gefahr von schwersten Leberschäden eine Verbotsdiskussion, die zum Zeitpunkt der Drucklegung dieses Buches noch nicht abgeschlossen war. So waren dem *Bundesinstitut für Arzneimittel und Medizinprodukte* 24 Fälle bekannt geworden, in denen es unter der Einnahme von Kava-Kava-Präparaten zu schwersten Leberschäden gekommen war. Daraufhin teilte das Bundesinstitut Ärzten und Pharmaherstellern im Dezember 2001 mit, Kava-Kava-haltige Mittel – mit Ausnahme der stark verdünnten homöopathischen Zubereitungen ab der Potenzstufe D6 – verbieten zu wollen.

Allerdings ist bislang nicht geklärt, ob Kava-Kava in den gemeldeten Fällen wirklich der Verursacher der Leberstörungen war. Detailuntersuchungen ergaben nach Informationen der »Ärzte Zeitung« vom 20. 12. 2001, dass ein Teil der betroffenen Patienten bereits vor der Kava-Kava-Einnahme an schweren alkohol- oder virusbedingten Lebererkrankungen litt, also Kava-Kava gar nicht hätten einnehmen dürfen. In anderen Fällen hatten Patienten die Tagesdosis nach Informationen der »Ärzte Zeitung« eigenmächtig erhöht. In einem Fall hatte eine Patientin ein Jahr lang die vier- bis zehnfache (!) Tagesdosis eingenommen.

Zudem nahm ein Großteil der Patienten weitere Medikamente ein, unter anderem Hormonpräparate (Pille und östrogenhaltige Mittel zur Hormonsubstitution in den Wechseljahren), orale Anti-Diabetika *(Glimepirid, Metformin, Sulfonylharnstoff)*, α- und β-Sympathomimetika gegen niedrigen Blutdruck *(Etelifrin)* und ein Entwässerungsmittel *(Piritanid)*. Inwiefern diese verschiedenen Mittel möglicherweise untereinander und mit Kava-Kava leberschädigende Wechselwirkungen entwickeln, ist bislang ebenfalls nicht geklärt.

Das Beispiel Kava-Kava zeigt damit eindringlich die Problematik von freiverkäuflichen pflanzlichen Heilmitteln und der sogenannten Selbstmedikation. Denn viele Menschen halten pflanzliche Mittel grundsätzlich für unschädlich, weil sie eben natürlichen Ursprungs sind – und vergessen dabei, dass uns die Natur hochpotente Giftstoffe liefert. An dieser Stelle sei nur an das unersetzbare Herzmittel *Digitalis* aus dem roten Fingerhut erinnert, dass unter strenger ärztlicher Aufsicht dosiert wird und nur auf ärztliches Rezept erhältlich ist. Außerdem machen viele Menschen noch einen zweiten Fehler: Weil die natürlichen Mittel unschädlich seien, erhöhen sie die Dosis eigenmächtig nach dem Motto: Viel hilft viel. Dadurch schaden sie sich und ihrer Gesundheit zum einen selbst, zum anderen bringen sie an sich wertvolle pflanzliche Mittel durch unsachgemäßen Gebrauch in Verruf.

Kava-Kava wegen unsachgemäßen Gebrauchs durch Patienten grundsätzlich zu verbieten, ist jedoch keine Lösung. So sieht es auch der Präsident der Deutschen Pharmazeutischen Gesellschaft Professor Theo Dingermann: »Leichte Angststörungen können die Betroffenen massiv beeinträchtigen«, sagt der Pharmakologe vom Institut für Pharmazeutische Biologie der Universität Frankfurt am Main der »Ärzte Zeitung«. Kava-Kava-Präparate sind für Dingermann wichtig, da viele Patienten pflanzliche Mittel bevorzugten und weil chemische Alternativen bei leichten Angststörungen nicht angemessen seien. Dingermann in der »Ärzte Zeitung«: »Wir beschränken uns bei den Schmerzmitteln zur Therapie bei leichten Kopfschmerzen ja auch nicht auf Morphium, das garantiert hilft.«

Auch für Dingermann ist daher die Verschreibungspflicht für Kava-Kava-haltige Mittel die sinnvolle Lösung, um damit Kontrollmöglichkeiten für die Ärzte zu schaffen und die Patienten vor unsachgemäßigem Gebrauch zu abzuhalten. Da zum Zeitpunkt der Drucklegung dieses Buches alles darauf hindeutete, dass Kava-Kava nicht grundsätzlich verboten wird, sondern unter Rezeptpflicht gestellt würde, stellen wir Ihnen die Kava-Kava-Wurzel hier auch ausführlich dar. Zumal Kava-Kava-Mittel auch bei einem Verbot nicht völlig vom Markt verschwinden würden: Denn das Verbot würde nur *Arzneimittel* aus Kava-Kava betreffen.

Nicht betroffen von dem Verbot wären im *Supermarkt* oder *Drogerien* erhältliche Produkte, wie etwa Kräutertees, die nicht als Arzneimittel zugelassen sind, sondern als Lebensmittel gelten. Denn darauf hat das Bundesinstitut keinen Einfluss: Für Lebensmittel sind die Lebensmittelüberwachungsämter der jeweiligen Landesbehörden verantwortlich. Daher sollten Sie auf alle Kava-Kava-Produkte aus dem Supermarkt verzichten, denn diese könnten möglicherweise gefährliche hohe Konzentrationen des Kava-Kava-Extraktes oder des Wirkstoffes enthalten, obwohl sie nicht als Arzneimittel angemeldet sind (siehe Seite 211).

Ein traditionelles Heilmittel aus der Südsee
Bei der Kava-Kava-Wurzel handelt es sich um den Wurzelstock des Rauschpfeffers (botanischer Name: *Piper methysticum*), der vor allem von den Bewohner der Südseeinseln wegen seiner entspannenden und beruhigenden, aber dabei nicht narkotisierenden Wirkung bei Stammesfesten geschätzt wurde. Im Gegenteil: Kava-Kava erhöht die geistige Aufmerksamkeit, was auch in deutschen Studien eindeutig nachgewiesen wurde.

Für die beruhigenden, Angst lösenden Wirkungen der Kava-Kava-Wurzel sind ihre verschiedene *Lactone* verantwortlich. Das sind ringförmige Kohlensäureester, die auch *Kavapyrone* genannt werden. Dazu zählen Kavain, Dihydrokavain, Methysticin, Dihydromethysticin und Jangonin. Nachdem ihre chemische Struktur entschlüsselt wurde, können alle Kavapyrone auch synthetisch hergestellt werden. Sie haben aber einzeln nicht dieselbe Wirkung wie der Gesamtauszug aus der Kava-Kava-Wurzel. Dies ist ein Phänomen bei vielen Heilmitteln auf pflanzlicher Basis und spricht dafür, dass die einzelnen Bestandteile ein sich ergänzendes und möglicherweise sogar gegenseitig verstärkendes Wirkprinzip haben.

Außerdem wirken die Lactone der Kava-Kava-Wurzel krampflösend, lokal schmerzstillend und entspannend auf die glatte

Muskulatur des Darmes. Als Angriffspunkt gilt das zentrale Nervensystem und hier vor allem die *Formatio reticularis*, ein netzartiges Nervenfasergeflecht im Mittelhirn, das sich bis tief ins Rückenmark hinunterzieht und eine Vielzahl von Grundfunktionen des Köpers steuert. So enthält sie das Brechzentrum, das Atemzentrum, das Kreislaufzentrum sowie das Schlaf- und das Weckzentrum. Außerdem gehört der bereits erwähnte *Locus coeruleus*, der so genannte Angstkern zu diesem Nervengeflecht. Als Neurotransmitter werden neben anderen im gesamten Bereich der Formatio reticularis auch Serotonin und Noradrealin verwendet, die bei der Entstehung von übersteigerten Ängsten und Depressionen eine Rolle spielen.

Auch die Kava-Kava-Wurzel hat von der Kommission E beim Bundesamt für Arzneimittel und Medizinprodukte eine positive Monographie erhalten und wurde empfohlen bei nervösen Angst-, Unruhe oder Spannungszuständen

Weitere Studien haben zudem ergeben, das Kava-Kava-Präparate auch die Schlaftiefe positiv beeinflussen. In einer großen deutschen Doppelblindstudie von 1993 erwies sich ein standardisierter Kava-Kava-Spezialextrakt in der Wirkung als gleichwertig zu den Benzodiazepinen Oxazepam und Bromazepam.

Wie für Johanniskraut gilt auch für Kava-Kava-Präparate: Kaufen Sie sie am besten in der Apotheke. Die empfohlene Tagesdosis liegt je nach Stärke der Beschwerden bei bis zu 45 bis 120 mg *Kavapyronen*, die bei höherem Bedarf in drei Einzeldosen à 45 mg eingenommen werden sollten. Besonders bewährt haben sich das in mehreren Studien geprüfte Fertigpräparat Laitan® und das neuere Maoni®. Die Wirkung von Kava-Kava-Präparaten tritt ebenfalls mit Verzögerung ein: Gewöhnlich dauert es zehn bis vierzehn Tage, bis das Mittel seine volle Wirkung entfaltet.

Diese Nebenwirkungen kommen vor:
Auch Kava-Kava-Präparate haben Nebenwirkungen, wenn auch selten. Absolute Gegenanzeigen sind:
- Endogene Depressionen
- Alter unter zwölf Jahren
- Schwere Leberfunktionsstörungen
- Schwangerschaft und Stillzeit (wegen nicht ausreichender Erfahrung bei der Anwendung am Menschen)

Kava-Kava-Präparate sollten nur unter
ärztlicher Kontrolle angewendet werden bei:
- Psoriasis
- Asthma
- Parkinson-Krankheit

Ansonsten kann es, wenn auch selten,
zu folgenden Nebenwirkungen kommen:
- Kopfschmerzen
- Schwindelgefühle
- Pupillenerweiterung
- Störungen des Nahsehens und der Koordination der Augenbewegungen
- Allergische Hautausschläge

Wechselwirkungen mit anderen Mitteln
Auch die Kava-Kava-Wurzel verträgt sich nicht mit bestimmten synthetischen Arzneimitteln bzw. kann deren Wirkungen verstärken, sodass es zu schwerwiegenden Beeinträchtigungen kommen kann.

So verstärkt Kava-Kava die Wirkung von:
- Schlafmitteln (Barbituraten)

- Allen Psychopharmaka-Arten, besonders Benzodiazepinen
- Muskelrelaxanzien
- Alkohol

Und auch bei Kava-Kava-Präparaten gilt:
- Kein Alkohol während der Therapie
- Besonders zu Beginn der Behandlung kann die Verkehrstauglichkeit durch Müdigkeit eingeschränkt sein.

*Können auch **homöopathische Mittel** helfen?*
Warum nicht – im Einzelfall ist dies durchaus möglich. Die homöopathische Materia medica, wie das Arzneimittelverzeichnis in der Homöopathie heißt, enthält unter den über 5000 nach bestimmten Kriterien überprüften und porträtierten Mitteln eine ganze Reihe, die auch panikartige Angstanfälle in ihrem Arzneimittelbild haben. Voraussetzung ist allerdings, dass die Auswahl des Mittels sorgfältig und unter genauer Berücksichtigung der für die klassisch homöopathische Konstitutionsbehandlung geltenden Grundsätze erfolgt.

Dabei wird der Patient als ganzer Mensch mit seinen Dimensionen Körper, Seele und Geist betrachtet, wobei die mögliche Ursache (Causa) der Panikattacken eine wichtige Rolle spielt. Eine solche homöopathische Anamnese erfordert zum einen viel Zeit, drei Stunden sind das Mindeste, zum anderen auch sehr viel Sorgfalt und Erfahrung – und Geduld bei den Patienten. Denn homöopathische Arzneimittel wirken ebenfalls auf das komplexe biologische Netzwerk Mensch und brauchen erfahrungsgemäß eine ganze Zeit, bis sie die Ausbildung eines neuen Gleichgewichts mit weniger Ängsten angestoßen haben. Auch ist es durchaus möglich, dass Patienten im Laufe der Behandlung mehrere Mittel nacheinander benötigen.

Die homöopathische Behandlung von seelischen Beschwerden und Erkrankungen erfordert eine fundierte medizinische Ausbildung, eine mehrjährige homöopathische Weiterbildung und ein hohes Maß an persönlicher Sorgfalt und Erfahrung. Diese Voraussetzungen erfüllen in der Regel nur Ärzte, die die Zusatzbezeichnung Homöopathie erworben haben, und einige wenige Heilpraktiker, die dann auch Mitglied in entsprechenden Fachvereinigungen für Klassische Homöopathie sind. Um Therapeuten, die behaupten, Ihre Ängste mit ein paar Kügelchen oder selbst gemischten Angsttropfen flugs wegzaubern zu können, machen Sie bitte einen weiten Bogen.

Weil die Auswahl des entsprechenden Arzneimittels in der klassischen Homöopathie ganz von der individuellen Krankengeschichte abhängt, verzichten wir hier auch auf die Angabe so genannter bewährter Mittel.

Noch einmal: Psychopharmaka – ja oder nein?

Zum Abschluss dieses Kapitel möchten wir für Sie in Stichworten das Wichtigste zusammenfassen, was Sie über die Behandlung von Panikattacken und Agoraphobie mit Medikamenten wissen sollten.

Grundsätzlich gilt für die medikamentöse Behandlung von Angstzuständen: Medikamente können nur die Symptome beseitigen, nicht aber die Ursachen – es sei denn, es handelt sich wirklich um das Fehlen zum Beispiel von bestimmten körpereigenen Stoffen, die dann im Rahmen einer Substitutionsbehandlung künstlich zugeführt werden müssen. Das wäre bei manchen Störungen im Bereich der Neurotransmitter durchaus denkbar.

	Ja	Nein
Benzo-diazepine	Zur kurzzeitigen Anwendung während einer akuten Panikattacke, denn sie sind die Wirkstoffe, die am schnellsten und zuverlässigsten Angstsymptome auflösen.	Zu einer Behandlung, die über zwei bis drei Wochen hinausgeht. Denn Benzodiazepine machen sehr schnell süchtig, verfestigen das Vermeidungsverhalten und tragen damit nicht zr Heilung bei.
Serotonin-Wiederaufnahme-Hemmer	Damit Sie wieder aus dem Haus gehen können, um Ihre Ängste aktiv zu überwinden. Denn SSRI, trizyklische Antidepressiva und MAO-Hemmer sind die einzigen Medikamente, die Panikattacken verhindern können.	Zur mehrjährigen Langzeitbehandlung von Panikattacken. Denn es gibt bessere Wege aus der Angst, als über lange Zeit Medikamente mit teilweise erheblichen Nebenwirkungen einzunehmen.
Trizyklische Antidepressiva	siehe SSRI	siehe SSRI
MAO-Hemmer	siehe SSRI	siehe SSRI
Neuroleptika		Denn diese Medikamente sind zur Behandlung von Psychosen gedacht, nicht zur Behandlung von seelischen Störungen. Sie haben erhebliche Nebenwirkungen und können Spätschäden verursachen.

	Ja	Nein
Beta-Blocker		Denn sie richten gegen Panikattacken nur wenig und gegen die Angst vor der Angst gar nichts aus. Sie können allerdings im akuten Fall hilfreich sein, zum Beispiel bei Flug- oder Prüfungsangst.
Buspiron	Wenn Antidepressiva Ihre Angst vor der Angst nicht lindern können und Ihnen damit der Weg in eine Verhaltens- oder andere -therapie weiter versperrt bleiben würde.	Nicht zur Langzeitbehandlung, besonders solange man über Nebenwirkungen und mögliches Suchtpotenzial noch nicht mehr weiß.

Im Allgemeinen ist jedoch die Wahrscheinlichkeit groß, dass die Angst selbst bei einer »erfolgreichen« Therapie nach Absetzen der Arznei wieder kommt. Nutzen Sie daher Medikamente möglichst nur als Überbrückung oder »Krücke«, um den Weg in eine Therapie oder Selbsthilfegruppe zu erleichtern bzw. überhaupt zu ermöglichen.

»Hilfe, mein Arzt hat mir ein Neuroleptikum verschrieben ...«
Wenn Sie nach der Lektüre dieses Kapitel feststellen müssen, dass Sie ein Medikament einnehmen, das nicht das Optimale für die Behandlung von Panikattacken ist, sollten Sie es nicht sofort absetzen. Damit riskieren Sie möglicherweise schwer wie-

gende Nebenwirkungen, weil sich Ihr ganz persönliches biologisches Netzwerk ja auf dieses Mittel eingestellt hat. Daher ist es besser, eventuell noch ein paar Tage beim gewohnten Medikament zu bleiben und die weiteren Schritte genau zu planen. Und dazu brauchen Sie noch ein paar Informationen mehr:

- Lesen Sie erst einmal die folgenden Kapitel über die Möglichkeiten der Verhaltenstherapie und anderer Psychotherapien zur Überwindung Ihrer Ängste.
- Nehmen Sie auch Kontakt zu einer Selbsthilfegruppe in Ihrer Nähe auf. Auf diese Weise finden Sie Menschen, die Sie auf dem Weg, der vor Ihnen liegt, mit Verständnis und Erfahrung begleiten können.
- Erst dann sollten Sie zu Ihrem Arzt gehen und Ihre Vorbehalte gegen die bisherigen Medikamente offen aussprechen.
- Wenn Sie bei diesem Gespräch den Eindruck gewinnen, dass Ihr Arzt für Ihre Bedenken und Wünsche nicht offen ist – dann wechseln Sie den Arzt. Sie haben ein Recht darauf, von einem Arzt behandelt zu werden, der auch Ihre Persönlichkeit ernst nimmt.
- Solche Ärzte finden Sie zum Beispiel in den Ambulanzen für Angstpatienten an den Universitätskliniken und anderen größeren Krankenhäusern. Viele Ambulanzen bieten auch vorab eine telefonische Beratung an. Adressen und Telefonnummern finden Sie ab Seite 273.

Psychotherapie

Was ist Psychotherapie?

Der Begriff Psychotherapie (wörtlich übersetzt: Seelenbehandlung) weckt recht unterschiedliche Assoziationen. Für die einen gehört Psychotherapie schon beinahe zum guten Ton, frei nach dem Woody-Allen-Motto »Mein Therapeut (Analytiker) sagt auch immer ...« Während Psychotherapie früher vor allem bei schweren seelischen Störungen angewandt wurde, betrachten manche sie heute als schicken oder abenteuerlichen Zeitvertreib, als Fluchtmöglichkeit in eine heile Welt oder sogar als Ersatzdroge. Die Zahl der Behandlungsformen ist unübersehbar geworden, die meisten der neuen Methoden zielen nicht mehr in erster Linie auf Heilung ab, sondern vor allem auf intensive Erlebnisse, starke Gefühlsausbrüche, schnelle Effekte. Kein Wunder, dass die Psychotherapie dabei in Misskredit geraten ist. »Mag jemand nackt tanzen oder in Mönchstracht meditieren, mag jemand den Urschrei proben oder sich in den Uterus rückfantasieren, so möge er bitte nicht das Wort Therapie dafür verwenden« – Dieser Leserbrief eines klinischen Psychologen auf einen Artikel über Psychotherapie im »Stern« drückt aus, wie sehr die seriösen Therapeuten unter den seltsamen Auswüchsen des Psychobooms leiden.

Es gibt aber immer noch auch Menschen, die jeder Form von Psychotherapie, auch der seriösen, skeptisch gegenüberstehen. Meist wissen sie wenig darüber, was in einer Therapie wirklich geschieht. Sie vermuten vor allem gute Ratschläge, realitäts-

fremde Erklärungen, die nichts verändern, oder undurchschaubare Beeinflussungsversuche des Therapeuten. Manche meinen schlichtweg, Psychotherapie sei nur etwas für »Verrückte«. Die Vorstellungen haben mit der Wirklichkeit nicht viel gemein:
- Der Psychotherapeut gibt keine guten Ratschläge – davon hat der Klient ja schon genug bekommen.
- Es kommt zwar vor, dass ein Therapeut Erklärungen gibt für Verhaltensweisen des Klienten. Ein viel wichtigeres Ziel der Therapie als das Verstehen ist aber, dem Klienten Veränderungen im Denken, Fühlen und Handeln zu ermöglichen.
- Ein seriöser Therapeut will den Klienten nicht überlisten oder auf geheimnisvolle Weise beeinflussen, er will gemeinsam mit dem Klienten ein bestimmtes, vorher festgelegtes Ziel erreichen – zum Beispiel das Verschwinden der Panikattacken.
- Psychotherapie ist eine seriöse Behandlungsform für seelische Störungen. Wer eine Psychotherapie beginnt, ist nicht »verrückt«, sondern unternimmt einen mutigen Schritt, um das Problem selbst anzugehen.

Was Psychotherapie wissenschaftlich gesehen ist, hat Dr. Siegfried Höfling vom Institut für klinische Psychologie der Uni München für den Berufsverband Deutscher Psychologen niedergeschrieben: »Im psychotherapeutischen Raum werden Bedingungen hergestellt, die Lernprozesse beim Patienten in Gang setzen. Der Patient lernt eine präzisere Wahrnehmung seines Verhaltens und Erlebens, gewinnt einen gewissen Grad an Einsicht in sein ›Sich-so-Verhalten‹ und wird letztlich in die Lage versetzt, angemessene Verhaltens- und Einstellungsänderungen herbeizuführen. Lernen findet im ersten Schritt in der kommunikativen Interaktion zwischen Therapeut und Patient statt. Im späteren Verlauf übernimmt der Patient die Steuerung des Änderungsprozesses selbstständig. Eine wesentliche Aufgabe der Psychotherapie ist somit auch, dem Patienten zu helfen, die verloren gegangene Eigeninitiative wiederzugewinnen und ihn zu seinem eigenen Problemlöseexperten für zukünftige Probleme und Schwierigkeiten auszubilden.«

Psychotherapie besteht also in erster Linie darin, dass Therapeut und Klient miteinander reden, manchmal werden auch andere Techniken wie Malen, Rollenspiele, Fantasien eingesetzt. In der Verhaltenstherapie ermöglicht der Therapeut dem Patienten auch, bestimmte Verhaltensmuster in der Praxis einzuüben.

Dieses Zusammenarbeiten von Therapeut und Klient hat das Ziel, den Klienten dazu zu befähigen, mit bestimmten Schwierigkeiten (wieder) zurechtzukommen. Während der Therapie sieht der Klient seine Schwierigkeiten in ganz neuem Licht und kann so wagen, seine ausgetretenen Grübel- und Verhaltenspfade zu verlassen. Psychotherapie ist kein Wundermittel, aber sie kann erstaunliche Denk-, Gefühls- und Verhaltensänderungen bewirken, wenn der Klient das wirklich will. Dazu der Psychotherapieforscher Prof. Klaus Grawe in Bern, der sich seit vielen Jahren mit den verschiedenen Psychotherapieformen und ihren Wirkungen beschäftigt: »In der Regel ist Psychotherapie eine Erfahrung, die man später nicht mehr missen möchte. Die meisten empfinden eine Therapie als sehr wertvoll. Allerdings: Man muss bereit sein, schmerzhafte Gefühle zu durchleben, wenn auch mit der emotionalen Stütze des Therapeuten. Wohltuend und heilend wirkt oft schon die Erfahrung: Da ist ein Mensch, der sich das Teilen meiner Probleme zum Anliegen macht.«

Es gibt aber auch Menschen, die haben es schon einmal mit

Psychotherapie versucht und sind jetzt unzufrieden oder enttäuscht. Vielleicht haben sie eine oder sogar mehrere Therapien abgebrochen. Das kann sehr verschiedene Gründe haben. Natürlich ist das Können des Therapeuten sehr wichtig, aber auch die Methode, die zur Persönlichkeit des Klienten passen sollte, das Zusammenpassen von Therapeut und Klient. Schließlich kommt es vor, dass jemand zwar eine Therapie beginnen will, der richtige Zeitpunkt dafür aber doch noch nicht da ist – in unserem Fall vielleicht, weil er die Panikattacken noch dringend »braucht«.

Wer also schlechte Erfahrungen mit Therapien oder Therapeuten gemacht hat, sollte diesen Weg aus der Angst noch nicht für ungangbar halten. Vielleicht kommen ihm nach Lektüre dieses Kapitels neue Ideen, weshalb die Therapie(n) scheiterte(n), und er wagt einen neuen Anlauf.

Who ist who:
Psychiater, Neurologe, Psychotherapeut

Wer sich in Psychotherapie begeben will, sieht sich den unterschiedlichsten Angeboten gegenüber. Und die, die Psychotherapie anbieten, tragen die verschiedensten Bezeichnungen. Nicht alle sind seriös, aber für einen Laien sind sie kaum zu durchschauen. Deshalb hier die wichtigsten Bezeichnungen aus dem Psycho-Angebot.

Psychiater Der Psychiater ist Facharzt für geistige und seelische Krankheiten und Störungen. Da sie in erster Linie Ärzte sind, gehen die meisten Psychiater von der körperlichen Seite her an die Störungen heran – das heißt: vor allem mit Medikamenten. Nur wenn ein Psychiater auch eine psychotherapeutische Zusatzausbildung hat, ist er berechtigt, Psychotherapie auszuüben.

Neurologe Der Neurologe ist Facharzt für Krankheiten des Nervensystems, z. B. Multiple Sklerose. Er behandelt ebenfalls vor allem mit Medikamenten. Von manchen Menschen wird auch der Psychiater Neurologe genannt, weil es ihnen peinlich ist, zum Psychiater zu gehen. Deshalb werden Psychiater und Neurologen oft verwechselt. Es gibt aber auch Ärzte, die sowohl Psychiater als auch Neurologen sind und manchmal »Nervenärzte« genannt werden.

Ärztlicher Psychotherapeut Nicht nur Psychiater und Neurologen, auch andere Ärzte können eine zusätzliche Ausbildung in Psychotherapie absolvieren. Dann können sie sich »ärztliche Psychotherapeuten« nennen.

Psychologe Bis vor einiger Zeit war die Bezeichnung »Psychologe« nicht geschützt, das heißt, jeder konnte sich so nennen. Inzwischen macht sich sogar strafbar, wer sich Psychologe nennt, ohne ein Hochschulstudium der Psychologie abgeschlossen zu haben. Um Missverständnissen vorzubeugen, nennen sich Psychologen mit abgeschlossenem Studium »Diplom-Psychologe«. Ein Diplom-Psychologe ist aber nicht automatisch Psychotherapeut.

Psychologischer Psychotherapeut darf sich nur nennen, wer sein Psychologie-Studium erfolgreich abgeschlossen hat und danach noch drei Jahre zusätzlich eine Ausbildung in Psychotherapie absolviert hat.

Psychotherapeut dürfen sich schließlich nur Diplom-Psychologen und Ärzte nennen, die eine mehrjährige Ausbildung in Psychotherapie abgeschlossen haben. Dies gilt aber erst, seit das neue Psychotherapeutengesetz Anfang 1999 in Kraft trat. Sollten Sie zum Beispiel ein Branchenbuch oder einen Therapeutenführer zu Rate ziehen, der noch davor gedruckt wurde, so müssen diese strengen Kriterien auf die dort verzeichneten »Psychotherapeuten« nicht unbedingt zutreffen.

Psychoanalytiker Die Bezeichnung Psychoanalytiker wird oft mit »Psychotherapeut« gleichgesetzt. Der Psychoanalytiker ist aber ein Psychotherapeut, der sich auf eine bestimmte Therapieform, die Psychoanalyse, spezialisiert hat. Die Bezeichnung ist nicht geschützt. Ausbildungsinstitute verschiedener psychoanalytischer Fachrichtungen haben sich in der Deutschen Gesellschaft für Psychoanalyse, Psychotherapie, Psychosomatik und Tiefenpsychologie (DGPPT) zusammengeschlossen und Richtlinien für die Weiterbildung zum Psychoanalytiker festgelegt. Heute werden dazu nur Ärzte und Diplom-Psychologen zugelassen.

Schließlich gibt es auf dem Psychomarkt auch noch eine Menge Fantasiebezeichnungen wie »psychologischer Berater« oder »praktischer Psychologe«. Solche Titel haben nichts zu sagen und sollten eher Anlass zu Misstrauen geben. Ein Mensch, der sich einen Fantasietitel zulegt, hat höchstwahrscheinlich keine echte Ausbildung vorzuweisen.

Natürlich gibt es noch Angehörige anderer Berufe, die Gespräche anbieten, etwa Seelsorger, Heilpraktiker. Solche Gespräche können sehr hilfreich sein – aber hier haben Betroffene keine Garantie für eine fundierte psychotherapeutische Ausbildung. Sie müssen sich ganz auf ihren persönlichen Eindruck verlassen. Wer also eine echte Psychotherapie sucht, sollte sich an einen zugelassenen Psychotherapeuten nach den oben genannten Kriterien wenden.

Welche Therapien zahlen die Krankenkassen?

Durch eine neue gesetzliche Regelung, das Psychotherapeuten-Gesetz von 1999, ist der Weg zu einer kassenbezahlten Therapie deutlich einfacher geworden. Die gesetzlichen Krankenkassen kommen jetzt für die Kosten einer Psychotherapie auf, wenn bestimmte Voraussetzungen erfüllt sind:
- Die psychische Störung muss Krankheitswert haben, das heißt, der Betroffene muss schwer darunter leiden. Für eine Psychotherapie als Lebens-, Erziehungs- oder Eheberatung zahlen die Kassen nicht.
- Der betreffende Psychotherapeut muss von der Krankenkasse zugelassen sein. Solch eine Zulassung kann er nur beantragen, wenn er sich in einer der folgenden drei Methoden fortgebildet hat: in der psychoanalytischen Therapie, der tiefenpsychologisch fundierten Therapie und der Verhaltenstherapie. Andere bewährte Methoden wie zum Beispiel die Gestalttherapie werden von den Kassen nicht anerkannt. (Diese Einschränkung gilt allerdings nur für die ambulante Behandlung. Bei einer Psychotherapie in der Klinik können eventuell auch andere Therapien von den Kassen bezahlt werden.)

Die Vertrags-Psychotherapeuten dürfen allein feststellen, ob eine psychische Erkrankung vorliegt und führen diese Behandlung dann eigenverantwortlich durch. Der Patient kann sich also direkt und ohne Umweg über einen Arzt an den Therapeuten wenden. Nach Vorlage seiner Versicherungskarte führt er mit dem Therapeuten die ersten, die so genannten probatorischen Gespräche. Dabei stellt der Therapeut die Diagnose und reicht dann einen Behandlungsplan bei der Kasse ein. Ist dieser genehmigt und hat ein Arzt festgestellt, dass keine körperliche Erkrankung dazukommt, kann die Therapie beginnen.

Leider hat die Sache einen Haken: Gerade in ländlichen Gebieten sind die Vertrags-Therapeuten oft hoffnungslos überlastet, Wartezeiten von mehreren Monaten sind keine Seltenheit. Gerade bei Angststörungen aber kann eine mehrmonatige Wartezeit die Störung sehr verfestigen – ganz abgesehen davon, dass solch eine Wartezeit für die Betroffenen als unerträglich empfunden wird. In diesem Fall kann der Betroffene sich selbst einen seriösen Therapeuten suchen und dann bei der Krankenkasse den Antrag stellen, dass sie die Kosten für eine Behandlung auch erstattet bekommt, wenn dieser Psychotherapeut eine andere Methode als die oben genannten anwendet.

Wichtig: Der Antrag muss genehmigt sein, bevor die Therapie beginnt – sonst bleiben Sie eventuell auf den Behandlungskosten sitzen, die Sie vorstrecken müssen.

Und noch etwas: Sie müssen nachweisen können, dass Sie keinen Therapieplatz bei einem Vertragstherapeuten in zumutbarer Entfernung und bei zumutbarer Wartezeit finden konnten. Dafür sollten Sie sich Notizen bei Ihrer Therapeutensuche machen – wann haben Sie wen mit welchem Ergebnis angerufen. Diese Notizen fügen Sie dann dem Antrag bei.

Wie finde ich den richtigen Therapeuten?

Der richtige Therapeut muss qualifiziert ausgebildet sein, er muß in erreichbarer Nähe praktizieren, er muss Zeit für Sie haben – und Sie müssen ein Vertrauensverhältnis zu ihm aufbauen können.

Der erste Schritt ist schon getan: Sie wissen, wie Sie erkennen können, ob ein Therapeut eine solide Ausbildung hat, um einen Menschen mit Panikattacken behandeln zu können.

Als nächsten Schritt müssen Sie Adressen von Therapeuten in Ihrer Nähe suchen. Die einfachste Möglichkeit: Fragen Sie bei Ihrer Krankenkasse nach, dabei erfahren Sie auch gleich, mit welchen Therapeuten Ihre Kasse abrechnet.

Noch mehr qualifizierte Therapeuten (aber nicht unbedingt nur welche, die von der gesetzlichen Krankenkasse anerkannt sind) finden Sie beim PID, dem »Psychotherapie-Informations-Dienst«, den der Berufsverband Deutscher Psychologen aufgebaut hat. Unter der Servicenummer 02 28 / 74 66 99 (normale Ferngesprächsgebühren) erfahren Sie kostenlos nicht nur, welche Psychotherapeuten es in Ihrer Nähe gibt, sondern auch, in welchen Methoden sie ausgebildet sind und ob sie sich zum Beispiel auf die Behandlung von Angstzuständen spezialisiert haben. Sie können die Anfrage auch schriftlich stellen:

> Psychotherapie-Informations-Dienst
> Heilsbachstraße 22–24
> 53123 Bonn
> Fax: 02 28 / 64 10 23
> E-Mail: pid@psychotherapiesuche.de
> Im Internet ist die PID-Datenbank auch direkt
> abrufbar unter: www.psychotherapiesuche.de

Wenn Sie das Glück haben, in der Nähe einer Universitätsklinik mit Angstambulanz zu wohnen, ist der erste Weg natürlich dorthin (Adressen siehe Anhang). Wohnt man weiter weg, so lohnt sich trotzdem eine Anfrage: Oft wissen die Mitarbeiter dort, wer von ihren Kollegen sich vielleicht im Umland mit einer eigenen Praxis niedergelassen hat.

Sind Sie privat versichert oder bereit, eine qualifizierte Verhaltenstherapie aus eigener Tasche zu bezahlen, dann können Sie sich auch an eine der Niederlassungen der Christoph-Dornier-Stiftung wenden (siehe Kapitel Verhaltenstherapie).

Guten Erfolg haben auch Nachfragen bei Beratungsstellen der Gemeinden, Kirchen, Wohlfahrtsorganisationen und Frauentherapiezentren. Diese Institutionen stehen unter den Stichwörtern Ehe-, Familien- oder Lebensberatung im Telefonbuch. Wer einen Therapeuten einer bestimmten Therapierichtung sucht, erkundigt sich am besten bei der Geschäftsstelle des jeweiligen Verbandes. Adressen der wichtigsten Fachgesellschaften und Verbände finden Sie ebenfalls im Anhang.

Schließlich gibt es auch noch die Möglichkeit, sich einen Diplom-Psychologen oder noch besser klinischen Psychologen aus dem Branchenbuch zu suchen, sie stehen dort unter Psychologen oder Psychotherapeuten. Wer Freunde oder Bekannte mit Therapieerfahrung hat, kann sich natürlich auch einen Therapeuten empfehlen lassen. Aber Vorsicht: Es kann für den Erfolg der Therapie von Nachteil sein, den Therapeuten mit einem Familienmitglied oder engem Freund zu »teilen«. Und: Ein Therapeut, der für den einen geradezu ideal ist, muss noch lange nicht zu einem anderen Menschen passen.

Womit wir bei der letzten Voraussetzung wären: Zwischen dem Therapeuten und Ihnen muss die Chemie stimmen. Das können Sie nur durch ein so genanntes Erstgespräch feststellen.

Was ist beim Erstgespräch zu beachten?

Bevor die Therapie beginnt, führen Klient und Therapeut ein »Erstgespräch«, das mindestens eine Stunde dauert. Es dient beiden Seiten dazu, einander kennen zu lernen und festzustellen, ob eine Therapie in dieser Konstellation möglich ist. Bei einem von der Kasse zugelassenen Therapeuten zahlt die Kasse auch das Erstgespräch. Stellt sich heraus, dass Therapeut und Klient gar nicht miteinander auskommen, so kann sich der Klient einen anderen Therapeuten suchen. Manche Psychologen bieten auch kostenlose Erstgespräche an.

An den Ausgaben für ein oder mehrere Erstgespräche sollte man auf keinen Fall sparen. Schließlich hängt der Erfolg einer Therapie wesentlich davon ab, ob der Therapeut und der Klient eine gute, vertrauensvolle Beziehung miteinander aufbauen können (siehe Seite 246, Abschnitt: Welche Methode ist die beste?). Und laut Bärbel Schwertfeger und Klaus Koch in ihrem Buch *Der Therapieführer:* »Eine gute Therapeut-Klient-Beziehung ist nicht nur Voraussetzung für therapeutischen Erfolg, sie ist gleichzeitig auch ein Modellfall dafür, wie der Klient sich anderen Personen gegenüber verhält. Über die therapeutische Beziehung werden so Veränderungen im sozialen Verhalten des Klienten ermöglicht. Hier kann er z. B. die Erfahrung machen, seine Schwächen offen eingestehen zu können, ohne – wie in seiner bisherigen Erfahrung – automatisch abgelehnt zu werden.«

Es schadet nicht, sich auf das Erstgespräch ein wenig vorzubereiten. Ein guter Therapeut wird möglichst viel über die Art der Beschwerden wissen wollen. Er will nicht nur wissen, *dass* der Klient Angst hat, sondern auch, *wie* seine Angst beschaffen ist. Dr. Lydia Hartl vom Münchner Max-Planck-Institut für klinische Psychologie hat einen Angstfragebogen entwickelt, den man täglich ausfüllt, ein »Angst-Tagebuch« sozusagen. Ursprünglich ist er dazu da, den Erfolg der Therapie im Laufe der Behandlung zu überprüfen. Er eignet sich aber auch gut dazu, sich über die eigene Angst klar zu werden, um sie im Erstgespräch besser schildern zu können. Den Fragebogen finden Sie auf der folgenden Doppelseite.

Im Übrigen sollte man den Therapeuten fragen, welche Ausbildung er hat – er sollte Diplom-Psychologe oder Arzt sein und eine zusätzliche Ausbildung in mindestens einer Therapieform haben, die ihm die Bezeichnung »Psychotherapeut« erlaubt (siehe »Who is who ...«, Seite 227). Wenn er die Zulassung besitzt, direkt mit der gesetzlichen Krankenkasse abzurechnen, können Sie sicher sein, dass er eine seriöse Ausbildung genossen hat. Außerdem sollte er in der Lage sein zu erklären, wie seine Form der Angstbehandlung aussieht. Äußerstes Misstrauen ist angebracht, wenn ein Therapeut
- seine Methode marktschreierisch als besonders neu, sensationell oder Wunder wirkend anpreist;
- unrealistische Versprechungen macht oder droht, etwa »In ein paar Stunden sind Sie Ihre Angst los« oder »Wenn ich Ihnen nicht helfen kann, kann Ihnen niemand helfen«;
- sich weigert (oder ausweicht), klare Informationen über Therapiemethode und -verlauf zu geben, etwa nach dem Motto »Das werden Sie dann schon sehen«;
- Vorauszahlungen oder Barzahlung ohne Quittung fordert.

Nach dem Gespräch sollte man sich die Zeit nehmen und die eigenen Gefühle prüfen. Hier einige Fragen, die dabei helfen können:
- Habe ich mich ernst genommen gefühlt? Durfte ich sein, wie ich bin?

Angst-Tagebuch

1. Heute hatte ich einen Angstanfall, in dem ich plötzlich erschrocken bin oder mich unerwartet sehr unwohl fühlte.

2. Ich hatte Angst, allein das Haus zu verlassen, mich in Menschenmengen zu befinden oder an bestimmten öffentlichen Plätzen (z. B. Tunnels, Brücken, U-Bahn, Aufzüge).

3. Ich war sehr besorgt, dass ich einen Angstanfall bekommen könnte, und habe deshalb bestimmte Situationen oder Orte vermieden.

4. Den ganzen Tag über mache ich mir schon viele Sorgen über Dinge, die passieren können, bin unsicher und angespannt.

5. Ich hatte folgende unangenehme körperliche Erscheinungen:

6. Ich hatte folgende unangenehme Gedanken:

7. Ich hatte Angst vor folgenden Tätigkeiten, Menschen, Objekten oder Tieren:

8. Ich hatte heute folgende besondere Belastungen oder Kränkungen erlebt:

Psychotherapie

*Datum*_____

Uhrzeit (von–bis)	*Situation*	*Angststärke* (0–10)
_____	_____	_____
_____	_____	_____
_____	_____	_____
_____	_____	_____
_____	_____	_____
_____	_____	_____
_____	_____	_____
_____	_____	_____

Art der Befürchtung	*Stärke (0–10)*
_____	_____
_____	_____
_____	_____
_____	_____
_____	_____
_____	_____

Bitte beurteilen Sie am Ende jedes Tages:
1. Durchschnittliche Angst (0–10): _____
2. Durchschnittliches Befinden
   (0 = sehr schlecht, 10 = sehr gut): _____
3. Wie viele Stunden Schlaf hatten Sie? _____
4. Wie viele Stunden haben Sie gearbeitet? _____
   Waren Sie allein außer Haus? _____
   Waren Sie in Begleitung außer Haus? _____

- Hat er sich Zeit genommen und mir sein Interesse auch durch Nachfragen gezeigt?
- Hatte ich das Gefühl, ständig auf der Hut sein zu müssen?
- Kann ich menschliches und fachliches (so weit das zu beurteilen ist) Vertrauen zu ihm haben?
- Welche Gefühle habe ich bei dem Gedanken, ein zweites Mal dorthin zu gehen?

Zweifel am Therapeuten oder eine gewisse Abneigung müssen noch nicht bedeuten, das es der Falsche ist. Man sollte stattdessen Zweifel und Vorbehalte möglichst offen aussprechen, sehen, wie er darauf reagiert – wehrt er sie ab, oder geht er darauf ein? – und dann noch einmal nachfühlen, ob man Vertrauen fassen kann. Ein negatives Gefühl dem Therapeuten gegenüber kann aber auch bedeuten, dass die Übertragung von Gefühlen auf den Therapeuten, die man eigentlich anderen Menschen gegenüber hat, schon begonnen hat. Ein guter Therapeut sollte das allerdings schneller merken als der Klient.

Von manchen Panikpatienten mag es zu viel verlangt sein, auf der Suche nach einem Therapeuten so kritisch und wählerisch vorzugehen. Trotzdem sollten sie es tun – um einer erfolgreichen Therapie willen. Das betont auch der Psychotherapeut und Schriftsteller Tilmann Moser in seinem Buch *Kompass der Seele – ein Leitfaden für Psychotherapiepatienten:* »Du gehst doch auch nicht, wenn du ein Auto brauchst, in den nächstbesten Laden und kaufst eines! Du hast ein Recht und die Pflicht zur Sorgfalt, du brauchst ein Rücktrittsrecht, gerade gegenüber deiner eigenen Gier, jetzt endlich anzukommen. Wenn du vor lauter Torschlusspanik ganz wirr im Kopf bist und die Schnauze vom Suchen voll hast, dann erst Recht. Noch ein paar Monate Elend sind besser als eine Hals-über-Kopf-Verbindung ...«

Was ist besser: Gruppen- oder Einzeltherapie?

Darauf gibt es keine eindeutige Antwort, denn in der Wirksamkeit scheinen sich die beiden Therapieformen nicht zu unterscheiden. Allerdings haben sie unterschiedliche Vor- und Nachteile: In der Einzeltherapie kann der Therapeut eine klare Diagnose stellen, er kann die Behandlung genau auf die Bedürfnisse des einzelnen Patienten ausrichten, und beide können ein besseres Vertrauensverhältnis aufbauen. In der Gruppentherapie ist der Behandlungserfolg nicht so sehr von der Person des Therapeuten abhängig, denn alle Gruppenmitglieder wirken bei der Behandlung aller mit. Die Patienten machen die oft sehr entlastende Erfahrung, dass sie mit ihrem Problem nicht allein sind. Sie können zusammen üben und eventuell die Gruppe später als Selbsthilfegruppe weiterführen.

Wahrscheinlich ist es oft am besten, beide Möglichkeiten zu kombinieren: Einzelsitzungen als Einstieg und wenn besondere Probleme vorhanden sind, etwa eine vorher verdeckte Depression, ansonsten Gruppentherapie. Wichtiger noch als diese theoretischen Überlegungen ist aber das Gefühl, das Sie bei dem Gedanken an Gruppen- oder Einzeltherapie haben. Haben Sie schon im Voraus eine Abneigung gegen eine der beiden Therapieformen, so sollten Sie sich davon leiten lassen und die andere Form wählen.

Was ist besser: stationäre oder ambulante Behandlung?

Grundsätzlich ist es nicht nötig und sinnvoll, sich wegen Panikattacken im Krankenhaus behandeln zu lassen. Im Gegenteil, es kann sogar Nachteile haben. Zum Beispiel, wenn jemand ins Krankenhaus geht, um auch nur das geringste Angstgefühl zu vermeiden, und damit seine Angst nur noch verfestigt. In vielen psychiatrischen Kliniken besteht außerdem die Gefahr, dass die Patienten auch dann Medikamente bekommen, wenn es eigentlich gar nicht nötig ist. Sie geraten dann leicht in die Routine des Klinikbetriebs, ob sie wollen oder nicht. Bevor Sie sich in eine psychiatrische Klinik aufnehmen lassen, sollten Sie deshalb auf jeden Fall klären, ob es dort ein besonderes Behandlungsmodell gegen Panikattacken gibt, wie lange die stationäre Behandlung voraussichtlich dauern wird, und ob die Klinik hinterher auch ambulante Kontaktmöglichkeiten bietet. Sie sollten sich aber möglichst nicht als Notfall in irgendeine psychiatrische Klinik einweisen lassen. Besser wäre es, sich von einer auf Panikattacken eingestellten Ambulanz beraten zu lassen und dann eine psychosomatische Klinik zu suchen. Hier noch einige Hinweise, wann eine stationäre Behandlung sinnvoll sein kann:

- Bei besonders schwerem Krankheitsverlauf mit mehreren Anfällen am Tag, die ein Leben zu Hause zumindest momentan unerträglich machen.
- Wenn eine starke Depression dazukommt.
- Wenn noch nicht sicher ist, ob die Angst nicht organische oder psychotische Ursachen hat, die notwendigen Untersuchungen aber ambulant nicht durchgeführt werden können.
- Wenn die Patientin oder der Patient medikamenten- oder alkoholabhängig ist, und ein Entzug mit ärztlichem Beistand notwendig ist.

Was tun, wenn man sich vor Angst nicht mehr aus dem Haus traut?

Wer längere Zeit unter Panikattacken gelitten hat, weiß es aus eigener Erfahrung: Die Angst vor der Angst kann sich so steigern, dass es unmöglich ist, das Haus zu verlassen. Solch ein Maß an Angst ist natürlich ein Hindernis auf der Suche nach einem geeigneten Therapeuten. Zum einen kann man nicht einfach Erstgespräche vereinbaren. Zum andern lehnen viele Therapeuten es ab, außerhalb ihrer Behandlungsräume zu arbeiten. Sie tun das nicht unbedingt aus Bequemlichkeit – für viele ist der selbst zurückgelegte Weg eine der Grundvoraussetzungen für die therapeutische Situation. Was also tun, wenn der Therapeut Ihrer Wahl nicht bereit ist, Sie zu Hause zu besuchen?

Es gibt zwei Möglichkeiten: Sie können sich von einem erfahrenen Arzt – eventuell vom Hausarzt – für eine klar begrenzte Zeit Medikamente verschreiben lassen, die die Angst so weit reduzieren, dass sie sich auf Therapeutensuche begeben können. In diesem Fall sollten Sie so bald wie möglich und in Absprache mit dem Arzt die Medikamentenbehandlung beenden.

Die andere Möglichkeit ist, telefonisch einen anderen Psychotherapeuten zu finden, der bereit ist, mit der Therapie in der Wohnung des Patienten zu beginnen. Am besten wäre es hier, mit einem Verhaltenstraining zu beginnen, das Ihnen ermöglicht, den Therapeuten aufzusuchen. Denn die Fähigkeit, die Praxis des Therapeuten aufzusuchen, ist ein erster und sehr wichtiger Schritt zur Heilung.

Hier noch ein Tipp aus den Erfahrungen Betroffener: Manchen fiel es leichter, aus dem Haus zu gehen, wenn sie im Taxi fahren konnten, wenn es dunkel war oder sie einen Schirm aufspannten.

Kann man vom Psychotherapeuten abhängig werden?

Der Klient, der vor jeder auch noch so kleinen Entscheidung des täglichen Lebens zu seinem Therapeuten/Analytiker rennt, ist eines der verbreitetsten Zerrbilder der Psychotherapie. Leider ist es nicht völlig aus der Luft gegriffen, denn während einer Therapie können verschiedene Abhängigkeitsgefühle beim Klienten entstehen. Da ist einmal die ganz normale Abhängigkeit, die vor allem am Anfang einer Therapie auftreten kann. »In der ersten Zeit habe ich nur noch von Woche zu Woche, von Behandlungsstunde zu Behandlungsstunde gelebt«, sagen viele Betroffene, wenn sie von ihrer Psychotherapie erzählen. Dieses Gefühl ist verständlich. Denn nach einer Zeit des intensiven Leidens, der Angst und Unsicherheit ist da auf einmal ein Mensch, der sich voll auf das Problem und auf die Person einstellt, der menschliche Wärme, Verständnis und Zuversicht vermittelt. Und der etwas tut, was es in den Alltagsbeziehungen praktisch nicht gibt: Er akzeptiert einen, ganz gleich, was man tut oder sagt, ohne Werturteil. Kein Wunder, dass man meint, davon gar nicht genug bekommen zu können.

Hier entsteht die Gefahr von zu großer Abhängigkeit. Denn manche Klienten tun sich schwer, diesen künstlichen, schönen Schonraum wieder zu verlassen. Und es gibt auch schlechte Therapeuten, die die Abhängigkeit des Klienten missbrauchen. Sei es, weil sie dadurch eigene seelische Bedürfnisse befriedigen oder weil sie einfach etwas länger an diesem Klienten verdienen wollen. Aber eine Therapie ist mehr als menschliche Wärme und Akzeptieren. Ein guter Therapeut wird deshalb immer dafür sorgen, dass der Klient oder die Klientin an seinen Problemen arbeitet und dabei auch unangenehme Gefühle durchlebt. Und er wird von Anfang an die Trennung beabsichtigen. Denn ein guter Therapeut will sich selbst so schnell wie möglich überflüssig machen. Und das ist relativ einfach, wenn die Klientin oder der Klient in der Therapie gelernt hat, sich selbst etwa so anzunehmen, wie es der Therapeut vorher getan hat.

Wer Angst hat, in der Therapie in Abhängigkeit zu geraten, der sollte folgende Dinge beachten:

- ♦ Machen Sie von Anfang an gemeinsam mit dem Therapeuten ein klares und realistisches Ziel aus. Es reicht zum Beispiel nicht zu sagen »Ich will keine Angst mehr haben« oder »Es soll mir besser gehen«. Überprüfen Sie von Zeit zu Zeit, ob Sie dieses Ziel auch nicht aus den Augen verlieren. Sprechen Sie es auch in der Therapie an, wenn Sie es für notwendig halten.
- ♦ Lassen Sie sich vom Therapeuten auch zwischendurch klare Informationen über den Verlauf der Therapie geben.
- ♦ Wenn Sie keine Verhaltenstherapie machen: Gehen Sie neben der Therapie aktiv gegen Ihre Angst vor, indem Sie immer mal wieder angstbesetzte Situationen aufsuchen. So proben Sie Ihre Unabhängigkeit im Alltag.
- ♦ Und wenn Sie schon Angst haben, in zu große Abhängigkeit geraten zu sein: Lassen Sie es den Therapeuten wissen.

Was tun, wenn man mit dem Therapeuten nicht zufrieden ist?

Psychotherapie ist eine zwar künstlich hergestellte, aber lebendige Beziehung zwischen zwei Menschen. Sie hat ihre Höhen und Tiefen. Zu den Tiefen gehören Zeiten, in denen der Klient mit dem Therapeuten nicht zufrieden ist. Diese Unzufriedenheit kann ganz natürliche Gründe haben: So kann es sein, dass der Klient unangenehme Gefühle gegenüber dem Therapeuten hat, die sich eigentlich auf eine andere Person (z. B. Vater oder Mutter) beziehen, aber auf den Therapeuten übertragen werden. Es kann auch sein, dass die Therapie gerade in einer schwierigen Phase ist, in der es scheint, als ob sich nichts mehr verändert und nichts besser wird. Es kann sogar sein, dass man das Gefühl hat, die Angst verschlimmere sich zeitweilig. All das ist in Ordnung, solange man daneben das Gefühl hat, dass man dem Therapeuten vertrauen kann und immer noch ernsthaft an den Problemen gearbeitet wird. Dazu der Psychotherapieforscher Prof. Klaus Grawe: »Richtige Veränderung geht nicht auf angenehmem Wege. Ärger oder Enttäuschung über den Therapeuten gehören dazu. Das ist wie in einer Freundschaft: Die Beziehung wächst daraus. Auf jeden Fall aber sollte man die Unzufriedenheit in der Therapie ansprechen, denn sie kann ein wichtiger Hinweis sein.«

Es gibt aber auch Situationen, in denen die Unzufriedenheit ein Alarmzeichen ist. Wenn man zum Beispiel das Vertrauen in den Therapeuten verloren – oder nie gewonnen – hat. Wenn der Therapeut ständig ungeduldig, abschätzig oder abgelenkt ist. Wenn sich zwischen Therapeut und Klient ständig kleine Machtkämpfe abspielen. Auch in solch schwer wiegenden Fällen sollte man, wenn irgend möglich, noch versuchen, dem Therapeuten seine Unzufriedenheit mitzuteilen. Denn auch ein Psychotherapeut ist nur ein Mensch, der Fehler machen kann – er muss eine Chance haben, diese Fehler zu erkennen und wieder gutzumachen. Meistens ergibt sich schon aus der Reaktion des Therapeuten auf die Kritik, ob es sich lohnt, die Therapie fortzusetzen, oder ob es besser ist, den Therapeuten zu wechseln. Man sollte sich einen anderen Therapeuten suchen, wenn man den Eindruck hat, dass er sich gegen die Zweifel oder Kritik gänzlich abschottet und keine Vertrauensbasis mehr herzustellen ist.

Es gibt eine Situation, in der es keinen Sinn mehr hat, eine neue Basis zu suchen: Wenn der Therapeut versucht, eine Klientin sexuell zu belästigen. Dies ist ein solch gravierender Missbrauch der therapeutischen Situation, dass eine Therapie unter diesen Umständen nicht mehr möglich ist. Sexuelle Übergriffe von Therapeuten sind zwar selten, sie kommen aber vor. In diesem Fall sollte auch der BDP (Berufsverband Deutscher Psychologen, Adresse im Anhang) unterrichtet werden, damit andere Frauen vor solch einem Übergriff geschützt werden.

Kann eine Therapie die Partnerschaft kaputtmachen?

Das kommt natürlich auf die Partnerschaft an. Eine gelungene Psychotherapie bedeutet immer, dass ein Mensch sich weiterentwickelt. Nun gibt es Partnerschaften, deren Stabilität vor allem darauf beruht, dass die Defizite der beiden Partner zueinander passen. Ein sehr eifersüchtiger Mann etwa wird vielleicht gar nicht so traurig über die Angstzustände seiner Frau sein, die sie ans Haus fesseln. Lernt sie nun in der Therapie, wieder allein das Haus zu verlassen, so könnte es zwischen den Partnern zu ernsten Konflikten kommen. Hier wäre es wichtig, dass der Ehemann ebenfalls bereit ist, an sich zu arbeiten – eventuell mit Hilfe des Therapeuten –, sonst könnte die Partnerschaft tatsächlich in Gefahr geraten.

In lebendigen, gesunden Partnerschaften kann die Veränderung eines Partners zu einer Krise führen – und zugleich eine

Chance für das Wachstum beider Partner und der Beziehung sein.

So berichtet eine Betroffene, wie die Psychotherapeutin ihren Mann von Anfang an mit einbezog. Dabei nahm sie beiden Partnern das Versprechen ab, sich nicht zu trennen, solange die Therapie dauerte. Beide Partner wunderten sich darüber, aber versprachen es – sie fühlten sich ihrer Ehe vollkommen sicher. Ein halbes Jahr später waren sie ebenso überzeugt, dass eine Trennung unvermeidlich sei – so viele verdeckte Konflikte waren ans Licht gekommen. Und wieder ein halbes Jahr später war ihre Ehe besser als je zuvor – sie hatten die Chance der Krise genutzt. Es gibt noch eine Situation, in der kann tatsächlich die Therapie zu einer Gefahr für die Partnerschaft werden. Dann nämlich, wenn ein Partner in einer misslungenen Therapie in Abhängigkeit vom Therapeuten gerät. Das ist allerdings selten (siehe Seite 242).

Welche Methode ist die beste?

In den letzten Jahrzehnten entwickelten sich mit dem Psychoboom viele verschiedene Methoden der Psychotherapie. Laufend kamen neue hinzu, teilten sich Therapieschulen, verschwanden Methoden wieder, weil sie wirkungslos oder unattraktiv waren.

Inzwischen ist weit gehend Ruhe eingekehrt auf dem Psychomarkt. Aber unter den übrig gebliebenen »Methoden« gibt es manche, die diesen Namen nicht verdient haben: Sie verfügen über keinen theoretischen Unterbau und keine geordnete Ausbildung für die »Therapeuten«. Sie sind im besten Fall wirkungslos, manchmal sogar gefährlich. Dann nämlich, wenn sie gehirnwäsche-ähnliche Prozeduren einsetzen und womöglich Gefühlsstürme auslösen, die besonders empfindsame Menschen seelisch krank machen können. Andere therapeutische Methoden sind nicht in erster Linie dazu da, echte Störungen wie etwa Panikattacken zu behandeln, sondern um Linderung für die seelischen Wehwehchen des Alltags zu bringen. Solche Methoden sind zwar im Allgemeinen nicht gefährlich, aber in der Angstbehandlung auch nicht sonderlich wirksam.

Folgende Therapierichtungen sind auf jeden Fall seriös, theoretisch fundiert und geeignet, bei seelischen Störungen eingesetzt zu werden: die Gesprächspsychotherapie, die Psychoanalyse, die Verhaltenstherapie und die Gestalttherapie.

Die Verhaltenstherapie will in der Angstbehandlung den Klienten dazu veranlassen, sich in die gefürchtete Situation zu begeben und mit der Unterstützung des Therapeuten die Angst zu erleben, bis sie von selbst abflaut. Diese Therapieform nimmt im Hinblick auf Panikattacken eine Sonderstellung ein: Sie ist die einzige, bei der besondere Behandlungsprogramme für Menschen mit Panikattacken entwickelt wurden. Deswegen wird sie im Anschluss in einem eigenen Kapitel dargestellt.

Die klassische Psychoanalyse war das erste psychotherapeutische Verfahren überhaupt. Ihr Begründer Sigmund Freud ging davon aus, dass seelische Störungen ihren Ursprung in Konflikten der frühen Kindheit haben. Diese Konflikte sind dem Menschen oft nicht mehr bewusst, sondern liegen im Unbewussten verborgen. Ziel der Psychoanalyse ist es, diese verborgenen Konflikte und Erfahrungen wieder ans Licht zu bringen, so dass der Patient sie mit Hilfe des Analytikers verarbeiten kann. Eine Psychoanalyse ist das längste und anspruchsvollste Verfahren, sie dauert mehrere Jahre bei drei bis vier Behandlungsstunden in der Woche. Der Patient liegt auf einer Couch, der Analytiker sitzt hinter ihm und ist so seinem Blick entzogen. Die Grundregel für den Patienten lautet, spontan alles zu äußern, was ihm in den Sinn kommt. Dabei soll er nichts zurückhalten, auch wenn es ihm noch so absurd, unangenehm oder lächerlich vorkommt.

Der Analytiker verhält sich »abstinent«, das heißt, er bemüht sich, die destruktiven Szenen aus der Kindheit des Patienten nicht einfach mit diesem zusammen zu wiederholen, sondern sie deutlich zu machen. Er hört zu, deutet verschlüsselte Botschaften und versucht so gemeinsam mit dem Patienten, dessen persönliche Geschichte zu rekonstruieren. Eine wichtige Rolle spielt die Gefühlsbeziehung, die der Patient zu dem Analytiker entwickelt. Hier wiederholen sich Beziehungsmuster aus der Kindheit des Patienten. Durch diese »Übertragung« hat der Patient die Möglichkeit, diese Muster zu erkennen, sie noch einmal zu empfinden und sie dann zu verarbeiten.

Aus dieser klassischen Psychoanalyse haben sich im Laufe der Zeit viele verschiedene Verfahren entwickelt. So gibt es Verfahren mit weniger Zeitaufwand, die sich zum Beispiel nur auf ein bestimmtes Symptom konzentrieren. Außerdem bildeten sich verschiedene Schulen der Psychoanalyse, deren Lehrmeinungen zum Teil erheblich von der Freuds abweichen. Aber auch die klassische Psychoanalyse ist modifiziert worden. So wird im populären Verständnis die Psychoanalyse immer noch automatisch mit dem Liegen auf der Couch in Verbindung gebracht. Dabei gehören nur noch etwa ein Zehntel aller Patienten auf die Couch, für Angstpatienten zum Beispiel ist eine Analyse im Sitzen weit besser geeignet. Viele Analytiker halten sich im Übrigen auch nicht mehr streng an die Abstinenzregel, wie sie zu Freuds Zeiten formuliert wurde. In der letzten Zeit wurden neue Vorstellungen über die Abstinenz des Analytikers entwickelt. Die Aufmerksamkeit liegt heute mehr auf dem, was in der therapeutischen Beziehung passiert, und nicht mehr nur darauf, was der Analytiker sagt.

Panikattacken versteht die Psychoanalyse als Signale für ungelöste Konflikte, die – aus der Geschichte des Patienten stammend – sich in seinem Leben ständig wiederholen.

Die Gesprächspsychotherapie oder klientenzentrierte Psychotherapie findet – wie die Bezeichnungen schon sagen – im Gespräch zwischen Therapeut und Klient statt. Denken und Fühlen des Klienten stehen ebenfalls im Mittelpunkt. Aufgabe des Therapeuten ist es, den Klienten so anzunehmen, wie er ist, ihm aufmerksam zuzuhören und sich in seine Gedanken- und Gefühlswelt hineinzuversetzen. Dabei teilt er dem Klienten mit, was er davon wahrnimmt. So kann der Klient sein eingeengtes und verkrampftes Bild von sich selbst erweitern und im Einklang mit sich selbst neue Kräfte und Lösungsmöglichkeiten entwickeln. Gesprächspsychotherapeuten legen besonderen Wert darauf, dass die therapeutische Beziehung zwischen Therapeut und Klient einen heilenden Effekt hat. Der Therapeut baut dabei keine Expertenfassade auf, sondern stellt sich als der dar, der er wirklich ist, auch mit seinen Grenzen und Fehlern. Da der Patient erlebt, wie der Therapeut sich selbst mit seinen Schwächen akzeptiert, kann er auch lernen, sich selbst genauso zu akzeptieren.

Die Gestalttherapie gehört wie auch die Gesprächspsychotherapie zur so genannten »humanistischen« Psychologie. Das heißt, sie kümmert sich besonders um den gegenwärtigen Zustand des Klienten und will ihm daraus persönliches Wachstum ermöglichen. Zwar sieht sie den Ursprung vieler seelischer Störungen wie die Psychoanalyse in der Kindheit, ihr Schwerpunkt liegt aber darauf, die gegenwärtigen Probleme des Klienten zur Erfüllung seiner Bedürfnisse einzusetzen. Der Begriff »Gestalt« stammt aus der Wahrnehmungspsychologie. Danach nehmen Menschen die Dinge im Leben möglichst so wahr, dass sie eine »Gestalt«, einen Sinn ergeben. Nach der Gestaltpsychologie besteht das Leben aus einer stetigen Folge von Gestalten, die geschlossen werden wollen. (Ein stark vereinfachtes Beispiel für solch eine Gestalt: Ein Mensch liest ein Buch und merkt dabei plötzlich, dass er Hunger bekommt. Holt er sich jetzt einen Apfel, so ist die Gestalt geschlossen. Holt er sich nichts zu essen, so kann er sich nicht mehr richtig aufs Lesen konzentrieren. Die Gestalt wird nicht geschlossen und behindert so auch andere Bereiche, in diesem Fall das Lesen.)

Im Gespräch mit dem Therapeuten spürt der Klient die Bereiche seines Lebens auf, in denen er den Kontakt zu seinen wahren Bedürfnissen verloren hat und so bestimmte Gestalten nicht mehr schließen kann. Das Besondere an der Gestalttherapie: Genauso wichtig wie das Gespräch sind körperlicher Ausdruck, Rollenspiele, Malen, Fantasien und Bewegungen. Der Gestalttherapeut bleibt dabei nicht »abstinent« wie der klassische Analytiker, sondern nimmt als Persönlichkeit am Erleben und Fühlen des Klienten Anteil.

Und welche Methode ist nun die beste? Diese Frage lässt sich kaum beantworten. Das hat im Wesentlichen vier Gründe:

Erstens: Analyse ist nicht gleich Analyse, Gestalt ist nicht gleich Gestalt. Das heißt: Kaum ein Therapeut führt heute noch eine Methode so aus, wie sie im Lehrbuch beschrieben wird. Und das ist auch gut so: Denn je mehr Erfahrung ein Therapeut hat, desto eher wird er seinen eigenen Stil entwickeln und eventuell auch Elemente anderer Therapieformen mit einflechten, wenn er es für notwendig hält.

Zweitens: Jede Methode ist nur so gut wie der Therapeut, der sie anwendet. So kann etwa auch die beste Methode keine Erfolge bringen, wenn der Therapeut uninteressiert, borniert oder böswillig ist. Andererseits kann eine Methode, die eher als weniger wirksam beschrieben wird, in der Hand eines erfahrenen, engagierten und begabten Therapeuten beste Heilungserfolge haben.

Drittens: Es gibt zwar schon sehr viele Forschungsergebnisse zur Wirksamkeit von Psychotherapie, aber es ist schwierig, einen Überblick zu gewinnen. Eines ist immerhin sicher: Psychotherapie wirkt.

Aber welche Methode für welche Störungen und welche Klienten am besten ist, konnte bisher erst für wenige Bereiche sicher geklärt werden. Zu diesen Bereichen gehören gerade die Angststörungen. So gibt es zwei Erkenntnisse, die Menschen mit Panikattacken auf der Suche nach der richtigen Therapie helfen können: Zum einen weiß man, dass das Dreieck Methode, Therapeut und Klient stimmen muss. Praktisch heißt das: Man muss zu dem Therapeuten ein vertrauensvolles Verhältnis aufbauen (siehe Seite 232, Abschnitt: Wie finde ich den richtigen Therapeuten?) und die Methode zumindest im Ansatz sympathisch finden können. Zum anderen gilt heute als sicher, dass die Therapie bei Panikattacken mit Agoraphobie zumindest eine verhaltenstherapeutische Komponente haben sollte. Denn es kann sehr lange dauern, bis ein stark eingeschliffenes Vermeidungsverhalten durch eine aufdeckende Psychotherapie von selbst überflüssig wird. Durch verhaltenstherapeutische Übungen lassen sich hier schnellere Erfolge erzielen.

Der Psychotherapieforscher Prof. Grawe geht in seinem Urteil noch weiter: »Angstzustände mit Agoraphobie sind die bestuntersuchte Störung und im ganzen Psychobereich vielleicht die Einzigen mit klarer Indikation zu einem bestimmten Verfahren. Patienten mit agoraphobischen Störungen können zwar auch von anderen Verfahren profitieren. Aber für die Besserung der Angstsymptome hat sich die verhaltenstherapeutische Methode der Reizkonfrontation als die weitaus wirksamste erwiesen.« Dazu eine Randbemerkung: Die Ansicht von Prof. Grawe ist wissenschaftlich fundiert. Wir, die Autorinnen dieses Buches, haben allerdings in Briefen und Berichten von Hunderten von Betroffenen immer wieder gehört, dass vielen auch durch Therapien ohne verhaltenstherapeutische Komponente geholfen werden konnte. Allerdings stellten sich die Betroffenen an einem Punkt der Therapie meist von selbst wieder den gemiedenen Situationen, was ja verhaltenstherapeutischen Übungen entspricht.

Kann man die Angst »wegzaubern«? – Eine Bemerkung zur Hypnose

Wohl kaum eine Therapietechnik gab je zu so wilden Spekulationen Anlass, wurde in so vielen Spielfilmen verwandt und mit unwahrscheinlichen Erfolgen verknüpft wie die Hypnose. Man sieht schwebende Jungfrauen vor sich oder willenlose menschliche Marionetten, die, ohne es zu merken, einen Mord begehen. Oder Gelähmte, die plötzlich wieder gehen können. Klischees wie diese haben dazu geführt, dass die meisten Menschen mit sehr unrealistischen Erwartungen an die Hypnose herantreten.

Das kann besonders auf Menschen zutreffen, die unter Angstzuständen leiden. Weil viele von ihnen die Angst als eine Störung empfinden, die mit ihrer Persönlichkeit eigentlich gar nichts zu tun hat und deshalb etwa wie ein Geschwür oder eine Warze »weggeschnitten« gehörte. So erhoffen sie sich vom Hypnotiseur, dass er die Angst einfach »weghypnotisieren« kann. Sowohl die Angst vor der Hypnose als auch die übertriebenen Hoffnungen sind sehr verbreitet. Warum sie beide unrealistisch sind und was Hypnose bei Angstsymptomen wirklich leisten kann, soll in diesem Abschnitt geklärt werden. Noch eine Vorbemerkung: Wenn im Folgenden von Hypnotherapeuten die Rede ist, so sind damit nicht alle gemeint, die sich so bezeichnen. Ein seriöser Hypnotherapeut sollte wie alle Psychotherapeuten eine solide psychologische und psychotherapeutische Grundausbildung haben. Hypnotherapeut wird er durch eine zusätzliche Ausbildung in Hypnose. Anschriften solcher seriöser Hypnotherapeuten vermitteln die Deutsche Gesellschaft für Hypnose (DGH) und die Milton-Erickson-Gesellschaft (MEG), Anschriften im Anhang.

Das Spezifische am Hypnoseverfahren ist die Trance, ein Zustand besonders intensiver Konzentration. Fast jeder Mensch kennt etwa den Zustand, wenn er so intensiv mit etwas beschäftigt ist, dass er seine Umgebung praktisch vergisst und vielleicht sogar erst einmal nicht antwortet, wenn man ihn anspricht. Fast jeder Autofahrer kennt auch das Gefühl, wenn er auf einer besonders eintönigen oder ihm wohl bekannten Strecke plötzlich nicht mehr weiß, wie er die letzten Minuten eigentlich gefahren ist. Beide Zustände sind Beispiele für Trancen, die Menschen im Alltag erleben. In der Hypnotherapie nun bringt der Therapeut dem Patienten bei, besonders wirksame Trancen zu erzeugen, um mit ihrer Hilfe sein Problem in einem neuen Licht zu sehen. Der Diplom-Psychologe Burkhard Peter, Psychotherapeut und Ausbilder für klinische Hypnose in München: »Der Patient erlebt zum Beispiel seine Angst als schreckliches Durcheinander, das er nicht durchschauen und erst recht nicht beherrschen kann. Im Gegenteil: Die Angst beherrscht ihn. Hier bringt die Trance die Möglichkeit einer neuen Sichtweise auf das Problem.« Mit der Trance lernt der Patient auch zu »dissoziieren«, das heißt, das Problem für eine Weile von sich abzuspalten und es aus gewisser Entfernung zu betrachten. Er steht sozusagen neben sich.

Darüber hinaus ist der Patient in Trance seelisch wesentlich flexibler und entspannter als sonst. Das gestattet ihm, in diesem Zustand Lösungen für sein Problem zu finden, die ihm sonst verstellt blieben, weil er etwa sonst immer wieder im Kreis denkt. Peter: »Meist sind für diese Zeit der Trance die gewöhnlichen Einstellungs-, Gefühls- und Denkschemata, die unser normales oder auch neurotisches Alltagsleben bestimmen, entweder ganz außer Kraft gesetzt oder haben zumindest an Rigidität verloren.«

Für Menschen, die unter Panikattacken leiden, kann die Hypnose allerdings einen Haken haben. Denn gerade sie fürchten oft, die Kontrolle zu verlieren. So scheuen sich manche vor der Trance, weil sie genau das fürchten, wenn sie sich der Trance überlassen. Hier ist es wichtig, so Burkhard Peter, dass der Therapeut dem Klienten zeigt, dass er durchaus noch Herr seiner selbst ist. Denn in Trance sind zwar tiefere Schichten der Seele zugänglich, aber auch sie haben ihre eigenen Kontrollen. Deshalb tut ein Mensch auch in Trance nichts gegen seinen Willen.

Verhaltenstherapie: *Angst kann man verlernen*

Wenn Angst bis zu einem gewissen Maß »erlernt« ist (siehe Seite 79ff.), dann müssten die Betroffenen sie doch auch wieder verlernen können – so eine der Grundüberlegungen der Verhaltenstherapie. Besonders gut zeigen lässt sich dies am Beispiel einer spezifischen Angst wie der Spinnenphobie. Da es bei uns in Mitteleuropa keine Spinnen gibt, die Menschen gefährlich werden können, ist die Angst vor ihnen objektiv unbegründet. Trotzdem können Spinnenphobiker in ihrem täglichen Leben erheblich eingeschränkt sein. Manche können kein Haus mehr betreten, das einen Keller hat, andere meiden jeden Kontakt mit der freien Natur – eine Spinne könnte ihnen nahe kommen.

Die Verhaltenstherapie hat jetzt zwei Möglichkeiten der Behandlung. Die erste nennt man systematische Desensibilisierung, das heißt schrittweise Gewöhnung. Bevor die Übungen in der Realität beginnen, fertigen Therapeut und Klient zunächst eine Liste der Angst auslösenden Situationen an, zum Beispiel »im Bett liegen, während eine Spinne übers Kopfkissen krabbelt« oder »im Keller an einer großen Spinne vorbeigehen müssen«. Diese Situationen werden vom Klienten nach der Höhe der Angst bewertet und geordnet. Ganz wichtig: Das Ziel der Therapie muss vorher klar festgelegt sein. Es genügt also nicht, als Ziel zu definieren »Ich will keine Angst vor Spinnen mehr haben«. Denn wenn ein Ziel so allgemein formuliert ist, kann man später kaum überprüfen, ob man es erreicht hat. Besser wäre zum Beispiel »Ich will mich entspannt im Keller aufhalten können« oder »Ich will ohne Angst eine normale Hausspinne berühren können«. Vor den Übungen klärt der Verhaltenstherapeut zunächst allgemein über Spinnen auf. Der Klient macht sich mit ihren Eigenschaften und Lebensarten vertraut; lernt zum Beispiel, dass auch Spinnen ermüden und nicht völlig unkontrollierbar sind. Außerdem lernt der Klient, wie er sich durch bestimmte Methoden entspannen kann. Dann beginnen die Übungen. Die leichteste wäre das Betrachten und Berühren von Spinnenbildern, dann folgt die Beobachtung einer Spinne im geschlossenen Glas, dann wird das Glas berührt, im nächsten Schritt der Deckel geöffnet. Der Klient übt dabei das Entspannen. Der Therapeut zeigt modellhaft, wie man mit der Spinne umgeht, der Klient wiederholt die Übungen und wird so Schritt für Schritt in die Lage versetzt, sich selbstständig und aktiv mit dem Problem auseinander zu setzen, statt sich jeder kleinen Hausspinne ausgeliefert zu fühlen.

Solch eine Therapie hat sehr gute Erfolgschancen und versetzt am Ende die Klienten manchmal sogar in eine Art Euphorie, weil sie sich dem Angstauslöser plötzlich nicht mehr ausgeliefert fühlen. Wichtig ist allerdings, dass die Betroffenen auch nach der Phase der Therapiestunden selbst weiter üben, damit sich das neue Verhalten einschleifen kann.

Bei Panikattacken hat sich – so die Verhaltenstherapeuten – die zweite verhaltenstherapeutische Methode mehr bewährt, die so genannte Angstüberflutung. Kurz gesagt wird auch hier der Klient mit der Angst auslösenden Situation konfrontiert. Nur beginnt der Therapeut nicht mit der harmlosesten Situation, sondern gleich mit der schlimmsten Befürchtung, zum Beispiel U-Bahn-Fahren in der Rushhour. Für akut Betroffene eine unvorstellbare Methode, aber: Sie funktioniert. Dahinter steckt ein zweiter Grundsatz der verhaltenstherapeutischen Angstbehandlung, nämlich: Die Angst hält niemals unendlich an, irgendwann flaut sie von selbst ab, der Betroffene erlebt, wie die Angst vergeht. Diese positive Erfahrung ermöglicht es ihm, seine Angst nicht mehr als übermächtige Kraft zu erleben, der er hilflos ausgeliefert ist. Mit dieser neuen Erfahrung ausgestattet, kann er sich dann auch anderen Situationen stellen und weitere positive Erfahrungen machen. Dem Teufelskreis der Angst setzt die Verhaltenstherapie also einen positiven Erfahrungskreis entgegen.

Auch wenn die Grundprinzipien der Verhaltenstherapie die gleichen sind, arbeiten doch Verhaltenstherapeuten etwas unterschiedlich. Da die Christoph-Dornier-Stiftung mit ihrem Konzept der Angstbehandlung in den letzten Jahren besonders viel Aufmerksamkeit erregt hat, wollen wir hier darstellen, wie die Therapeuten dort Panikattacken behandeln.

In der Christoph-Dornier-Stiftung:
Intensivkurs gegen die Angst

1. *Schritt:* Wie jede Psychotherapie beginnt auch diese mit einem Erstgespräch, damit Therapeut und Klient sich kennen lernen können, der Therapeut sich ein Bild von der Persönlichkeit und der Angststörung des Klienten machen kann und der Klient andersherum einen Eindruck vom Therapeuten und seiner Methode bekommt. Außerdem besprechen beide die organisatorischen Dinge der vor ihnen liegenden intensiven therapeutischen Arbeit. Das Erstgespräch findet im Allgemeinen in einem der Institute der Christoph-Dornier-Stiftung statt (Adressen siehe Anhang), in Ausnahmefällen kommen die Therapeuten aber auch ins Haus.

2. *Schritt:* Je nach Wunsch des Klienten findet am selben Tag oder auch einige Zeit später die eintägige Diagnostik statt. Dazu gehört eine ausführliche körperliche Untersuchung. Schließlich muss klar sein, dass die Angstanfälle keine anderen als seelische Ursachen haben. Außerdem müssen die

Klienten körperlich gesund sein, um sich ohne Risiko den vor ihnen liegenden großen Anstrengungen der Behandlung stellen zu können. Klient und Therapeut beschäftigen sich außerdem sehr intensiv mit der Angst des Klienten: Wie lange besteht sie schon? Wie äußert sie sich? In welchen Situationen? Wie stark ist sie? Was hat der Betroffene bisher versucht, um die Angst loszuwerden? Auf der Basis dieser Informationen erstellt der Therapeut zusammen mit dem Klienten einen maßgeschneiderten Behandlungsplan und definiert das Behandlungsziel. Am Ende dieses Tages oder einige Zeit später bespricht der Therapeut noch einmal die Auswertung der Diagnostik. Erst danach ist es am Klienten, sich für oder gegen die Verhaltenstherapie zu entscheiden.

3. Schritt: Hat sich der Klient für die Behandlung entschieden, beginnt bald darauf die zwei bis drei Wochen dauernde Intensivtherapie. Ungewöhnlich für Psychotherapie: Der Therapeut übt jetzt täglich mit dem Klienten in der Praxis, bis zu zwölf Stunden täglich. Anhand des vorher ausgearbeiteten Planes begeben sich Therapeut und Klient gemeinsam in die am meisten gefürchteten Situationen. Der Therapeut aber kommt nicht etwa als Sicherheit oder zur Beruhigung mit – nein, er sorgt dafür, dass der Betroffene sich nicht aus der Angst stiehlt, sei es in Gedanken oder real. Typische Aufgabe: Begeben Sie sich in die überfüllte Lebensmittelabteilung des Kaufhauses und bleiben Sie dort. Der Therapeut kommt mit und steigert die Angst wenn möglich noch: Er lenkt die Aufmerksamkeit des Betroffenen auf die Symptome der Angst (»Spüren Sie, wie Ihr Herz klopft!«) und ermutigt ihn, trotz der Angst in der Situation zu bleiben. Der Therapeut weiß: Die Angst wird von selbst vergehen, wenn der Klient nur lange genug in der Situation bleibt. Erst wenn der Klient selbst spürt, wie die Angst vergangen ist, ist die Übung abgeschlossen.

Hat der Klient nach einigen Tagen solchen Übens wieder Selbstbewusstsein bekommen und festgestellt, dass die Angst von selbst vergeht, beginnt er, sich der Angst auch ohne Begleitung des Therapeuten zu stellen. So könnte er – zum Beispiel – allein auf die Caféterrasse eines Fernsehturms fahren und dort etwas trinken, während der Therapeut unten wartet.

4. *Schritt:* In der letzten Phase ist der Klient schon wieder zu Hause und übt dort weiter. Dabei kann er sich aber weiterhin an den Therapeuten wenden, falls es nötig ist.

Nach Angaben der Christoph-Dornier-Stiftung »konnten zirka 80 Prozent der auf diese Weise behandelten Personen ihre Angstproblematik erfolgreich und dauerhaft bewältigen«. Trotz dieser beeindruckenden Erfolge gibt es in psychotherapeutischen Fachkreisen einige Kritikpunkte am Behandlungskonzept:

♦ Die Erfolgszahlen sind nur bedingt mit denen anderer Therapierichtungen zu vergleichen. Denn wer sich für solch eine Rosskurtherapie entscheidet, muss besonders hoch motiviert und neben der Angststörung auch seelisch belastbar sein. Klar, dass bei solch einer Vorauswahl von Patienten mehr Therapien erfolgreich abgeschlossen werden.

♦ Der Erfolg der Therapie beruht wesentlich darauf, dass der Klient lange genug in der Angst auslösenden Situation bleibt. Nur so kann er feststellen, dass die Angst verschwindet. Hier liegt eine Gefahr, falls der Therapeut es nicht schafft, den Klienten in der Situation festzuhalten. Flüchtet er vorzeitig, so kann sich die Angst noch verschlimmern, weil er ein weiteres Mal erlebt hat: Nur wenn ich flüchte und vermeide, vergeht die Angst.

♦ Nicht wenige Betroffene berichten später, dass die Angst für sie zum Wendepunkt und Wegweiser in ihrem Leben wurde – sie hatte auch einen positiven Sinn. Wird die Angst nur weggeübt, bleibt dieser Hintergrund dem Betroffenen meist verborgen. Allerdings bemühen sich die Therapeuten, in der Diagnostik herauszufinden, ob der Klient auch eine aufdeckende Psychotherapie braucht. Darüber hinaus kommt es vor, dass Betroffene auch nach einer erfolgreichen Verhaltenstherapie zusätzlich eine aufdeckende Psychotherapie beginnen.

♦ Im Übrigen ist diese Form nicht ganz billig – die Kosten für das beschriebene Programm liegen etwa bei 3500 Euro, die meist aus eigener Tasche bezahlt werden müssen. Krankenkassen kommen dafür im Allgemeinen nicht auf.

Ist die Verhaltenstherapie bei Panikattacken die beste, womöglich die einzig Erfolg versprechende Methode, so, wie es manchmal von ihren Befürwortern proklamiert wird? Trotz ihrer beeindruckenden Erfolge tendieren wir Autorinnen dazu, das zu verneinen. Durch Berichte vieler Betroffener und durch eigene Erfahrung haben wir festgestellt: Es gibt unterschiedliche Wege aus der Angst. Wichtig ist, den zu finden, der am besten zu einem passt. (Genau dafür haben wir ja dieses Buch geschrieben.) Wenn der Weg durch die Angstüberflutung Ihnen als sinnvoll erscheint, spricht nichts dagegen, ihn zu betreten. Wenn Sie meinen, dass die Methode für Sie nicht in Frage kommt, dann suchen Sie sich einen anderen Weg.

Bei jedem erfolgreichen Weg aus der Angst kommt aber früher oder später der Moment, wo sich die Betroffenen angstbesetzten Situation wieder stellen – vielleicht ohne jede Schwierigkeit, weil der Hintergrund der Angst sich aufgelöst hat. Vielleicht aber auch mit einer Menge Überwindung, in einer Art selbst gemachter Verhaltenstherapie.

Ganz gleich aber, welche Therapieform Sie für sich wählen, eines kann immer hilfreich sein: die Selbsthilfe. Darüber mehr im Kapitel ab Seite 269.

Richtige Entspannung kann die Angst mildern

Entspannungstechniken liegen zwischen den Psychotherapien und der Selbsthilfe. Zwar muss man sie unter der Leitung eines Fachmannes lernen, man kann sie dann aber selbst dort einsetzen, wo man sie braucht. Mit den im Folgenden beschriebenen Entspannungsmethoden ist man – wenn man sie wirklich beherrscht – in der Lage, die vegetativen Funktionen des Körpers wie etwa Herzschlag, Blutdruck, Atmung zu regulieren. Damit kann man Panikattacken zwar nicht heilen, aber die Betroffenen haben damit etwas in der Hand, um den typischen Symptomen wie Herzrasen, Atemnot, hohem Blutdruck und Verkrampfungen nicht hilflos ausgeliefert zu sein.

Drei Techniken haben sich besonders bewährt: autogenes Training, Bio-Feed-Back und progressive Muskelentspannung. Wichtig bei allen drei Verfahren: Wer unter Panikattacken leidet, sollte solch ein Verfahren nur unter fachkundiger Anleitung oder nach Absprache mit dem behandelnden Arzt oder Diplom-Psychologen lernen. Sonst besteht nicht nur die Gefahr, dass man die Technik falsch lernt und sie wirkungslos bleibt. Es könnte auch sein, dass jemand, der sich seiner Angst noch völlig ausgeliefert fühlt, durch die Konzentration auf den eigenen Körper und seine Funktionen eine Panikattacke geradezu herbeidenkt.

Das *autogene Training* arbeitet mit Selbstsuggestionen. Selbstsuggestionen benutzen fast alle Menschen im Alltag, zum Beispiel, wenn sie sich bei einer schwierigen Aufgabe selbst Mut zusprechen. Die Suggestionen, die beim autogenen Training eingesetzt werden, beziehen sich auf die vegetativen Funktionen des Körpers, sie können zum Beispiel lauten: »Mein Herz schlägt ruhig und gleichmäßig« oder »Meine Arme sind warm und schwer«. Solche Suggestionen entfalten nicht sofort ihre Wirkung, sondern nur durch regelmäßiges Üben, am besten mehrmals täglich etwa fünf Minuten und das über einige Monate. Am Anfang ist es wichtig, dass sich die Patienten zum Üben eine möglichst ruhige Umgebung und bequeme Lage suchen. Später, wenn die Patienten die Übungen beherrschen, lernen sie, sie auch in Alltagssituationen anzuwenden.

Wenn der behandelnde Arzt das autogene Training befürwortet und ein von der Kasse zugelassener Arzt oder Diplom-Psychologe das Training übernimmt, werden die Kosten eventuell von der Kasse getragen. Auf jeden Fall sollte man vorher bei seiner Krankenkasse anfragen.

Das *Bio-Feed-Back* ist eine neuere Methode, mit der man lernen kann, vegetative Funktionen zu steuern. Feed-Back ist das englische Wort für Rückmeldung, und darum geht es auch: Der Patient wird an ein oder an mehrere Geräte angeschlossen, die körperliche Funktionen, zum Beispiel den Herzschlag, durch optische oder akustische Signale für den Patienten deutlich machen. Nun wird der Patient angeleitet und ermutigt, zum Beispiel den Herzschlag zu verlangsamen oder die Hauttemperatur zu erhöhen. Da auch der geringste Erfolg durch das Gerät sofort gemeldet wird, lernt der Patient sehr schnell, die Funktionen willentlich zu steuern, die er vorher für unsteuerbar hielt. Diese Erfahrung vermittelt dem Patienten mehr Sicherheit und Vertrauen dem Körper gegenüber. Nach einigen Übungsstunden kann der Patient lernen, auch ohne Übungsgerät auszukommen. Schließlich beherrscht er die Technik so gut, dass er sie auch in Stresssituationen einsetzen kann, um etwa das Herzrasen zu lindern oder die Hände zu wärmen. Für ein Bio-Feed-Back-Training sollte man sich am besten an einen Arzt wenden, der mit dieser Methode vertraut ist. Die Übungsstunden werden bisher nicht von den Krankenkassen bezahlt.

Die dritte Entspannungsmethode, die *progressive Muskelentspannung*, ist so einfach, dass man sie notfalls sogar aus einem Buch oder mit einer Tonkassette lernen kann. Sie wird aber auch in Volkshochschulen und anderen Bildungseinrichtungen gelehrt. Die progressive Muskelentspannung beruht nicht wie das autogene Training auf Suggestionen, sondern auf dem leicht spürbaren Unterschied zwischen An- und Entspannung der Muskeln. Die Übungen beginnen bei den Händen, dann werden die Arme mit einbezogen, danach Gesicht und Schultern, der Leib, die Arme und schließlich der gesamte Körper. Jeder Körperteil wird erst willentlich angespannt und danach entspannt. Der Unterschied, zum Beispiel von der erst verkrampften Faust zu der dann warm und schwer hängenden Hand, ist schon beim ersten Üben spürbar. Voraussetzung für lang andauernden Erfolg ist wie bei den beiden anderen Methoden, dass der Patient oft und regelmäßig übt. Dann lässt sich die progressive Muskelentspannung auch schnell und unauffällig im Alltag einsetzen.

Noch eine Schlussbemerkung zu den Therapien: Die meisten Panikpatientinnen wünschen sich als Ziel der Therapie, nie mehr Angst zu haben. Dieser Wunsch ist verständlich, aber unrealistisch. Zum einen gehört Angst als Schutzmechanismus zu jedem erfüllten Leben. Zum anderen ist es auch durchaus normal, sich vor manchen Tätigkeiten zu ängstigen, die anderen Freude machen. Niemand *muss* etwa Tauchen, Bergsteigen oder mit dem Fallschirm abspringen. Aber kann es nicht auch zu einem normalen Leben gehören, nicht selbst Auto zu fahren oder kein Flugzeug zu besteigen? Das muss jeder für sich selbst entscheiden. Dazu Prof. Dr. S. O. Hoffmann von der Klinik für Psychosomatische Medizin und Psychotherapie der Universität Mainz in einem Aufsatz: »Gesund wäre somit nicht der nur Angstfreie, sondern der, der seine Ängste kennt, mit ihnen umgehen kann und weiß, dass Angst zuerst und vor allem ein Teil der ›condition humaine‹ ist.«

Internet: Ein Netz gegen die Panik?

Ohne auch nur einen Fuß vor die Haustür setzen zu müssen, können Panikbetroffene sich heute umfassend über ihr Leiden informieren, Therapien und Therapeuten suchen, Kontakt zu Selbsthilfegruppen aufnehmen und sich mit anderen im Chat austauschen – Internetanschluss genügt. Eine fantastische Möglichkeit, die schon vielen Betroffenen geholfen hat. Da sich die Adressen im Netz täglich ändern können, verzichten wir darauf, hier konkrete Empfehlungen zu geben. Unter den einschlägigen Stichwörtern »Panikattacken« oder »Angststörung« finden Sie stets eine Menge aktueller Informationen.

Ganz ungefährlich ist das Netz allerdings nicht – auch und gerade für Panikpatienten. Denn genau das, was das Internet so gut macht – eine schier unendliche Menge an Informationen – birgt auch ein Risiko, für das die Amerikaner sogar schon einen Namen haben: *Cyberchondria*.

Stellen Sie sich vor, Sie surfen abends durchs Netz, und plötzlich spüren Sie so ein merkwürdiges Ziehen in der Brust. Genau genommen haben Sie es öfter, vor allem am Abend. Also klicken Sie sich durchs Netz, um herauszufinden, was Sie da plagt. Und eine Stunde später haben Sie die übelsten Diagnosen auf dem Silbertablett serviert bekommen: Brustkrebs, Herzinfarkt, Multiple Sklerose, Lungenentzündung. Jetzt geht es Ihnen erst recht schlecht, denn Sie leiden an Cyberchondria, eine Art Hypochondrie, verursacht durch die ungefilterte Flut medizinischer Informationen aus dem Netz.

Cyberchondria befällt vor allem Menschen, die ohnehin

eher ängstlich auf ungewohnte körperliche Erscheinungen reagieren – so wie Panikpatienten.

Gegen Cyberchondria hilft nur entschiedenes Vorgehen: Surfen Sie nicht spät abends oder nachts – zur späten Stunde sieht alles besonders schlimm aus.

Außerdem ist zu dieser Zeit kein vernünftiger Mensch mehr wach, der Ihnen sagen könnte, dass das Ziehen in der Brust vom verkrampften Sitzen vor dem Bildschirm herrührt. Und surfen Sie mit Verstand. Im Netz stehen erstklassige Patienten-Infos neben grausig illustrierten Fachinformationen nur für Ärzte, engagierte Privat-Sites neben üblen Verführungsversuchen Geschäfte machender Scharlatane. Ehe Sie eine Information ernst nehmen, sollten Sie die Site auf Seriosität abklopfen. So trennen Sie die Spreu vom Weizen:

- Informieren Sie sich über den Betreiber der Site (meist finden Sie ihn unter »Kontakt« oder »Impressum«). Große Vorsicht ist geboten, wenn Sie keinen Betreiber finden können oder er sich hinter einem dubiosen Firmennamen versteckt. Sites von Privatleuten und einzelnen Ärzten oder Therapeuten sollten Sie ebenfalls nicht gleich Glauben schenken. Sites der großen Wohlfahrtsverbände und Selbsthilfegruppen dagegen können Sie unbesorgt lesen.
- Höchste Vorsicht ist geboten, wenn der Betreiber Wunder verspricht oder Ängste schürt – seriöse Therapeuten haben so etwas nicht nötig. Wenn ein »Wundermittel« Sie trotzdem interessiert: Geben Sie den Namen des Produkts in eine Suchmaschine ein, etwa www.google.de, so können Sie auch die kritischen Stellungnahmen sehen und ein objektiveres Bild bekommen.
- Erwarten Sie nicht zu viel von Expertenantworten: Ärzte dürfen schon aus rechtlichen Gründen keine Ferndiagnosen

stellen. Im Übrigen wird ein verantwortungsvoller Arzt und/ oder Psychotherapeut sich auf solch ein Ansinnen gar nicht einlassen. Beim Expertenchat mit seriösen Beratern werden immer nur allgemeine Ratschläge gegeben.
- ♦ Misstrauen auch bei Verschwörungstheorien (etwa, dass ein wunderbar wirksames Medikament von der Schulmedizin »unterdrückt« wird). Dazu Dr. Gunther Eysenbach von der Forschungsgruppe Cybermedizin der Universität Heidelberg auf seiner Web-Page: »Ärzte und Wissenschaftler sind nicht dumm und ständig auf der Suche nach neuen Ideen und Therapien. Pharmakonzerne schicken etwa Scouts zu Naturvölkern und in Regenwälder, um traditionelle Heilmittel auf Wirksamkeit zu überprüfen. Die angebliche Weigerung von Wissenschaftlern, die ›Wahrheit‹ anzuerkennen, entpuppt sich meist als Widerstand des Anbieters gegen diese (für ihn meist unangenehme) Wahrheit.«
Mehr zu diesem Thema finden Sie unter www.yi.com/home/ EysenbachGunther/faq.htm.
- ♦ Achten Sie auf Aktualität, denn gerade medizinische Informationen veralten schnell. Viele Sites haben einen Hinweis »zuletzt aktualisiert am ...«.
- ♦ Geben Sie nicht zu viel auf das »HON«-Zeichen für »Health on the Net«. Zwar stehen hinter diesem Zeichen bestimmte ethische Grundsätze für Gesundheitsinformationen im Internet. Das HON-Zeichen ist aber kein Gütesiegel, dass von einer übergeordneten Instanz vergeben wird – jeder Betreiber kann sich beliebig selbst damit schmücken.

Für Panikpatienten kann das Internet aber auch noch aus einem anderen Grund negative Nebenwirkungen haben: Wer sich nicht nur Informationen, sondern auch zwischenmenschlichen Kontakt über das Internet holt, sieht im Extremfall keine Notwendigkeit mehr, aus dem Haus zu gehen. Die Gefahr besteht, dass die Angst sich so noch mehr verfestigt. Deshalb kann das Internet den Gang zum Therapeuten, das Treffen mit der Selbsthilfegruppe und das Üben in den gefürchteten Situationen nicht ersetzen.

Sechs Fragen zur Selbsthilfe

1. Angst-Selbsthilfe – wie funktioniert das?
In Angst-Selbsthilfegruppen treffen sich Menschen regelmäßig zum Gespräch, die das gleiche Problem haben: Ihre Angst ist so groß, dass sie das tägliche Leben beeinträchtigt. Prinzip sollte sein, dass alle Teilnehmer gleichberechtigt und selbst betroffen sind, es gibt also keinen Arzt oder Psychologen als Leitung. (Allerdings hat es sich bewährt, dass eine Person doch gewisse organisatorische Aufgaben übernimmt und sich vielleicht auch irgendwann psychologisch für diese Aufgabe schulen lässt. Mehr darüber siehe Antwort Nr. 6.) Die Gruppe sollte nicht mehr als zwölf Teilnehmer haben, und alle sollten bereit sein, mit der Zeit eine Atmosphäre des Vertrauens und der Offenheit entstehen zu lassen. Nur in solch einer Atmosphäre sind gegenseitige Unterstützung, Austausch und Ermutigung möglich. Oft spüren die Teilnehmer schon nach dem ersten Besuch der Gruppe eine große Erleichterung, ist doch die Gruppe für viele der einzige Ort, in dem sie sich in ihrer Not wirklich verstanden fühlen und merken, dass sie mit ihren Ängsten keine Ausnahme sind.

2. Ziehen die Ängste der anderen mich nicht noch mehr hinunter?
Die Gefahr könnte bestehen, wenn die Gruppe sich nur zum gemeinsamen Jammern treffen würde. Um das zu verhindern, sollte die Gruppe sich Regeln geben, um auf bestimmte Ziele hinzuarbeiten. Ein Ziel könnte sein, gemeinsam die Hintergründe der Angst zu erarbeiten, ein anderes, gemeinsame Ak-

tionen zu planen, um der Angst aktiv entgegenzuwirken. In der MASH, der »Münchner AngstHilfe und -Selbsthilfe«, hat man damit sehr gute Erfahrungen gemacht. Dipl. Soz. Päd. Margit Waterloo-Köhler, Mitarbeiterin der MASH: »Unser Ziel ist es, Menschen, die unter Angst leiden, dabei zu unterstützen, ihre eigenen Stärken, Fähigkeiten und Möglichkeiten, die ja trotz der Angst vorhanden, aber oft verschüttet sind, wieder zu entdecken und zu lernen, diese als Ressource zur Angstbewältigung einzusetzen.«

So positiv betrachtet kann auch die Schilderung der Ängste von Nutzen sein: Nicht nur, weil die Betroffenen sich darin wiedererkennen, sondern auch, weil die Ängste oft unterschiedlich sind. Was dem einen Angst macht, lässt den anderen entspannt – so kann jeder seine speziellen Stärken entdecken.

Eine Ausnahme ist, wenn ein Teilnehmer in einer akuten seelischen Krise steckt. In diesem Fall sollte die Gruppe sich nicht scheuen zuzugeben, dass sie überfordert ist, und den Teilnehmer ermutigen, professionelle Hilfe zu suchen.

3. Kann ich von einer Selbsthilfegruppe profitieren, auch wenn ich mich (noch) nicht traue, das Haus zu verlassen?
Sprechen Sie mit der Kontaktperson der Gruppe: Sicher wird sie Ihnen gern schildern, wie die Mitglieder es geschafft haben, das erste Mal zum Gruppentreff zu kommen. Vielleicht wäre auch ein Teilnehmer bereit, Sie abzuholen. Allerdings: Der Besuch der Gruppe sollte unbedingt Ihr Ziel sein, denn er ist ein wichtiger Schritt zur Heilung.

4. Kann die Selbsthilfegruppe eine Psychotherapie ersetzen?
Nein, das kann und soll sie nicht. Allerdings wirken in einer guten Selbsthilfegruppe viele Faktoren, die auch in einer Grup-

pentherapie wichtig sind: Die einzelnen Teilnehmer werden ermutigt, selbst aktiv die Angst zu überwinden, sie lernen an den Erfolgen der anderen und spüren, dass ihre eigenen Erfolge anerkannt werden. Darüber hinaus erleben Betroffene, die sich vielleicht über lange Zeit wegen ihrer Angst von allen sozialen Kontakten zurückgezogen hatten, wieder interessante und ermutigende Gespräche mit anderen Menschen.

5. Wie finde ich eine Selbsthilfegruppe in meiner Nähe?
Angst-Selbsthilfegruppen gibt es inzwischen in vielen Städten. Es gibt verschiedene Möglichkeiten, sie zu finden:
- Schauen Sie ins Telefonbuch unter Angst-Selbsthilfe, Selbsthilfegruppen oder KISS (Kontakt- und Informationsstelle für Selbsthilfe).
- Wenn Sie im Internet suchen können: Gute Adressen sind www.selbsthilfenetz.de und www.nakos.de. Sollten Sie dort nicht fündig werden, geben Sie die Suchwörter »Angst«, »Selbsthilfe« und Ihren Wohnort in die Maske der Suchmaschine (zum Beispiel www.google.de) ein.
- Wenden Sie sich an die Deutsche Angststörungenhilfe (DASH) oder an die Nationale Kontakstelle für Selbsthilfegruppen (NAKOS). (Adressen siehe Anhang)

6. Wie kann ich selbst eine Gruppe gründen?
Viele Tipps und zum Teil auch Arbeitsmaterialien, Startersets sozusagen, gibt es ebenfalls bei NAKOS und bei DASH. Da grundsätzlich alle Selbsthilfegruppen knapp bei Kasse sind: Fragen Sie vorher an, wie viel Portokosten Sie ersetzen sollen.

Anhang

Adressenverzeichnis

Psychologen-Verbände allgemein
- Berufsverband deutscher Psychologinnen und
  Psychologen (BDP)
  Heilsbacher Straße 22, D-53123 Bonn
  Telefon: 02 28 / 74 66 99
  www.bdp-verband.org
- Föderation der Schweizer Psychologinnen und
  Psychologen (FSP)
  Choisystraße 11, CH-3000 Bern 14
  Telefon: 0 31 / 3 82 03 77
  www.fsp.psy.ch
- Berufsverband Österreichischer Psychologinnen und
  Psychologen (BÖP)
  Möllwaldplatz 4/4/39, A-1040 Wien
  Telefon Helpline: 01 / 4 07 91 92
  www.boep.or.at

Therapierichtungen
Gesprächstherapie
- Gesellschaft für wissenschaftliche Gesprächspsychotherapie
  Richard-Wagner-Straße 12, D-50674 Köln
  Telefon: 02 21 / 92 59 08-0
  www.gwg-ev.org

Gestalttherapie
- Deutsche Vereinigung für Gestalttherapie (DVG)
  Grupellostraße 30, D-40210 Düsseldorf
  Telefon: 02 11 / 3 69 46 38
  www.dvg-gestalt.de

auch gut zur Therapeutensuche
- www.gestalttherapie.de

Verhaltenstherapie
- Christoph-Dornier-Stiftung für Klinische Psychologie
  Salzstraße 52, D-48143 Münster
  Telefon: 02 51 / 4 18 34-3
  www.christoph-dornier-stiftung.de
- Deutscher Fachverband für Verhaltenstherapie e.V.
  Salzstraße 52, D-48143 Münster
  Telefon: 02 51 / 4 40 75
  www.verhaltenstherapie.de

Psychoanalyse
- Deutsche Gesellschaft für Psychoanalyse, Psychotherapie, Psychosomatik und Tiefenpsychologie (DGPT)
  Johannisbollwerk 20, D-20459 Hamburg
  Telefon: 0 40 / 3 19 26 19
  www.dgpt.de

Hypnose
- Milton-Erickson-Gesellschaft für klinische Hypnose (M.E.G.)
  Waisenhausstraße 55, D-80637 München
  Telfon: 0 89 / 34 02 97 20
  www.meg-hypnose.de

Angstambulanzen
- Angstambulanzen gibt es heute an vielen Universitäten, meist sind sie Teil einer Psychiatrischen oder Psychotherapeutischen

Klinik. Wegen der großen Zahl haben wir darauf verzichtet, sie aufzuführen. Am besten fragen Sie im nächsten Uni-Klinikum oder bei der örtlichen psychologischen Beratungsstelle nach.

Selbsthilfe
- DASH – Deutsche Angststörungenhilfe e.V.
  c/o MASH – Münchner Angst-Selbsthilfe e.V.
  Bayerstraße 77a (Rückgebäude), D-80335 München
  Telefon: 0 89 / 5 43 80 80 (MASH)
  oder 0 89 / 54 40 37 75 (DASH)
- NAKOS – Nationale Kontakt- und Informationsstelle zur Anregung und Unterstützung von Selbsthilfegruppen
  Albrecht-Achilles-Straße 65, D-10709 Berlin
  Telefon: 0 30 / 8 91 40 19
  www.nakos.de

Österreich
- Gesellschaft zur Förderung der Selbsthilfe für Menschen mit Angststörungen und Panikattacken
  Raffaelgasse 30/11, A-1200 Wien
  Telefon: 01 / 3 34 63 62
- Plattform zur gegenseitigen Information und Unterstützung von Selbsthilfegruppen
  Nachbarschaftszentrum 15
  Kardinal-Rauscher-Platz 4, A-1150 Wien
  Telefon: 02 22 / 95 95 94

Schweiz
- Arbeitsgemeinschaft KOSCH – Koordination der Selbsthilfegruppen-Förderung in der Schweiz
  c/o Selbsthilfezentrum Hinterhuus
  Feldbergstraße 55, CH-4057 Basel
  Telefon: 0 61 / 6 92 81 00

Literaturverzeichnis

Abke, Dieter: Angst, Theorie, Diagnostik, Therapie und Ergebnisse einer psychophysiologischen Untersuchung. In: Europäische Hochschulschriften Reihe VI Psychologie, Band 151. Frankfurt 1985.

Agras, Stewart: Panic. Facing Fears, Phobias and Anxiety, New York 1985.

American Psychiatric Association: Practice guideline for the treatment of patients with panic disorder. American Journal of Psychiatry, 1998; 155 (suppl 5):1–34.

Barlow, David/Cerny. Jerome: Psychological Treatment of Panic, New York 1988.

Beck, Aaron T.: Cognitive Approaches to Panic Disorder. Theory and Therapy. In: *Rachman, Stanley/Maser. Jack D.:* Panic. Psychological Perspectives, Hillsdale (USA) 1988.

Beck, Aaron T./Emery, Gary: Anxiety, Disorders and Phobia, New York 1985.

Benkert, Otto/Hippius, Hanns: Psychiatrische Pharmakotherapie, Berlin 1986.

Berufsverband Deutscher Psychologen (Hg.): Berufsordnung für Psychologen, Schriftenreihe Heft 4, Bonn 1986.

Birbaumer, Niels: Psychophysiologie der Angst, München 1977.

Blier, Pierre: Serotonergic drugs and panic disorder. Psychiatry and Neuroscience 2000; 25 (3:) 237–238.

Brasch, Marie-Anne: Wie man in der Bundesrepublik Hilfe findet. In: *Scarf, Maggie:* Wege aus der Depression, München 1986.*

Buller, R.: Biologie und Pharmakotherapie der Panikattacken. In: Nervenheilkunde 1992; 11; S. 4–7.

Buller, R./Philipp, M.: Der psychiatrische Notfall: Panik-Erkrankung. In: Münchner Medizinische Wochenschrift 36, 7. September 1984.

Bundesverband der Pharmazeutischen Industrie e.V. (Hg.): Rote Liste 2001.

Butollo, Willi/Höfling, Siegfried: Behandlung chronischer Ängste und Phobien, Stuttgart 1984.

Cambless, Dianne L.: Cognitive Mechanisms in Panic Disorder. In: *Rachman, Stanley/Maser, Jack D. (Hg.):* Panic. Psychological Perspectives, Hillsdale (USA) 1988.

Clark, David M.: A Cognitive Model of Panic Attacks. In: *Rachman, Stanely/Maser, Jack D. (Hg.):* Panic. Psychological Perspectives, Hillsdale (USA) 1988.

Cottraux J et al: A controlled study of cognitive behavior therapy with buspirone or placebo in panic disorder with agoraphobie. British Journal of Psychiatry 1995 Nov; 167(5):635–41.

Degen, Rolf: Dramatisierendes Denken verursacht Angst. In: Die Neue Ärztliche, 10. 3. 1988.

Dencker, S. J./Homberg, Gunnar (Hg.): Panic Disorders, Proceedings of a Symposium in Gothenburg, Copenhagen 1987.

Dimitriadis, Dimitri: Angst. Theorien, Erscheinungsformen, Zürich 1986.

Dowling, Colette: Der Cinderella-Komplex, Frankfurt 1982.

Ehlers, Anke: Physiological and Psychological Factors in Panic Disorders, Tübingen 1985.

Ehlers, Anke/Margraf, Jürgen/Roth, Walton T.: Panik und Angst. Theorie und Forschung zu einer neuen Klassifikation der Angststörungen. In: Zeitschrift für klinische Psychologie, 1986, Band XV, Heft 4, S. 281–302.

Emser, W./Bartylla, K.: Verbesserung der Schlafqualität. Zur Wirkung von Kava-Extrakt WS 1490 auf das Schlafmuster bei Gesunden. Sonderdruck Neurologie/Psychiatrie 1991 Nov(11); 636–642.

Faust, Volker (Hg.): Angst – Furcht – Panik, Stuttgart 1986.

Freud, Sigmund: Studienausgabe Band VI, Hysterie und Angst, Frankfurt 1982.

Fröhlich, Werner D.: Angst. Gefahrensignale und ihre psychologische Bedeutung, München 1982.

Fyer, Abby J.: Agoraphobia. In: *Klein, Donald F. (Hg.):* Anxiety, Basel 1987.

Gale, Christopher/Oakley-Browne, Mark: Anxiety disorder – Extracts from »Clinical Evidence«. Britsh Medical Journal 2000 ; 321; 1204–1207.

Garfield, Sol/Bergin, Allan (Hg.): Handbook of Psychotherapy and Behavior Change, New York 1986.

Gesellschaft für Allgemeinmedizin des Kantons Zürich (Hg.): Angsterkrankungen – Diagnostik, Epidemiologie, Psychotherapie, Psychopharmakotherapie, 4. Zürcher Psychopharmakotherapie Forum ZPF, 21. 4. 1988.

Giese, Eckhard/Kleiber, Dieter (Hg.): Das Risiko Therapie, Weinheim 1989.

Gittelman, Rachel: Anxiety Disorders of Childhood, New York 1986.

Götze, Paul (Hg.): Leitsymptom Angst, Berlin 1984.

Goodwin, Donald W.: Anxiety, Oxford 1986.

Gorman, Jack: Panic Disorders. In: *Klein. Donald F. (Hg.):* Anxiety, Basel 1987.

Gorman, Jack/Liebowitz, Michael R./Klein. Donald F.: Panik-Syndrom und Agoraphobie, Pre-Publication Manuscript o. O. o. Z.

Greenfield, Susan: Brain drugs of the future, British Medical Lurnal 1998; 317:1698–1701.

Hallam, Richard S.: Anxiety, Psychobiological Perspectives on Panic and Agoraphobia, London 1985.

Hand Iver: Psycho-Pharmaka bei Panik. In: psychomed 3 (1991), S. 96–99.

Hand Iver/Wittchen, Hans-Ulrich (Hg.): Panic and Phobias, Berlin 1986.

Handly, Robert/Neff, Pauline: Anxiety & Panic Attacks: Their Cause and Cure, New York 1985.

Hartmann, Brigitte/Kropf, Andrea: Psychosomatisch-psychotherapeutische Heilverfahren bei Agoraphobie. In: psychomed 2 (1990), S. 231–235.

Hartmann, Brigitte/Kropf, Andrea/Stoll, Claudia: Agoraphobie und Selbsthilfe. In: *Petzold, Hilarion/Schober, Rolf (Hg.),* Selbsthilfe und Psychosomatik, Paderborn 1991.

Hemminger, Hansjörg/Becker, Vera: Wenn Therapien schaden, Reinbek 1985.

Henly, Arthur: Phobias. The Crippling Fears, Secaucus 1987.

Hippius, Hanns (Hg.): Angst, Leitsymptom psychiatrischer Erkrankungen, Berlin 1988.

Hippius, Hanns/Engel, Rolf/Laakmann. Gregor (Hg.): Benzodiazepine. Rückblick und Ausblick, Berlin 1986.

Hoffmann, Nicolas: Einzeltherapie bei Patienten mit Angstanfällen. In: psychomed 3 (1991), S. 87–90.

Hoffmann, S. O./Bassler, M.: Psychodynamik und Psychotherapie von Angsterkrankungen. In: Nervenheilkunde 1992; 11; S. 8–11.

Höfling, Siegfried: Wirksamkeit und Nutzen psychotherapeutischer Behandlung, Schriftenreihe Heft 8, Deutscher Psychologen Verband, Bonn 1988.

Hons, Jörn: Fast jeder fünfte Jugendliche zwischen zwölf und 17 Jahren kennt Angst-Attacken aus eigenem Erleben. In: Ärzte Zeitung 15.04.1999.

Humble, Mats: Aetiology and mechanisms of anxiety disorders. In: *Dencker, S. J./Homberg, Gunnar (Hg.):* Panic Disorders, Proceedings of a Symposium in Gothenburg, Copenhagen 1987.

Janke, Wilhelm/Nettler, Petra: Angst und Psychopharmaka, Stuttgart 1986.

Johnson, D. et al.: Neurophysiologisches Wirkprofil und Verträglichkeit von Kava-Extrakt WS 1490. Sonderdruck Neurologie/Psychiatrie 1991 Juni(6); 349–354.

Katschnig, H./Nutzinger, D. O.: Was ist eine Panikattacke? Sonderdruck aus Psychopathometrie in der Medizin, Ebersberg 1988.

Klein, Donald F.: Anxiety Reconceptualized. In: *Ders. (Hg.):* Anxiety. Modern Problems of Pharmacopsychiatry, Vol. 22, Basel 1987.

Klicpera, Christian: Psychologie der Angst. In: *Strian, Friedrich (Hg.):* Angst. Grundlagen und Klinik, Berlin 1983.

König, Karl: Angst und Persönlichkeit, Göttingen 1981.

Kurz, Alexander: Pharmakotherapie von Angststörungen bei älteren Patienten. In: Geriatrie Praxis 11/1992, S. 66–70.

Lader,M./Scotto, JK: A multicenter double-blind comparison of hydroxyzine, bispirone and placebo in patients with generalized anxiety disorder. Psychopharmacology (Berl) 1998 Oct; 139(4):402–6.

Lemmer, W. et al.: Johanniskraut-Spezialextrakt WS 5572 bei leichter bis mittelschwerer Depression. In: Fortschritte der Medizin, Originalien Nr. III/1999, S.143–154.

Liebowitz, Michael R.: Antidepressants in Panic Disorders. In: British Journal of Psychiatry (1989), 155 (Suppl. 6), S. 46–52.

Lindemann, Hannes: Autogenes Training, München 1989.

Linden, M./Geiselman, B./Helmehen, H.: Anxiolytika und Sedation. Aktueller Stand und neuere Entwicklungen. In: Münchner Medizinische Wochenschrift 31/32, 12. August 1988, S. 571ff.

Longo, LP/Johnson B: Addiction: Part I. Benzodiazepines – side effects, abuse risk and alternatives. American Family Physian 2000 Apr1; 67(7); 2121–8.

Luban-Plozza, Boris (Hg.): Der Zugang zum psychosomatischen Denken, Berlin 1983.

Margraf, Jürgen: Psychophysical studies of panic attacks, Tübingen 1986.

Margraf, Jürgen: Gibt es eine Panik-Erkrankung? In: Neurologie Psychiatrie 2/3, 1988, S. 267ff.

Margraf, Jürgen/Scheider, Silvia: Panik – Angstanfälle und ihre Behandlung, Berlin 1989.

Marks, Isaac M.: Fears, Phobias and Rituals, New York-Oxford 1987.

Marks, Isaac M. et al.: Alprazolam and exposure alone and combined in panic disorder with agoraphobia. British Journal of Psychiatry 1993; 162:776–787.

Maslow, Abraham A.: Psychologie des Seins, München 1981.

Mathews, Andrew/Gelder, Michael/Johnston, Derek: Agoraphobie, eine Anleitung zur Durchführung einer Exposition in vivo unter Einsatz eines Selbsthilfemanuals; deutsche Bearbeitung *Wilke, Cornelia/Hand, Iver*, Berlin 1988.

Dies.: Platzangst, Ein Übungsprogramm für Betroffene und Angehörige; deutsche Bearbeitung *Hand, Iver/Wilke, Cornelia*, Berlin 1988.

Mentzos, Stavros (Hg.): Angstneurose, Frankfurt 1984.

Möller, H. J./Kissling, W./Wendt, G./Stoll, K. D./Morschitzky, Hans: Angststörungen. Diagnostik, Erklärungsmodelle, Therapie und Selbsthilfe bei krankhafter Angst, Wien 1998.

o.V.: Paroxetin verringert Angstanfälle bei sozialer Phobie. In: Ärzte Zeitung 24. 08. 1999.
o.V.: Sommerakademie Angststörungen. In: Ärzte Zeitung 13. 10. 2001.
Psychopharmakotherapie. Ein Leitfaden für Klinik und Praxis, Stuttgart 1989.
Moser, Tilmann: Kompaß der Seele. Ein Leitfaden für den Psychotherapiepatienten. Frankfurt 1984.
Nies, Alexander et al.: Antianxiety Effects of MAO Inhibitors. In: *Mathew, Roy (Hg.):* The Biology of Anxiety, New York 1982.
Pasnau, Robert (Hg.): Diagnosis and Treatment of Anxiety Disorders, Washington 1984.
Philipp, Michael et al.: Hypericum extract versus imipramine or placebo in patients with moderate depression: randomised multicentre study oft treatment for eight weeks. British Medical Journal 1999;319;1534–1359.
Pschyrembel, Willibald: Klinisches Wörterbuch, Berlin 2001.
Rachman, Stanley/Maser, Jack D. (Hg.): Panic. Psychological Perspectives, Hillsdale (USA) 1988.
Rachman, Stanley: Panics and Their Consequences: A Review and Prospect. In: *Rachman, Stanley/Maser, Jack D. (Hg.):* Panic. Psychological Perspectives, Hillsdale (USA) 1988.
Redaktion Psychologie heute (Hg.): Welche Therapie? Weinheim 1987.
Richtlinien des Bundesausschusses der Ärzte und Krankenkassen über die Durchführung der Psychotherapie in der kassenärztlichen Versorgung (Psychotherapie-Richtlinien) in der Neufassung vom 3. Juli 1987. In: Deutsches Ärzteblatt 84, Heft 37, 10. September 1987.
Rickels, Karl/Schweizer, Edward E.: Current Pharmacotherapy of Anxiety and Panic. In: *Meltzer, H. (Hg.):* Psychopharmacology: The Third Generation of Progress, New York 1987.
Rief, Winfried/Kohli, Guljit: Die Angstattacke – Von einem organmedizinischen Krankheitsmodell zu einem psychophysiologischen Verständnis. In: psychomed 3 (1991), S. 83–86.
Riemann, Fritz: Grundformen der Angst, München 1986.

Rüger, Ulrich (Hg.): Neurotische und reale Angst, Göttingen 1984.
Salkovskis, Paul M.: Phenomenology, Assessment and the Cognitive Model of Panic. In: *Rachman, Stanley/Maser, Jack D. (Hg.):* Panic. Psychological Perspectives, Hillsdale (USA) 1988.
Schandry, Rainer: Psychophysiologie, München 1981.
Schmidt-Traub, Sigrun: Panikstörung und Agoraphobie. Ein Therapiemanual. Göttingen 2000.
Schmidt-Traub, Sigrun: Angst bewältigen. Selbsthilfe bei Panik und Agoraphobie. Berlin 2001.
Schultz, Hans Jürgen (Hg.): Angst, Stuttgart 1987.
Schulz-Hencke, Harald: Der gehemmte Mensch, 6. Auflage, Stuttgart-New York 1989.
Schwabe, Ulrich/Paffrath, Dieter (Hg.): Arzneiverordnungsreport '93, Stuttgart 1993.
Schwertfeger, Bärbel/Koch, Klaus: Der Therapieführer. Die wichtigsten Formen und Methoden, München 1989.
Shear, Katherine M.: Cognitive and Biological Models of Panic: Toward an Integration. In: *Rachman, Stanley/Maser. Jack D. (Hg.):* Panic. Psychological Perspectives, Hillsdale (USA) 1988.
Spiegel-Titel: »Dieser Bärenkram muß aus dem Verkehr«. In: Der Spiegel Nr. 35/1988, S. 160f.
Strian, Friedrich (Hg.): Angst. Grundlagen und Klinik, Berlin 1983.
Strian, Friedrich: Neurophysiologie der Angst. In: *Ders. (Hg.):* Angst. Grundlagen und Klinik, Berlin 1983.
Strian, Friedrich: Klinik der Angst. In: *Ders. (Hg.):* Angst. Grundlagen und Klinik, Berlin 1983.
Swede, Shirley/Jaffe, Seymour Sheppard: The Panic Attack Recovery Book, New York 1987.
Tuma, Hussain/Maser, Jack D. (Hg.): Anxiety and the Anxiety Disorders, Hillsdale (USA) 1985.
Vanin, John R./Vanin, Sandra K.: Blocking the cycle of panic disorder. Ways to gain control of the fear of fear. Postgraduate Medicine Vol 105/No5/May 1,1999.

Vereinbarung über die Anwendung von Psychotherapie in der kassenärztlichen Versorgung. In: Deutsches Ärzteblatt 85, Heft 22, 2. Juni 1988.

Walsh, Roger N./Vaughan, Frances (Hg.): Psychologie in der Wende, Bern 1985.

Weekes, Claire: Selbsthilfe für Ihre Nerven. Ein ärztlicher Ratgeber zur Überwindung der Angst und Wiedererlangung seelischer Kräfte, Bergisch Gladbach 1986.

Wenzel/Liebold: Handkommentar BMÄ, E-GO und GOÄ, St. Augustin 1989.

Westenberg, Herman G.-M./den Boer, Johan A.: Klinische und biochemische Wirkung selektiver Serotonin-Wiederaufnahme-Hemmer bei Angststörungen. In: Adv. Biol. Psychiatry Vol. 17 (Karger Basel 1988), Übersetzung, S. 1–19.

Whitmore, Bob: Living with Stress and Anxiety: A Self-Help Guide, Manchester 1987.

Winokur, George (Hg.): Biological Systems, Their Relationship to Anxiety, Philadelphia 1988.

Wittchen, Hans-Ulrich/Zerssen, v. D.: Verläufe behandelter und unbehandelter Depressionen und Angststörungen, Berlin 1987.

Woelk, H. et al.: Behandlung von Angst-Patienten – Kava-Spezialextrakt bei Angst-Patienten im Vergleich zu den Benzodiazepinen Oxazepam und Bromazepan – eine Doppelblindstudie in ärztlichen Praxen. Sonderdruck Zeitschrift für Allgemeinmedizin 1993 April (10): 271–277.

Wolf, Doris: Ängste verstehen und überwinden. Gezielte Strategien für ein Leben ohne Angst. Mannheim 2000.

Register

Adrenalin 46, 93f., 98, 182, 192
Aggressionen, verdrängte 67f.
Agoraphobie 12, 24–42, 47ff., 56, 66, 115
Aktionsradiusverkleinerung 29, 53
Alarmzustand, chronischer 91
Alkalose 103
Alkohol 26, 176, 208
Alkoholmissbrauch 14, 33, 35, 43, 92
Alltagsbewältigung 29
Angehörige 34, 54f.
Angst
– archetypische 20
– -entstehung 43ff., 60, 73, 90, 93, 100
– generalisierte 71, 74, 178, 206
– Grund- 70
– Intensivkurs gegen die 257
– krankhafte 65
– neurotische 64
– Real- 64
– -reflex 72
– seelische Ursachen der 63ff.
– -störung 61
– Symptome der 12f., 98
– -tagebuch 235f.
– -überflutung 256
– übersteigerte 21f., 59, 63, 76, 78, 98, 217

– Umgang mit der 171–271
– Ur- 20, 76
– Ursachen der 59–116
– vor der Angst 22–35, 40, 92, 211, 241
– vor der Entdeckung 33
Angsttheorie 59f., 108
– biologische 59
– neurologische 59
– organische 59
– organisch-kognitive 107
– psychoanalytische 63
– psychodynamische 63
– psychologische 59
Antidepressiva 182ff.
– trizyklische 40, 102, 177, 181, 189ff., 221
Antriebsschwäche 48
Anxiolytika 60, 176
Appetitmangel 48f.
Arbeitssucht 26
Atmungsprobleme 15, 28
Autogenes Training 262

Bandura, Albert 83f.
Beck, Aaron T. 84, 86f.
Behandlung, ambulante 239f.
Behandlung, stationäre 239f.
Behandlungsfehler 208f.
Belastungsstörungen, posttraumatische 178
Benzodiazepine 40, 177, 197ff., 221

– Abhängigkeit 204
– Abhängigkeitserkennung 203
– akuter Notfall 205
– Entzugserscheinungen 202f., 205
– Gegenanzeigen 199
– Nebenwirkungen 200ff.
– Suchtgefahr 202ff.
– Überdosierung 200
– Überwachung 199
– Wechselwirkungen 201
– Wirkung 197f.
Berufsleben 33
Bestrafung 69, 82
Beta-Blocker 206, 222
Bio-Feed-Back 262f.
Bulbena, Antoni 105
Buspiron 206ff., 222
– Abhängigkeitsentwicklung 207
– Nebenwirkungen 208

Christoph-Dornier-Stiftung 257ff.
Cinderella-Komplex 74f.
Clonidin 100
Cohen, M. E. 101
Cyberchondria 265f.

Denken, dramatisierendes 84f., 87, 89
Depressionen 47ff., 50, 52f., 55, 186, 217
Diabetes 37, 92, 188, 206

Dingermann, Theo 215
Dopamin 94, 182, 192
Dowling, Colette 75
Drogenmissbrauch 24, 43, 92
Dystonie, vegetative 11

Ehlers, Anke 86, 109
Einsamkeit 70
Einzeltherapie 239
Endorphine 103
Entspannung 261
Entspannungstechniken 261
EPMS 97
Erkrankungen 41f., 53, 92
Erschöpfung 19, 24
Erstgespräch 234ff.
Erstickungsgefühle 22
Erziehung 69ff., 71, 82f.
Estivill, Xavier 105f.
Existenzangst 73
Existenzsicherung, materielle 73
Extrovertiertheit 83
Eysenbach, Gunther 267
Eysenck, Hans Jürgen 83

Feindseligkeit 70
Floppy-Infant-Syndrom 199
Fluchtwege 30
Frauen 25f., 56, 74f.
Freud, Sigmund 26, 59f., 63–69, 76, 105, 247f.
Freudlosigkeit 48
Furcht 70f.

Gefahr-Abwehr-Schaltkreise 115

Gesprächspsychotherapie 249
Gestalttherapie 249f.
Gewichtsverlust 48f.
Gleichgewichtsstörung, körperliche 12, 59
Gleichgewichtsstörung, seelische 12, 59, 74
Gorman, Jack 25
Gratacos, Monica 106f.
Grawe, Klaus 226, 244, 252
Großhirnrinde s. Zerebraler Kortex
Grundbedürfnisse 72ff., 76f.
Grundhaltungen, ängstliche 69ff.
Gruppentherapie 239

Handly, Robert 15
Hartl, Lydia 20, 234
Hemmung 71ff.
Herzklopfen 15, 18, 98, 197, 206, 261
Herzphobie 53ff.
Hilflosigkeit 65, 69f., 84, 115
Hirnanhangdrüse s. Hypophyse
Hitzewallungen 15
Hoffmann, S. O. 264
Höfling, Siegfried 225
Horney, Karen 67ff.
Humble, Mats 39f.
Hyperforine 211
Hypericin 210
Hyperventilation 28, 103f.
Hypnose 252ff.
Hypochondrie 85, 265

Hypoglykämie 37
Hypophyse 44, 46
Hypothalamus 44, 46, 94ff., 99

Imipramin 189ff.
– Gegenanzeigen 190
– Komplikationen 191f.
– Nebenwirkungen 190f.
– Überwachung 190
– Wechselwirkung 192
Interesselosigkeit 48f.
Internet 265ff.
Introvertiertheit 83
Isolation 48f., 53, 70
Isoprenalin 98f.

James-Lange-Theorie 91ff.
Johanniskraut 210ff.
– Gegenanzeigen 212
– Nebenwirkungen 212
– Wechselwirkungen 212
Jugendliche 56f.
Jung, Carl Gustav 76

Kalzium, ionisiertes 102ff.
Katecholamine 93ff.
Kava-Kava 213ff.
– Nebenwirkungen 218
– Wechselwirkungen 218f.
Kavapyrone 216
Kellner, Michael 180
Kinder 56f., 74, 82f.
Kindheit 16, 66f., 71
Klein, Donald F. 26, 190
Klicpera, Christian 82
Koch, Klaus 234
Kognition 83f.

Konditionierung 79ff., 97
Kontrollverlust 27, 84
Konzentrationsschwierigkeiten 48f.
Kortisol 46
Krankenkassen 230f.
Kuhn, R. 189

Labhardt, Felix 174
Lächerlichkeit 27, 33
Lactone 216
Laktat-Theorie 101ff.
Leben, soziales 29f., 33
Lebenssituation 19, 38, 75
Leberschäden 213f.
Lerntheorie 63, 79ff.
Lichtdermatosen 212
Liebowitz, Michael R. 25
Limbisches System 43f., 96, 99, 185f.
Locus-coeruleus-Theorie 99ff., 182, 217

Männer 25f., 56
MAO-Hemmer 182, 192, 221
– Gegenanzeigen 194
– Nebenwirkungen 195
Margraf, Jürgen 109
Marks, Isaac M. 21
Maslow, Abraham A. 72ff., 76
Medikamente 31, 40, 109, 173, 176, 241
– -abhängigkeit 177
– -missbrauch 14, 33, 35, 43, 92
– -nebenwirkungen 180f.
Messerphobie 68f.

Modelle, neurobiologische 90
Modelle, psychobiologische 111ff.
Modelle, psychodynamische 63ff.
Modelle, psychoorganische 111ff.
Monoaminoxydase-Hemmer s. MAO-Hemmer
Morschitzky, Hans 23, 52, 54
Moser, Tilmann 238

Naturheilmittel 210ff.
Nebennieren 46, 94
Nervensystem 109
– parasympathisches 44
– sympathisches 44, 91, 94
– vegetatives 43
– zentrales 60f., 90f., 93, 99, 197, 207, 217
Neuroleptika 208f., 221
Neurologe 228
Neuromodulator 186
Neurotransmitter 182ff., 192, 207, 217
Noradrenalin 46, 94, 99f., 182, 192, 217

Objekte, unverfängliche 65f., 68

panic disorder 24
Panik-Agoraphobie-Spektrum 51, 53
Panikattacke 11–19, 22–29, 32, 34f., 38ff., 47ff., 52, 55f., 71f., 74f., 84, 88f., 92, 95, 98, 100f., 103f., 106, 112f., 171, 177f., 205f., 211, 219, 261
– Auslöser von 36ff.
– Definition der 16
– -Gen 105ff.
– Symptome der 16ff.
– Ursachen der 38f.
Panikstörung 11f., 19, 24f., 27, 40ff., 47, 49ff., 53, 56
Paniksymptome 50
Paniksyndrom 11, 24f., 41
Partnerschaft 245f.
Patientenberichte 117–170
Persönlichkeitsdrama, individuelles 76
Persönlichkeitsentwicklung 71ff., 113
Peter, Burkhard 254
Phobie 71, 74
Phobie, soziale 55, 178
Platzangst s. Agoraphobie
Ploog, Detlev 61
Progressive Muskelentspannung 263
Psychiater 227f.
Psychoanalyse 247ff.
Psychoanalytiker 229
Psychologe 228
– Humanistische 63, 73
– Transpersonale 63, 76f.
Psychopharmaka 176–223
Psychosen 24
Psychotherapeut 229
– ärztlicher 228

Register

– psychologischer 228
Psychotherapie 224–264

Rachman, Stanley 83
Rattenexperiment 80f.
Rezeptoren 98ff., 109, 177, 185f., 207
– -α_2 100, 207
– -β- 98
– -β_2 98f.
Rogers, Carl R. 73

Schlafentzugstest 50
Schlafstörungen 48f., 198
Schuldgefühle 48f., 69, 71
Schulz-Hencke, Harald 71ff.
Schweißausbrüche 15, 98, 206
Schwertfeger, Bärbel 234
Selbstachtung 73f.
Selbstaufgabe 74
Selbsthilfegruppen 269ff.
Selbstmordgedanken 48, 203
Selbstsuggestionen 262
Selbstverantwortung 77
Selbstverwirklichung 73ff., 115
Selbstwertgefühl 115
Selektive Serotonin-Wiederaufnahme-Hemmer s. SSRI
Serotonin 103, 182, 185f., 192, 217
Serotonin-Noradrenalin-Wiederaufnahme-Hemmer s. SNRI

Shear, M. Katherine 112
Situationsphobie, multiple 25
Skinner, Burrhus Frederic 79
SNRI 181ff.
Spätdyskinesien 209
Spinnenphobie 255f.
Spurrillen 96ff., 103, 107, 115
SSRI 177f., 181ff., 221
– Gegenanzeigen 187
– Komplikation 188
– Nebenwirkungen 187f.
– Überwachung 187
– Wechselwirkungen 188f.
Stress 89, 206
Stresshormon 46, 93
Stressoren 36, 39
– nichtspezifische 36
– spezifische 36, 38
Strian, Friedrich 28, 30
Suchtverhalten 26
Sympathikus-Nerv 46
Synapsen 184, 207
System, extrapyramidale motorisches s. EPMS

Taubheitsgefühle 15, 104
Thalamus 44
Therapien 171–271
– -abhängigkeit 242f.
– Unzufriedenheit mit der 243ff.
Tölle, Rainer 175
Tranquillizer 197

Übelkeit 15, 104, 206
Überarbeitung 19

Überempfindlichkeit 98f.
Überforderung 19, 89
Unsicherheit 70, 115
Unwohlsein 15

Vaughan, Frances 77
Verdrängung 64ff.
Verhalten, ängstliches 79, 115
Verhaltenstherapie 63, 79ff., 247, 255ff.
Verkehrsmittel, öffentliche 12, 31
Verkrampfungen 104, 198, 261
Verletzlichkeit, körperliche 112
Verletzlichkeit, seelische 112
Vermeidungsverhalten 12, 22ff., 27, 35, 40, 49, 68, 79f., 84, 88f., 115
Versagungssituation 72
Versuchungssituation 72
visual cliff reflex 21

Walsh, Roger N. 77
Waterloo-Köhler, Margit 270
Weekes, Claire 32

Xanthone 210

Zerebraler Kortex 44, 99
Zwangsstörungen 178, 186
Zwischenhirn s. Thalamus

287

GOLDMANN

*Das Gesamtverzeichnis aller lieferbaren Titel erhalten Sie
im Buchhandel oder direkt beim Verlag.
Nähere Informationen über unser Programm erhalten Sie auch im Internet unter:*
www.goldmann-verlag.de

★

Taschenbuch-Bestseller zu Taschenbuchpreisen
– Monat für Monat interessante und fesselnde Titel –

★

Literatur deutschsprachiger und internationaler Autoren

★

Unterhaltung, Kriminalromane, Thriller
und Historische Romane

★

Aktuelle Sachbücher, Ratgeber, Handbücher und
Nachschlagewerke

★

Bücher zu Politik, Gesellschaft, Naturwissenschaft und Umwelt

★

Das Neueste aus den Bereichen
Esoterik, Persönliches Wachstum und Ganzheitliches Heilen

★

Klassiker mit Anmerkungen, Anthologien und Lesebücher

★

Kalender und Popbiographien

★

Die ganze Welt des Taschenbuchs

★

Goldmann Verlag • Neumarkter Str. 18 • 81673 München

Bitte senden Sie mir das neue kostenlose Gesamtverzeichnis

Name: _____

Straße: _____

PLZ / Ort: _____